Vertrauensschutz und Haftung im Spendenrecht

Europäische Hochschulschriften
Publications Universitaires Européennes
European University Studies

Reihe II
Rechtswissenschaft

Série II Series II
Droit
Law

Bd./Vol. 4118

PETER LANG
Frankfurt am Main · Berlin · Bern · Bruxelles · New York · Oxford · Wien

Sonja Gerlach

Vertrauensschutz und Haftung im Spendenrecht

PETER LANG
Europäischer Verlag der Wissenschaften

Bibliografische Information Der Deutschen Bibliothek
Die Deutsche Bibliothek verzeichnet diese Publikation in der Deutschen Nationalbibliografie; detaillierte bibliografische Daten sind im Internet über <http://dnb.ddb.de> abrufbar.

Zugl.: Osnabrück, Univ., Diss., 2004

D 700
ISSN 0531-7312
ISBN 3-631-52557-5

www.peterlang.de

Vorwort

Die vorliegende Arbeit behandelt den Vertrauensschutz und die Haftung im steuerlichen Spendenrecht. Sie wurde im Wintersemester 2003/2004 vom Fachbereich Rechtswissenschaften der Universität Osnabrück als Dissertation angenommen. Rechtsprechung und Literatur konnten bis zum 1. Oktober 2004 berücksichtigt werden.

Mein herzlicher Dank gebührt zunächst meinem Doktorvater, Herrn Professor Dr. Rainer Hüttemann, für die mir gewährte Betreuung und Förderung und die Begeisterung für das Gemeinnützigkeits- und Spendenrecht. Herzlich danken möchte ich Herrn Professor Dr. Siegbert F. Seeger für die freundliche Übernahme der Zweitberichterstattung.

Herrn Hermann Pump danke ich für die frühzeitige Durchsicht des Manuskripts und für seine hilfreichen Tipps. Herrn Kai Wünker danke ich für seine Mithilfe bei den letzten Arbeiten vor der Drucklegung.

Ganz besonders herzlich bedanken möchte ich mich bei meinem Lebensgefährten Michael, der mich bereits seit den ersten Tagen des Jurastudiums unterstützt und stets kompetenter und geduldiger Diskussionspartner ist.

Ein ganz besonderer Dank gebührt meinen Eltern und meiner Großmutter für ihre Hilfe und fachkundige Unterstützung während meiner gesamten Ausbildung.

Bad Oeynhausen, im November 2004 *Sonja Gerlach*

Inhaltsübersicht

Inhaltsverzeichnis

Abkürzungsverzeichnis

a. A.	anderer Ansicht
a. F.	alte Fassung
Abs.	Absatz
Abschn.	Abschnitt
AEAO	Anwendungserlaß zur Abgabenordnung
AG	Aktiengesellschaft
ähnl.	ähnlich
Alt.	Alternative
amtl.	amtlich
Anm.	Anmerkung
AO	Abgabenordnung
Art.	Artikel
Aufl.	Auflage
Az.	Aktenzeichen
BAG	Bundesarbeitsgericht
BB	Betriebsberater
Begr.	Begründer
Beil.	Beilage
BewG	Bewertungsgesetz
BFH	Bundesfinanzhof
BFHE	Sammlung der Entscheidungen des Bundesfinanzhofs
BFH/NV	Sammlung amtlich nicht veröffentlichter Entscheidungen des Bundesfinanzhofs
BGB	Bürgerliches Gesetzbuch
BGBl.	Bundesgesetzblatt
BGH	Bundesgerichtshof
BGHZ	Entscheidungen des Bundesgerichtshofs in Zivilsachen
BMF	Bundesministerium der Finanzen
BStBl.	Bundessteuerblatt
BT-Drs.	Bundestags-Drucksache
BVerfG	Bundesverfassungsgericht
BVerfGE	Entscheidungen des Bundesverfassungsgerichts
BVerwG	Bundesverwaltungsgericht
BVerwGE	Entscheidungen des Bundesverwaltungsgerichts
BWGZ	Baden-Württembergische Gemeindezeitschrift
bzw.	beziehungsweise

DB	Der Betrieb
ders.	derselbe
d. h.	das heißt
dies.	dieselbe
diff.	differenzierend
Diss.	Dissertation
DStR	Deutsches Steuerrecht
DStRE	Deutsches Steuerrecht Entscheidungsdienst
DStZ	Deutsche Steuerzeitung
EFG	Entscheidungen der Finanzgerichte
EStDV	Einkommensteuerdurchführungsverordnung
EStG	Einkommensteuergesetz
EStH	Einkommensteuerhinweise
EStR	Einkommensteuerrichtlinien
EuGH	Europäischer Gerichtshof
f(f)	folgende
FG	Finanzgericht
FGO	Finanzgerichtsordnung
FinMin	Finanzministerium
Fn.	Fußnote
FR	Finanzrundschau
FS	Festschrift
G.	Gesetz
GewStG	Gewerbesteuergesetz
GG	Grundgesetz
ggf.	gegebenenfalls
GmbH	Gesellschaft mit beschränkter Haftung
grds.	grundsätzlich
Hess. FG	Hessisches Finanzgericht
HFR	Höchstrichterliche Finanzrechtsprechung
h. M.	herrschende Meinung
Hrsg.	Herausgeber
Hs.	Halbsatz
i. d. F.	in der Fassung
insb.	insbesondere
i. S. d.	im Sinne des
i. V. m.	in Verbindung mit

INF	Die Information über Steuer und Wirtschaft
KSt	Körperschaftsteuer
KStG	Körperschaftsteuergesetz
KStR	Körperschaftsteuerrichtlinien
KÖSDI	Kölner Steuerdialog
Lfd. Nr.	Laufende Nummer
LG	Landgericht
m. w. N.	mit weiteren Nachweisen
n. F.	neue Fassung
NJW	Neue Juristische Wochenschrift
NJW-RR	Neue Juristische Wochenschrift – Rechtsprechungs-Report
Nr.	Nummer
nrkr.	nicht rechtskräftig
NRW	Nordrhein-Westfalen
n. v.	nicht veröffentlicht
NWB	Neue Wirtschaftsbriefe
OFD	Oberfinanzdirektion
OLG	Oberlandesgericht
Rev.	Revision
RFH	Reichsfinanzhof
RFHE	Entscheidungen des Reichsfinanzhofs
RGBl.	Reichsgesetzblatt
rkr.	rechtskräftig
RStBl.	Reichssteuerblatt
Rn.	Randnummer
Rspr.	Rechtsprechung
Rz.	Randziffer
S.	Satz / Seite
s. o.	siehe oben
sog.	sogenannt
st. Rspr.	ständige Rechtsprechung
StAnpG	Steueranpassungsgesetz
StB	Der Steuerberater
StBp	Die steuerliche Betriebsprüfung
SteuerStud	Steuer und Studium

StGB	Strafgesetzbuch
StuW	Steuer und Wirtschaft
Tz.	Textziffer
u. a.	und andere
umf.	umfassend
UStG	Umsatzsteuergesetz
v.	von / vom
v. H.	vom Hundert
v. T.	vom Tausend
vgl.	vergleiche
VO	Verordnung
VZ	Veranlagungszeitraum
WiGBl.	Gesetzblatt der Verwaltung des Vereinigten Wirtschaftsgebietes
WiSt	Wirtschaftliches Studium
z. B.	zum Beispiel
Ziff.	Ziffer
ZPO	Zivilprozeßordnung
zw.	zweifelnd

Literaturverzeichnis

Augsten, Ursula: Die Neuregelung des Spendenrechts zum 01.01.2000, DStR 2000, 621.

Bax, Eckhard: Die Haftung nach allgemeinem Abgabenrecht aus steuer- und verfassungsrechtlicher Sicht, Diss., Baden-Baden 1992.

Beermann, Albert: Haftungsbescheid nach der AO und Entschließungsermessen, Festschrift für Franz Klein, S. 953, Köln 1994.

Beermann, Albert (Hrsg.): Steuerliches Verfahrensrecht, AO, FGO, Nebengesetze, Bonn, Stand: Oktober 2002.

Birk, Dieter: Steuerrecht, 5. Aufl., Heidelberg 2002.

Bischoff, Werner H.: Die aktuelle Besteuerung von Vereinen, 2. Aufl., Bonn 2001.

Blesinger, Karl: Das Ermessen der Finanzbehörde beim Erlaß eines Haftungsbescheides, StuW 1995, 226.

Blümich, Walter: Kommentar zum EStG, KStG, GewStG, München, Stand: Februar 2003.

Boochs, Wolfgang: Sponsoring in der Praxis, Neuwied 2000.

Bordewin, Arno / Brandt, Jürgen: Kommentar zum Einkommensteuergesetz, Heidelberg, Stand: Dezember 2002.

Brodersen, Carsten: Haftung und Schuld im Steuerrecht, Festschrift für Werner Thieme, S. 895, Köln 1993.

Buchna, Johannes: Gemeinnützigkeit im Steuerrecht, 8. Aufl., Achim 2003.

Buchna, Johannes / Koopmann, Hermann: Die Prüfung gemeinnütziger Körperschaften, - Aufzeichnungspflichten, Mittelverwendung und deren Überprüfung -,StBp 1998, 225, 253.

Bundesministerium der Finanzen (Hrsg.): Gutachten der unabhängigen Sachverständigenkommission zur Prüfung des Gemeinnützigkeits- und Spendenrechts, Schriftenreihe des BMF, Heft 40, Bonn 1988 *(zit.: Gutachten).*

Bundesministerium der Finanzen (Hrsg.): Thesen der Einkommensteuer-Kommission zur Freistellung des Existenzminimums ab 1996 und zur Reform der Einkommensteuer, Schriftenreihe des BMF, Heft 55, Bonn 1995 *(zit.: Einkommensteuer-Kommission).*

Dötsch, Ewald / Cattelaens, Heiner / Gottstein, Siegfried / Stegmüller, Herbert / Zenthöfer, Wolfgang: Körperschaftsteuer, 13. Aufl., Stuttgart 2002.

Dötsch, Ewald / Eversberg, Horst / Jost, Werner F. / Witt, Georg: Die Körperschaftsteuer, Kommentar, Stuttgart, Stand: Februar 2003.

Dolzer, Rudolf / Vogel, Klaus / Großhof, Karin (Hrsg.): Kommentar zum Bonner Grundgesetz (Bonner Kommentar), Heidelberg, Stand: März 2003 *(zit.: Bearb. in: Bonner Kommentar).*
Dorner, Richard: Die Haftung im Steuerrecht, StB 1997, 470.
Duden: Grammatik der deutschen Gegenwartssprache, 6. Aufl., Mannheim 1998.

Eckmann, Gottfried: Die Neuordnung des Spendenrechts ab 2000, INF 2000, 97.

Finanzministerium des Landes Nordrhein-Westfalen: Vereine & Steuern, Düsseldorf 2002 *(zit.: FinMin NRW).*
Fischer, Peter: Gemeinnutz und Eigennutz am Beispiel der steuerlichen Sportförderung, Festschrift für Klaus Offerhaus, S. 597, Köln 1999.
Frank, Christian: Die „Großspenden" der Mitunternehmer, DB 1992, 1495.
Frotscher, Gerrit: Kommentar zum Einkommensteuergesetz, 6. Aufl., Freiburg, Stand: März 2003.
Frotscher, Gerrit / Maas, Ernst: Körperschaftsteuergesetz – Umwandlungssteuergesetz, Freiburg, Stand: November 2002.
Furche, Franz-Christoph: Die Kontrolle der Finanzen spendenfinanzierter caritativer Vereine, Diss., Bonn 1988.

Gast-de Haan, Brigitte: „Risikoverteilung" und Rückgängigmachung des Spendenabzugs, FR 1988, 179.
dies.: Ungelöste Verfahrensfragen im Recht gemeinnütziger Körperschaften, FR 1993, 708.
Geserich, Stephan: Privater, gemeinwohlwirksamer Aufwand im System der deutschen Einkommensteuer und des europäischen Rechts, Diss., Heidelberg 1999.
ders.: Spende und Schulgeld im Steuerrecht, Heidelberg 2000 *(zit.: Geserich, Spende und Schulgeld).*
ders.: Vertrauensschutz und Haftung im Spendenrecht, Stiftung & Sponsoring, Rote Seiten 3/2001, 1.
ders.: Angemessenheit der Aufwendungen gemeinnütziger Körperschaften für Verwaltung und Spendenwerbung, DStR 2001, 604.
Gierlich, Michael: Vertrauensschutz und Haftung bei Spenden, FR 1991, 518.
Glanegger, Peter / Güroff, Georg: Kommentar zum Gewerbesteuergesetz, 5. Aufl., München 2002.
Gmach, Gertlieb: Neuere Rechtsprechung zum Recht der steuerbegünstigten Zwecke, FR 1995, 85.
ders.: Neuere Rechtsprechung zum Recht der steuerbegünstigten Zwecke, FR 1997, 833.
Goerdeler, Reinhard: Rechnungslegung und Prüfungen im Gemeinnützigkeitsrecht, Festschrift für Adolf Moxter, Düsseldorf 1994.

Gräber, Fritz (Begr.): Finanzgerichtsordnung, 5. Aufl., München 2002.
Graf, Gerhard: Das Spendenverfahren für Durchlaufspenden nach dem Vereinsförderungsgesetz, DStZ 1990, 239.
Groll, Rüdiger von: Treu und Glauben im Steuerrecht, FR 1995, 814.

Hammer, Felix: Die Gemeinnützigkeitsregelungen des Steuerrechts im Spiegel der deutschen Staats- und Verfassungsentwicklung, StuW 2001, 19.
Herfurth, Rudolf / Dehesselles, Thomas: Reform des steuerlichen Gemeinnützigkeitsrechts, INF 2000, 553.
Herrmann, Carl / Heuer, Gerhard / Raupach, Arndt: Kommentar zum Einkommen- und Körperschaftssteuergesetz mit Nebengesetzen, 21. Aufl., Köln, Stand: August 2002.
Herrnkind, Ulrich: Die steuerliche Behandlung von Freizeitvereinen aufgrund des Gutachtens der Gemeinnützigkeitskommission, DStZ 1988, 547, 581.
Hey, Johanna: Die Steuerbegünstigung der gemeinnützigen Tätigkeit der öffentlichen Hand, StuW 2000, 467.
Hofmeister, Ferdinand: Tendenzen der aktuellen BFH-Rechtsprechung zum Gemeinnützigkeitsrecht, DStZ 1999, 545.
Horlemann, Heinz-Gerd: Spendenbescheinigungskompetenz gemeinnütziger Vereine – Annahmeverpflichtung der Gemeinden für sog. Durchlaufspenden?, DStZ 1991, 493.
Hübschmann, Walter / Hepp, Ernst / Spitaler, Armin: Abgabenordnung – Finanzgerichtsordnung, Kommentar, 10. Aufl., Köln, Stand: April 2003.
Hüttemann, Rainer: Wirtschaftliche Betätigung und steuerliche Gemeinnützigkeit, Diss., Köln 1991.
ders. Die Besteuerung der öffentlichen Hand, Köln 2002 *(zit.: Hüttemann, Die Besteuerung der öffentlichen Hand).*
ders.: Der steuerbegünstigte Zweckbetrieb und seine Abgrenzung vom steuerpflichtigen wirtschaftlichen Geschäftsbetrieb, Stiftung & Sponsoring, Rote Seiten 6/1998, 1.
ders.: Die Neuregelung des Spendenrechts, NJW 2000, 638.
ders.: Das Gesetz zur weiteren steuerlichen Förderung von Stiftungen, DB 2000, 1584.
ders. Der neue Anwendungserlaß zum Gemeinnützigkeitsrecht, FR 2002, 1337.
ders. Neuere Entwicklungen des Spendenrechts, Stiftung & Sponsoring, Rote Seiten 1/2002, 1.
ders.: Verfassungsrechtliche Grenzen der rechtsformbezogenen Privilegierung von Stiftungen im Spenden- und Gemeinnützigkeitsrecht, in: Kötz, H. u. a. (Hrsg.), Non Profit Law Yearbook 2001, S. 145, Köln 2002.

Igl, Gerhard / Jachmann, Monika / Eichenhofer, Eberhard: Rechtliche Rahmenbedingungen bürgerschaftlichen Engagements, Leverkusen 2002.

Isensee, Josef: Gemeinwohl und Bürgersinn im Steuerstaat des Grundgesetzes, Festschrift für Günter Dürig, S. 35, München 1990.

Jansen, Rudolf: Steuerliche Änderungen nach dem Vereinsförderungsgesetz, DStR 1990, 61.

Jarass, Hans D. / Pieroth, Bodo: Grundgesetz für die Bundesrepublik Deutschland, Kommentar, 6. Aufl., München 2002.

Kirchhof, Paul (Hrsg.): EStG KompaktKommentar, 2. Aufl., Heidelberg 2002.

Kirchhof, Paul / Söhn, Hartmut / Mellinghoff, Rudolf (Hrsg.): Kommentar zum Einkommensteuergesetz, Heidelberg, Stand: Februar 2003.

Klein, Franz (Begr.): Abgabenordnung, 7. Aufl., München 2000.

Koch, Karl / Scholtz, Rolf-Detlev: Kommentar zur Abgabenordnung, 5. Aufl., Köln 1996.

Korn, Klaus: Einkommensteuergesetz, Kommentar, Bonn, Stand: September 2002.

ders.: Änderungen bei der Besteuerung von Vereinen und anderen gemeinnützigen Körperschaften, KÖSDI 1990, 8099.

Kröger, Gerhard: Steuerrecht und Nächstenliebe, DStZ 1986, 419.

ders.: Vereinsförderungsgesetz und karitative Zwecke, DStZ 1990, 79.

Kümpel, Andreas: Die Besteuerung von Sportvereinen, Baden-Baden 2001.

ders.: Die Änderungen des Spendenrechts ab dem 01.01.2000, FR 2000, 91.

ders.: Anforderungen an die tatsächliche Geschäftsführung bei steuerbegünstigten (gemeinnützigen) Körperschaften, DStR 2001, 152.

Lademann, Fritz: Kommentar zum Einkommensteuergesetz, 4. Aufl., Stuttgart 1997, Stand: April 2002.

Lang, Joachim: Gemeinnützigkeits- und Spendenrecht, Kapitel T, in: WP-Handbuch der Unternehmensbesteuerung, 3. Aufl., Düsseldorf 2001.

ders.: Gemeinnützigkeitsabhängige Steuervergünstigungen – Ein Grundsatzthema zum Abbau von Steuersubventionen, StuW 1987, 221.

ders.: Zur steuerlichen Förderung gemeinnütziger Körperschaften, DStZ 1988, 18.

Larenz, Karl: Methodenlehre der Rechtswissenschaft, 6. Aufl., Berlin 1991.

Lenski, Edgar / Steinberg, Wilhelm. Gewerbesteuergesetz, Kommentar, 9. Aufl., Köln, Stand: Juni 2002.

Lex, Peter: Steuerliche Änderungen für Stiftungen und Spender durch das Gesetz zur weiteren steuerlichen Förderung von Stiftungen, DStR 2000, 1939.

Ley, Ursula: Neuregelungen des Spenden- und des Gemeinnützigkeitsrechts, KÖSDI 2000, 12658.

Littmann, Eberhard / Bitz, Horst / Pust, Hartmut (Hrsg.): Das Einkommensteuerrecht, 5. Aufl., Stuttgart, Stand: November 2002.

Mack, Hans: Zur Besteuerung gemeinnütziger Körperschaften – neuere Rechtsprechung und Verwaltungspraxis, DStR 1984, 187.
Märkle, Rudi: Der Verein im Zivil- und Steuerrecht, 10. Aufl., Stuttgart 2000.
Märkle, Rudi W. / Alber, Matthias: Das Vereinsförderungsgesetz, BB 1990, Beilage 2.
Mangoldt, Hermann v. / Klein, Friedrich / Starck, Christian: Bonner Grundgesetz, Kommentar, 4. Aufl., München 2000.
Mattern, Gerhard: Treu und Glauben im Steuerrecht, Stuttgart 1958.
Maunz, Theodor / Dürig, Günter: Grundgesetz, Kommentar, München, Stand: November 2002.
Menges, Evelyne: Haftung ehrenamtlicher Mitarbeiter und Helfer, Stiftung & Sponsoring 1/2003, 15.
Meyer-Arndt, Lüder: Treu und Glauben bei Spenden, DStR 1986, 353.
Miessl, Gerold: Neuregelung des steuerlichen Spendenverfahrens, SteuerStud 2000, 273.
Mittelsteiner, Karl-Heinz: Neuordnung des Gemeinnützigkeits- und Spendenrechts, DStR 1988, 471.
Mösbauer, Heinz: Die Haftung für die Steuerschuld, Köln 1990.
Mössner, Jörg Manfred / Seeger, Siegbert F.: Körperschaftsteuer, Kommentar, Herne, Stand: August 2002.
Müller-Gatermann, Gert: Gemeinnützigkeit und Sport, FR 1995, 261.
Myßen, Michael: Abzug von Spenden bei der Einkommensteuer, NWB Fach 3, 10979.
ders.: Das Durchlaufspendenverfahren nach der Neuordnung des Spendenrechts unter haftungsrechtlichen Gesichtspunkten, INF 2000, 385.

Nacke, Aloys: Die Haftung für Steuerschulden, Köln 1999.
Neufang, Bernd: Was bringt das Vereinsförderungsgesetz? (II), INF 1990, 54.
ders.: Praktische Hinweise zum Vereinsförderungsgesetz, INF 1990, 155.
Neuhoff, Klaus: Zum Spendenabzug – Zugleich eine Erwiderung auf den Beitrag von Schleder, DB 1985, 1263 –, DB 1986, 880.

Offczors, Günther: Wandlungen und aktuelle Probleme des steuerlichen Gemeinnützigkeitsrechts – Die Behandlung sogenannter politischer Vereinigungen –, Diss., Gießen 1987.
Offerhaus, Klaus / Söhn, Hartmut / Lange, Hans-Friedrich: Umsatzsteuer, Kommentar, Heidelberg, Stand: April 2003.
Oppermann, Robert / Peter, Alexander: Die steuerrechtliche Haftung für rechtswidrig ausgestellte Spendenbescheinigungen, DStZ 1998, 424.
Orth, Bernhard: Spendenabzug bei Kapitalgesellschaften – Darstellung und Fallstudie, DStR 1995, 733.

ders.: Spendenabzug bei Personengesellschaften – Darstellung und Fallstudie, DStR 1995, 1240.
ders.: Gemeinnützigkeit und Wirtschaftstätigkeit, FR 1995, 253.

Palandt, Otto: Kommentar zum Bürgerlichen Gesetzbuch, 62. Aufl., München 2003.
Paqué, Karl-Heinz: Philanthropie und Steuerpolitik, Eine ökonomische Analyse der Förderung privater Wohltätigkeit, Tübingen 1986.
Pauka, Dietmar: Die Änderungen im Gewerbesteuerrecht, DB 1992, 1207.
Pump, Hermann / Lohmeyer, Heinz: Abgabenordnung, Kommentar, Neuwied, Stand: November 2002.

Rebmann, Kurt / Säcker, Franz Jürgen / Rixecker, Roland(Hrsg.): Münchener Kommentar zum Bürgerlichen Gesetzbuch, Band 1, §§ 1 – 240, 4. Aufl., München 2001, Band 3, §§ 433 – 606, 3. Aufl., München 1995 *(zit.: MünchKomm-Bearb.).*
Reiffs, Hans: Vorläufige Bescheinigung zur Gemeinnützigkeit – ein Verwaltungsakt?, DB 1992, 243.
ders.: Außenprüfung bei gemeinnützigen Vereinen, StBp 1991, 205.
Reuber, Hans-Georg: Die Besteuerung der Vereine, Stuttgart, Stand: Oktober 1999.
Rupp, Thomas: Die Einbindung der Gemeinden in das steuerliche Spendenrecht – Umfang, Aufgaben und Haftung, BWGZ 1990, 474.

Sauer, Otto: Das Vereinsförderungsgesetz, NJW 1990, 1028.
Schauhoff, Stephan: Verlust der Gemeinnützigkeit durch Verluste?, DStR 1998, 701.
Schauhoff, Stephan (Hrsg.): Handbuch der Gemeinnützigkeit, München 2000.
Schäfers, Bernadette: Die steuerliche Berücksichtigung altruistischer Arbeit als abzugsfähige Spende, DStZ 2002, 287.
Schiffer, Jan: Aktuelles Beratungs-Know-how Gemeinnützigkeits- und Stiftungsrecht, DStR 2002, 1206.
Schleder, Herbert: Steuerrecht der Vereine, 6. Aufl., Herne 2001.
ders.: Besteuerung der Vereine, NWB Fach 2, 7903.
Schmidt, Ludwig (Hrsg.): Kommentar zum Einkommensteuergesetz, 21. Aufl., München 2002.
Schneider, Josef: Der Spendenabzug ab dem Jahr 2000, DStZ 2000, 291.
Schneider, Willy: Struktur und wirtschaftliche Bedeutung des Spendenmarktes in Deutschland, WiSt 1995, 623.
Schönke, Adolf / Schröder, Horst: Strafgesetzbuch, 26. Aufl., München 2001.
Schulz, Andreas: Aktuelle BFH-Rechtsprechung und Verwaltungsauffassung zum Gemeinnützigkeits- und Vereinsrecht, DStR 1999, 354.

Schwarz, Bernhard (Hrsg.): Abgabenordnung, 11. Aufl., Freiburg 1998.
Seeger, Siegbert F.: Das deutsche Steuerrecht zu Beginn des 21. Jahrhunderts – Notwendige Reformen aus Sicht der Finanzgerichtsbarkeit, DStR 2000, 10.
Seer, Roman: Steuergerechtigkeit durch Steuervereinfachung, StuW 1995, 184.
Statistisches Bundesamt (Hrsg.): Finanzen und Steuern, Fachserie 14, Reihe 7.1, Lohn- und Einkommensteuer, Stuttgart, 1995.
Staudinger, J. von: Kommentar zum Bürgerlichen Gesetzbuch, §§ 21 – 103 BGB, 13. Bearb., Berlin 1995.
Stolz, Walter: Problematische Vorschriften über Spenden für gemeinnützige Zwecke, FR 1978, 475.
Streck, Michael: Körperschaftsteuergesetz, 5. Aufl., München 1997.

Teufel, Klaus-Thomas: Zur Haftung bei falsch ausgestellten Spendenbescheinigungen bzw. zweckwidriger Mittelverwendung, FR 1993, 772.
ders.: Außenprüfung bei gemeinnützigen Organisationen (formelles Prüfungsrecht), DB 1999, 874.
Thiel, Jochen: Die Neuordnung des Spendenrechts, DB 2000, 392.
ders.: Die zeitnahe Mittelverwendung – Aufgabe und Bürde gemeinnütziger Körperschaften, DB 1992, 1900.
Thiel, Jochen / Eversberg, Horst: Die neue Vereinsbesteuerung, 4. Aufl., Köln 1998.
dies.: Das Vereinsförderungsgesetz und seine Auswirkungen auf das Gemeinnützigkeits- und Spendenrecht, DB 1990, 290, 344, 395.
dies.: Gesetz zur steuerlichen Förderung von Kunst, Kultur und Stiftung sowie zur Änderung steuerlicher Vorschriften, DB 1991, 118.
Tiedtke, Klaus / Wälzholz, Eckhard: Vertrauensschutz im Steuerrecht, DStZ 1998, 819.
Tipke, Klaus / Kruse, Heinrich Wilhelm: Kommentar zur Abgabenordnung/Finanzgerichtsordnung, 16. Aufl., Köln, Stand: Mai 2003.
Tipke, Klaus: Die Steuerrechtsordnung, Band II, Köln 1993.
ders.: Die deklassierte Gemeinnützigkeit, StuW 1989, 165.
Tipke, Klaus / Lang, Joachim: Steuerrecht, 17. Aufl., Köln 2002.
Trzaskalik, Christoph: Die steuerliche Förderung des Sports, StuW 1986, 219.

Völlmeke, Monika: Das Entschließungsermessen beim Haftungsbescheid, DStR 1991, 1001.
Vogel, Klaus: Die Abschichtung von Rechtsfolgen im Steuerrecht, StuW 1977, 97.
Vogel, Alfred / Schwarz, Bernhard: Umsatzsteuergesetz, Freiburg, Stand: März 2003.

Wachter, Thomas: Stiftungen – Zivil- und Steuerrecht in der Praxis, Köln 2001.

Wallenhorst, Rolf: Die neue Haftung bei Fehlverwendung von Spenden, DB 1991, 1410.

Weiß, Volker: Neuregelung des steuerlichen Spendenrechts, DStZ 1995, 650.

Weynand, Raimund: Strafrechtliche Untreue bei Spenden, Sponsorengeldern und Mäzenatentum, INF 2002, 214.

Wolsztynski, Christian / Hüsgen, Thomas: Kritische Anmerkungen zur Reform des Spenden- und Stiftungssteuerrechts, BB 2000, 1809.

Zitzelsberger, Hubert: Über die Schwierigkeiten mit dem Abbau von Steuersubventionen, StuW 1985, 197.

Einleitung

Die wirtschaftliche Bedeutung des Spendenrechts in Deutschland ist erheblich.[1] Das jährliche Spendenaufkommen wird auf etwa 10 bis 15 Milliarden DM geschätzt.[2] Für 1995 wurde das bei den Finanzämtern gemeldete Spendenaufkommen mit 4,182 Milliarden DM beziffert.[3] Die Steuerausfälle, die aufgrund des Spendenabzugs eintreten, wurden für das Jahr 1985 mit 900 Millionen DM angegeben.[4] Die Zahl der gemeinnützigen Organisationen wird auf knapp 400.000 geschätzt.[5] Etwa 250 Organisationen verbuchen Spendeneinnahmen von jeweils über einer Million DM im Jahr.[6]

Das Risiko, dass zugewendete Mittel nicht dem Willen des Zuwendenden entsprechend verwendet werden, ist angesichts dieser Größenordnungen beachtlich. Es besteht nicht nur die Gefahr, dass die Empfängerkörperschaft nicht gemeinnützig ist. Vielmehr werden auch bei bislang gemeinnützigen Körperschaften Gelder in zweistelliger Millionenhöhe veruntreut. Presseberichte über derartige Veruntreuungen verunsichern die Zuwendenden und mindern die Spendenbereitschaft. Das Deutsche Zentralinstitut für soziale Fragen (DZI) in Berlin will dem Risiko von Fehlleitungen entgegenwirken, indem es gemeinnützigen Organisationen das sog. Spendensiegel verleiht. Dafür müssen die Organisationen nachweisen, dass die Spenden zweckgemäß, sparsam und wirtschaftlich verwendet werden und ihre Rechnungslegung eindeutig und nachvollziehbar ist. Darüber hinaus stellt das DZI eine Datenbank mit über 2.000 Organisationen zur Verfügung, aus der Spendenwillige auf Einzelanfragen Auskünfte über die Organisationen erhalten können. In Anbetracht dieses gesamtwirtschaftlich bedeutsamen Spendenvolumens sind die durch fehlerhafte Zuwendungsbestätigungen und Spendenfehlverwendungen aufgeworfenen Fragen nicht nur von rechtstheoretischem, sondern auch von gesellschaftspolitischem Interesse.

---

1 *Isensee*, FS Dürig, S. 44.
2 BT-Drs. 14/8900, S. 31; *Schneider*, WiSt 1995, 623 (624).
3 Statistisches Bundesamt (Hrsg.), S. 74 Lfd. Nr. 19.
4 BT-Drs. 10/3821, S. 27, 256 ff, 264 f; *Kröger*, DStZ 1986, 419; *Lang*, StuW 1987, 221 (223).
5 BT-Drs. 14/8900, S. 31; vgl. auch BMF v. 13.10.2000 FR 2001, 506.
6 *Schneider*, WiSt 1995, 623 (625).

Bereits 1989 hat der Steuergesetzgeber durch das Gesetz zur Verbesserung und Vereinfachung der Vereinsbesteuerung (Vereinsförderungsgesetz)[7] das Spendenrecht um eine Vertrauensschutz- und Haftungsregelung erweitert, um das Risiko eines Steuerausfalls bei Unregelmäßigkeiten in der Spendenabwicklung neu zu regeln. Die Vorschriften finden sich in § 10b Abs. 4 EStG, § 9 Abs. 3 KStG und § 9 Nr. 5 S. 8-12 GewStG. In den vergangenen Jahren wurden einige der Probleme, die durch diese Neuregelungen entstanden sind, im steuerrechtlichen Schrifttum diskutiert und zum Teil finanzgerichtlich entschieden, ohne dass eine abschließende Klärung zentraler Fragen erreicht werden konnte. Aus der Rechtsprechung des Bundesfinanzhofs können zwei Verfahren exemplarisch herausgegriffen werden:

Der Bundesfinanzhof hatte sich mit einem Sachverhalt auseinander zu setzen, in dem ein gemeinnütziger Schulförderverein von den Eltern schulpflichtiger Kinder Beträge erhielt, für die er Zuwendungsbestätigungen ausstellte.[8] Während einer Außenprüfung stellte sich heraus, dass die Beträge nicht als unentgeltliche Zuwendungen, sondern als Schulgeld und damit als Entgelt für die Leistungen des Schulträgers zu qualifizieren waren. Gegen den Verein wurden aufgrund des § 10b Abs. 4 S. 2 EStG Haftungsbescheide erlassen. Es stellte sich die Frage, ob der Verein durch die unzutreffende Qualifizierung der Beträge als Spenden unrichtige Bestätigungen im Sinne des Haftungstatbestandes des § 10b Abs. 4 S. 2 1. Alt. EStG ausgestellt hatte. Zugleich war damit die Frage aufgeworfen, ob die Eltern auf die Richtigkeit der ihnen erteilten Bestätigungen vertrauen durften und ob ihre Steuerveranlagungen, in denen der Spendenabzug gewährt worden war, durch die Vertrauensschutzregelung des § 10b Abs. 4 S. 1 EStG einer Änderung entzogen waren.

In einem anderen Verfahren[9] hatte der Bundesfinanzhof die Frage zu klären, ob eine haftungsbegründende Fehlverwendung zugewendeter Mittel im Sinne der 2. Haftungsalternative des § 10b Abs. 4 S. 2 EStG vorliegt, wenn die Empfängerkörperschaft – wie sich erst im späteren Veranlagungsverfahren herausstellt – im Zeitpunkt der Mittelverwendung nicht gemeinnützig war. Für die rechtliche Beurteilung dieses Sachverhalts ist zu entscheiden, ob der Zuwendungsempfänger mangels Gemeinnützigkeit unrichtige Bestätigungen ausgestellt hat, die Vertrauensschutz zugunsten der Zuwendenden begründen können. Des Weiteren

---

[7] G. v. 18.12.1989 BGBl. I 1989, 2212; BStBl. I 1989, 499.
[8] BFH v. 12.08.1999 XI R 65/98 BStBl. II 2000, 65.
[9] BFH v. 10.09.2003 XI R 58/01 BStBl. II 2004, 352.

stellt sich die Frage, ob eine Verwendung der zugewendeten Mittel durch eine Körperschaft, die im Zeitpunkt der Mittelverwendung nicht gemeinnützig war, sowohl den Tatbestand des Ausstellens einer unrichtigen Bestätigung im Sinne der 1. Haftungsalternative als auch den Tatbestand der 2. Haftungsalternative in Form der Veranlassung der zweckwidrigen Mittelverwendung erfüllt.

Die vorgenannten Verfahren zeigen einige der zu klärenden Problemkreise auf. Es sind zum einen die Voraussetzungen herauszuarbeiten, unter denen der Zuwendende auf die Richtigkeit der ihm von dem Zuwendungsempfänger ausgestellten Zuwendungsbestätigung vertrauen darf, falls die in ihr gemachten Angaben nicht der tatsächlichen Sach- und Rechtslage entsprechen. Zum anderen ist zu klären, wer für einen eventuellen Steuerausfall aufzukommen hat, wenn sich herausstellt, dass die Voraussetzungen für den gewährten Spendenabzug tatsächlich nicht vorliegen.[10] Die Risikosphären des Zuwendenden, des Zuwendungsempfängers und des Steuergläubigers sind insofern gegeneinander abzugrenzen.[11]

Im ersten Teil der Arbeit werden die Grundzüge des steuerlichen Spendenrechts dargestellt. Dabei wird insbesondere im Bereich der Verfahrensfragen die Unzulänglichkeit der aktuellen Rechtslage aufgezeigt und eine Gegenkonzeption entwickelt. Im zweiten Teil wird der Vertrauensschutz im Spendenrecht zunächst anhand der Rechtslage vor dem Inkrafttreten der gesetzlichen Vertrauensschutzregelung erörtert. Im Anschluss daran wird auf den durch das Vereinsförderungsgesetz normierten Vertrauensschutz eingegangen. Dabei werden die terminologischen Ungenauigkeiten der geltenden Regelung herausgearbeitet. Eine Änderung des Gesetzeswortlauts wird erarbeitet, um eine inhaltliche Konkretisierung des Vertrauensschutztatbestandes zu erreichen. Im dritten Teil der Arbeit werden die beiden Haftungsalternativen des Spendenrechts behandelt und gegeneinander abgegrenzt, bevor die Arbeit mit einer Zusammenfassung der wesentlichen Ergebnisse schließt.

---

[10] Im Folgenden wird die Rechtslage anhand des § 10b Abs. 4 EStG dargestellt. Soweit Abweichungen im Körperschaft- oder Gewerbesteuerrecht bestehen, werden diese besonders hervorgehoben.

[11] Die praktische Relevanz einer eindeutigen Abgrenzung nach Risikobereichen lässt sich auch daran erkennen, dass die Versicherungsgesellschaften Vermögensschaden-Haftpflichtversicherungen für Vereine und deren Organe anbieten, die die speziellen Risiken der Spendenhaftung abdecken sollen, vgl. auch *Schiffer*, DStR 2002, 1206 (1208); BT-Drs. 14/8900, S. 315 f.

Die steuerliche Abzugsfähigkeit von Zuwendungen an politische Parteien und unabhängige Wählergemeinschaften (§ 10b Abs. 2, § 34g EStG, § 50 Abs. 3 EStDV) ist ein eigenständiges Rechtsgebiet, auf das im Rahmen dieser Arbeit nicht eingegangen werden soll.

A. Grundzüge des steuerlichen Spendenrechts

I. Historische Entwicklung und rechtssystematische Einordnung des Spendenabzugs

§ 13 Abs. 1 Nr. 7 EStG 1920[12] sah erstmals einen Spendenabzug[13] vom Gesamtbetrag der Einkünfte vor. Diese Möglichkeit des Spendenabzugs wurde durch das EStG 1925[14] abgeschafft. Erst im Jahre 1948 führte das Gesetz Nr. 64[15] der amerikanischen und britischen Militärregierung den Spendenabzug wieder ein.[16] Zunächst war er in § 10 EStG geregelt, bevor er 1951 in den neu eingefügten § 10b EStG übernommen wurde.[17]

Der Spendenabzug stellt als Sonderausgabenabzug eine Ausnahme von dem grundsätzlichen Abzugsverbot der durch die private Lebensführung veranlassten Aufwendungen (§ 12 Nr. 1 EStG) und der freiwilligen Zuwendungen (§ 12 Nr. 2 EStG) dar. Durch den Spendenabzug soll zu privatem uneigennützigem Handeln angeregt werden, um eine Entlastung öffentlicher Rechtsträger im Bereich der Daseinsvorsorge zu erreichen.[18] So werden über das Steueraufkommen hinaus zusätzliche Mittel für gemeinnützige Zwecke beschafft. Die freiwillige Zuwendung wird deshalb auch als „Steuerersatz", „freiwillige Steuer" und als „Steuersurrogat" angesehen.[19] Diese Bezeichnung setzt die Zuwendung mit der Steuer-

---

12 G. v. 29.03.1920 RGBl. 1920, 359; RStBl. 1920, 261.

13 Der Begriff „Spendenabzug" wird im Folgenden als Oberbegriff für den Sonderausgabenabzug nach § 10b EStG verwandt. Vgl. auch Gutachten S. 245: „Das Wort „spenden" leitet sich ab von expendere (lateinisch), spendere (mittellateinisch), spenton (althochdeutsch). Schon im Mittelhochdeutschen hieß es „spenden", englisch: to spend. Das Wort hat die Bedeutung von schenken, freigebig überlassen, Almosen geben. Vgl. auch „spendieren, spendabel."

14 EStG v. 10.08.1925 RGBl. I 1925, 189.

15 Gesetz Nr. 64 v. 20.06.1948 WiGBl. 1948, Beil. Nr. 4 S. 1.

16 Zu weiteren Einzelheiten vgl. *Stolz*, FR 1978, 475 (476). Zur Entwicklung des Gemeinnützigkeitsrechts *Hammer*, StuW 2001, 19.

17 ESt- und KSt-Änderungsgesetz v. 27.06.1951 BGBl. I 1951, 401.

18 BFH v. 25.11.1987 I R 126/85 BStBl. II 1988, 220; BFH v. 12.09.1990 I R 65/86 BStBl. II 1991, 258; BFH v. 22.09.1993 X R 107/91 BStBl. II 1993, 874; BFH v. 24.11.1993 X R 5/91 BStBl. II 1994, 683; *Brandt* in: Herrmann/Heuer/Raupach, § 10b EStG Rn. 4; *Hüttemann*, NJW 2000, 638; *Gmach*, FR 1995, 85; *Herrnkind*, DStZ 1988, 547 (550); *Fischer*, FS Offerhaus, S. 606 f.

19 *Kirchhof* in: Kirchhof/Söhn/Mellinghoff, § 10b EStG Rn. A 46, A 49; Gutachten, S. 228; *Tipke*, S. 832; *Geserich*, S. 24; *ders.*, Spende und Schulgeld, S. 4 ff m. w. N.; *Igl/Jachmann/Eichenhofer*, S. 81.

zahlung gleich. Dies erscheint jedoch bedenklich, da die Zuwendung als „Steuergutschrift“[20] auf der Steuerzahlungsebene, nicht aber bereits bei der Ermittlung der steuerlichen Bemessungsgrundlage berücksichtigt werden müsste.[21] Wird die Zuwendung als Steuersurrogat verstanden, wird außerdem eine Orientierung an staatlichen Aufgaben impliziert, die unzutreffend ist. Gemeinnützige Zwecke sind nicht identisch mit den Staatszielen. Sie umfassen neben diesen auch staatszielergänzende Aufgaben.[22]

Der Legitimationsgedanke der Staatsentlastung bzw. Staatssubstitution beherrscht das gesamte Gemeinnützigkeits- und Spendenrecht.[23] Die Frage nach der rechtssystematischen Einordnung des Spendenabzugs ist jedoch bislang nicht geklärt. Es wird die Meinung vertreten, der Spendenabzug sei Ausfluss des Prinzips der Besteuerung nach der Leistungsfähigkeit und Ausprägung austeilender Gerechtigkeit und damit als Fiskalzwecknorm (Lastenausteilungsnorm) zu qualifizieren.[24] Durch seine altruistische Zuwendung reduziere der Zuwendende seine persönliche Leistungsfähigkeit. Er müsse steuerlich entlastet werden, da er seiner Gemeinwohlverpflichtung bereits durch die freiwillige Zuwendung nachgekommen sei, die einer Steuerzahlung gleichzusetzen sei. Der Staat sei insoweit von der Pflicht entbunden, die Aufgabenerfüllung anderweitig durch das Steueraufkommen zu finanzieren. Andererseits findet sich die Auffassung, der Spendenabzug sei eine Sozialzwecknorm, da es sich bei den Zuwendungen um keine unvermeidbaren, sondern um freiwillige Privatausgaben handele.[25] Folglich stelle er als Lenkungsnorm eine rechtfertigungsbedürftige Abweichung vom Prinzip der gleichmäßigen Besteuerung nach der wirtschaftlichen Leistungsfähigkeit dar.[26] Eine Durchbrechung dieses Prinzips ist gerechtfertigt, wenn sie dem Gemeinwohl mindestens ebenso dient wie die Gleichbelastung

---

20 So *Paqué*, S. 358 ff.

21 Vgl. auch Gutachten, S. 230.

22 Vgl. *Kirchhof* in: Kirchhof/Söhn/Mellinghoff, § 10b EStG Rn. A 40; *Isensee*, FS Dürig, S. 47 ff, 62; *Igl/Jachmann/Eichenhofer*, S. 75 f; *Seer*, DStJG 26 (2003), 11 ff.

23 *Isensee*, FS Dürig, S. 61; *Igl/Jachmann/Eichenhofer*, S. 74; *Lang*, Rn. 11.

24 *Kirchhof* in: Kirchhof/Söhn/Mellinghoff, § 10b EStG Rn. A 28 ff; *Tipke*, S. 832; *Geserich*, S. 22; *Igl/Jachmann/Eichenhofer*, S. 81; *Vogel*, StuW 1977, 97 (108 f); *Hammer*, StuW 2001, 19 (22 f).

25 *Brandt* in: Herrmann/Heuer/Raupach, § 10b EStG Rn. 4; *Tipke/Lang*, § 20 Rz. 8; *Lang*, StuW 1987, 221 (230); *ders.*, DStZ 1988, 18 (21); *Zitzelsberger*, StuW 1985, 197 (200); *Kröger*, DStZ 1986, 419; *Trzaskalik*, StuW 1986, 219; *Thiel/Eversberg*, DB 1991, 118 (119); *Fischer*, FS Offerhaus, S. 607.

26 Zur Rechtfertigung von Sozialzwecknormen *Tipke/Lang*, § 4 Rz. 124 ff, § 19 Rz. 70 ff; *Lang*, DStZ 1988, 18 (28).

nach der Leistungsfähigkeit.[27] Mindert der Steuerpflichtige seine Leistungsfähigkeit durch Ausgaben, die das Allgemeinwohl ebenso wie Steuern fördern, so soll diese Minderung bei der Ermittlung seiner Bemessungsgrundlage berücksichtigt werden.

Der im allgemeinen Gleichheitssatz des Art. 3 Abs. 1 GG verankerte Grundsatz der Steuergerechtigkeit fordert, dass die Steuerlasten auf die Steuerpflichtigen im Verhältnis ihrer wirtschaftlichen Leistungsfähigkeit verteilt werden.[28] Der Grundsatz der Besteuerung nach der Leistungsfähigkeit wird durch das sog. (objektive und subjektive) Nettoprinzip konkretisiert.[29] Danach bestimmt sich die Leistungsfähigkeit des Steuerpflichtigen nach seinem Nettoeinkommen, also nach den Erwerbseinnahmen abzüglich der unvermeidbaren erwerbs- und existenzsichernden Aufwendungen.[30] Nur dieses disponible Einkommen steht für die private Lebensführung zur Verfügung und darf der Besteuerung unterworfen werden. Anhand des Nettoprinzips lässt sich der Spendenabzug nicht den Fiskalzwecknormen zuordnen, denn Spenden und Mitgliedsbeiträge zählen weder zu den existenz- noch zu den erwerbssichernden Aufwendungen. Sie stellen eine freiwillige, vermeidbare Einkommensverwendung dar. Über das Nettoprinzip hinaus können bei der Bestimmung des disponiblen Einkommens auch die Aufwendungen zu berücksichtigen sein, die freiwillig und uneigennützig geleistet werden, da nur der Rest für den eigenen Nutzen des Steuerpflichtigen verbleibt.[31] Nach diesem Verständnis erfasst die Besteuerung nach der finanziellen Leistungsfähigkeit nur das privatnützig verfügbare Einkommen. Der gemeinnützige Privataufwand wird – wie das für die Zahlung anderer Steuern verwendete Einkommen – nicht der Besteuerung unterworfen. Der Spendenabzug kann so-

---

[27] Vgl. *Tipke* in: Tipke/Kruse, § 52 AO Tz. 54.

[28] St. Rspr., BVerfG v. 24.06.1958 2 BvF 1/57 BVerfGE 8, 51 (68 f); BVerfG v. 23.11.1976 1 BvR 150/75 BVerfGE 43, 108 (118 ff); BVerfG v. 22.02.1984 1 BvL 10/80 BVerfGE 66, 214 (223); BVerfG v. 29.05.1990 1 BvL 20, 26/84, 4/86 BVerfGE 82, 60 (86).

[29] *Kirchhof* in: Kirchhof/Söhn/Mellinghoff, § 2 EStG Rn. A 110 ff, A 126; *Tipke/Lang*, S. 243 ff; *Geserich*, S. 4 ff.

[30] BVerfG v. 07.12.1999 2 BvR 301/98 BVerfGE 101, 297 (310); BVerfG v. 11.11.1998 2 BvL 10/95 BVerfGE 99, 280 (290 f); BFH v. 09.05.2001 XI B 151/00 BStBl. II 2001, 552; *Igl/Jachmann/Eichenhofer*, S. 70.

[31] *Kirchhof* in: Kirchhof/Söhn/Mellinghoff, § 10b EStG Rn. A 33 ff; so auch *Geserich*, S. 21 ff; *Igl/Jachmann/Eichenhofer*, S. 80 f; ähnl. *Lindberg* in: Frotscher, § 10b EStG Rn. 3; *Hey*, StuW 2000, 467 (468).

mit grundsätzlich sowohl als Ausfluss des Leistungsfähigkeitsprinzips als auch als Lenkungsnorm gerechtfertigt werden.[32]

II. Materielle Grundlagen des einkommensteuerrechtlichen Spendenrechts

Im Einkommensteuerrecht wie auch im Körperschaft- und Gewerbesteuerrecht kann der Zuwendende seine freiwilligen Zuwendungen an bestimmte Empfänger unter bestimmten Voraussetzungen bis zu einer bestimmten Höhe von seiner ertragsteuerlichen Bemessungsgrundlage abziehen. Die Abzugsmöglichkeiten sind für – unbeschränkt und beschränkt – Einkommensteuerpflichtige in § 10b EStG, für Körperschaftsteuerpflichtige in § 9 Abs. 1 Nr. 2, Abs. 2 KStG und für Gewerbesteuerpflichtige in § 9 Nr. 5 GewStG geregelt. Ergänzende Regelungen zum Spendenabzug finden sich in den §§ 48 ff EStDV sowie in Anlage 1 zu § 48 EStDV.[33]

1. Steuerbegünstigte Zuwendungen

Steuerbegünstigte Zuwendungen sind freiwillige und unentgeltliche Ausgaben, die zur Förderung der in § 10b Abs. 1 S. 1 EStG genannten Zwecke an einen begünstigten Empfänger geleistet werden.[34] Der Begriff „Zuwendungen" erfasst nach § 48 Abs. 3, 4 EStDV als Oberbegriff sowohl Spenden als auch Mitgliedsbeiträge einschließlich der Mitgliedsumlagen und Aufnahmegebühren.

---

[32] Zu recht kritisch zu den Freizeitbetätigungen des § 52 Abs. 2 Nr. 4 AO *Tipke* in: Tipke/Kruse, § 52 AO Tz. 32 ff; *ders.*, StuW 1989, 165 (169); *Lindberg* in: Frotscher, § 10b EStG Rn. 4; *Kirchhof* in: Kirchhof/Söhn/Mellinghoff, § 10b EStG Rn. A 442; Gutachten, S. 126 ff; Einkommensteuer-Kommission, S. 33, 49; *Igl/Jachmann/Eichenhofer*, S. 81; *Geserich*, S. 30; *Schauhoff* in: Schauhoff (Hrsg.), § 5 Rz. 20; *Isensee*, FS Dürig, S. 36 ff; *Fischer*, FS Offerhaus, S. 606; *Lang*, Rn. 14; *ders.*, DStZ 1988, 18 (27, 29); *Herrnkind*, DStZ 1988, 581 (586 ff); *Müller-Gatermann*, FR 1995, 261 (262); *Hammer*, StuW 2001, 19 (24).

[33] Die bis VZ 1999 geltende Rechtslage war unübersichtlich und musste wegen verfassungsrechtlicher Bedenken geändert werden. Die Vorschriften waren über drei Rechtsebenen verteilt: § 10b EStG, §§ 48 ff EStDV, R 111 EStR 1999 i.V.m. Anlage 7.

[34] BFH v. 25.11.1987 BStBl. II 1988, 220; BFH v. 23.05.1989 BStBl. II 1989, 879; BFH v. 20.02.1991 BStBl. II 1991, 690; *Hofmeister* in: Blümich, § 10b EStG Rn. 16; *Lange* in: Mössner/Seeger, § 9 KStG Rn. 79; *Buchna*, S. 310 f; zu den einzelnen Tatbestandsmerkmalen *Schleder*, Rn. 1494 ff; zur Abgrenzung von Betriebsausgaben BFH v. 12.09.1990 I R 65/86 BStBl. II 1991, 258 m. w. N.; *Schauhoff* in: Schauhoff (Hrsg.), § 6 Rz. 39 f. Zum Begriff der Unentgeltlichkeit vgl. insb. das „Schulgeld-Urteil" des BFH v. 12.08.1999 XI R 65/98 BStBl. II 2000, 65 sowie BFH v. 28.02.2002 XI B 143/01 BFH/NV 2002, 1143; Niedersächsisches FG v. 18.09.2002 9 K 637/97 DStRE 2003, 525, rkr.

Bei den Zuwendungen kann es sich um Geld- und Sachzuwendungen handeln, wie § 10b Abs. 3 EStG klarstellt. Die unentgeltliche Nutzungsüberlassung sowie die unentgeltliche Erbringung von Leistungen ohne Minderung des geldwerten Vermögens des Zuwendenden fallen nicht unter den Begriff der Ausgaben im Sinne des § 11 Abs. 2 EStG und werden folglich nicht von § 10b EStG erfasst.[35] Verzichtet dagegen der Zuwendende auf einen ihm zustehenden Aufwendungsersatzanspruch im Sinne des § 10b Abs. 3 S. 4 EStG, handelt es sich um eine sog. Aufwandsspende, die als Geldzuwendung abziehbar ist.[36]

2. Steuerbegünstigte Zwecke

Steuerlich abziehbare Zuwendungen sind nur Ausgaben für bestimmte steuerbegünstigte Zwecke. Nach § 10b Abs. 1 S. 1 EStG sind Ausgaben zur Förderung mildtätiger, kirchlicher, religiöser, wissenschaftlicher und der als besonders förderungswürdig anerkannten gemeinnützigen Zwecke grundsätzlich abziehbar. Die genannten Vorschriften legen die Voraussetzungen für die Abziehbarkeit von Ausgaben für steuerbegünstigte Zwecke fest, ohne sie zu definieren. § 48 Abs. 1 EStDV verweist insoweit auf die §§ 51-68 AO, wobei § 52 AO die gemeinnützigen Zwecke, § 53 AO die mildtätigen und § 54 AO die kirchlichen Zwecke definiert.[37]

In § 52 Abs. 2 AO findet sich eine nicht abschließende („insbesondere") Aufzählung der wichtigsten gemeinnützigen Zwecke.[38] Von den gemeinnützigen

---

[35] Vgl. *Heinicke* in: Schmidt, § 10b EStG Rn. 2; *Kirchhof* in: Kirchhof/Söhn/Mellinghoff, § 10b EStG Rn. D 1; zur altruistischen Arbeit *Schäfers*, DStZ 2002, 287; vgl. auch BFH v. 08.08.1990 X R 149/88 BStBl. II 1991, 70 zur Spende bei Leasingverträgen.

[36] Vgl. BMF v. 07.06.1999 BStBl. I 1999, 591; OFD Frankfurt v. 21.02.2002 FR 2002, 647; OFD Frankfurt v. 20.04.1998 DB 1998, 1159; Thüringer FG v. 02.09.1998 III 130/98 EFG 1998, 1640; *Kirchhof* in: Kirchhof/Söhn/Mellinghoff, § 10b EStG Rn. B 558, D 100; *Brandt* in: Herrmann/Heuer/Raupach, § 10b EStG Rn. 135; Gutachten, S. 256; *Schleder*, Rn. 1513; *ders.*, NWB Fach 2, 7903 (7919); *Schneider*, DStZ 2000, 291 (198); *Geserich*, DStJG 26 (2003), S. 269. Gegen das Erfordernis einer vorherigen schriftlichen Vereinbarung über den Aufwendungsersatzanspruch OFD Kiel v. 14.10.1998 FR 1998, 1099. Vgl. auch BFH v. 03.12.1996 I R 67/95 BStBl. II 1997, 474: Vereinsmitglieder ließen aufgrund einer Absprache mit dem Vorstand dem Verein eine Spende zukommen, damit der Verein Ersatz ihrer Aufwendungen für Fahrten im Auftrag des Vereins leisten konnte.

[37] Zu den terminologischen Ungenauigkeiten vgl. nur *Tipke* in: Tipke/Kruse, § 51 AO Tz. 5; *Mattern*, S. 114 ff.

[38] BFH v. 14.09.1994 I R 153/93 BStBl. II 1995, 499; BFH v. 17.02.2000 I R 108, 109/98 BFH/NV 2000, 1071; *Schwarz* in: Mössner/Seeger, § 5 KStG Rn. 71; *Müller-Gatermann*, FR 1995, 261 (262); Anwendungserlass zur AO 1977, § 52 Tz. 2.

Zwecken im Sinne des § 52 AO berechtigen neben den religiösen und wissenschaftlichen gemeinnützigen Zwecken nur diejenigen zum Spendenabzug, die als besonders förderungswürdig anerkannt sind. Die Anerkennung als besonders förderungswürdig ergab sich bis zum Veranlagungszeitraum 2000 aus § 48 Abs. 2 EStDV a. F. i.V.m. Anlage 7 zu R 111 Abs. 1 EStR 1999. Diese Bestimmung ist wegen verfassungsrechtlicher Bedenken durch § 48 EStDV n.F. mit Anlage 1 ersetzt worden.[39] Im Gegensatz zu § 52 Abs. 2 AO handelt es sich bei der Anlage 1 zu § 48 Abs. 2 EStDV um eine abschließende Aufzählung der als besonders förderungswürdig anerkannten Zwecke. Sie unterscheidet in den Abschnitten A und B zwei Gruppen begünstigter Zwecke. Bei den in Abschnitt A genannten Zwecken dürfen Mitgliedsbeiträge und Spenden, bei den in Abschnitt B genannten Zwecken dürfen nur Spenden abgezogen werden (§ 48 Abs. 3, 4 EStDV).[40] Fördert eine Körperschaft Zwecke, die sowohl in Abschnitt A als auch in Abschnitt B aufgeführt sind, so sind zwar Spenden, nicht aber Mitgliedsbeiträge abzugsfähig (§ 48 Abs. 4 S. 2 EStDV).[41]

Der Spendenabzug setzt nach ganz überwiegender Meinung voraus, dass der Empfänger die Zuwendung zur Förderung steuerbegünstigter Zwecke verwendet.[42] Nicht der subjektive Förderungswille des Zuwendenden, sondern die vom Zuwendungsempfänger durch die Mittelverwendung erzielte oder angestrebte Förderung der Allgemeinheit stellt die Legitimation für den Spendenabzug dar. Die Tätigkeit des Zuwendungsempfängers muss auf die Förderung steuerbegünstigter Zwecke gerichtet sein. Der Eintritt eines Förderungserfolges ist dagegen nicht erforderlich. In diesem Sinne und mit Blick auf den Förderungswillen

---

39 Vgl. BFH v. 24.11.1993 X R 5/91 BStBl. II 1994, 683; BFH v. 16.01.1995 X B 309/94 BFH/NV 1995, 870.

40 Bis 1999 wurde diese Unterscheidung im Rahmen des Durchlaufspendenverfahrens erreicht, vgl. *Schleder*, Rn. 1518; *Hüttemann*, NJW 2000, 638 (639).

41 Eine Besonderheit gilt für die Förderung kultureller Zwecke, die in Abschnitt A (Nr. 3) und in Abschnitt B (Nr. 2) genannt sind. Grundsätzlich ist die Förderung kultureller Zwecke dem Abschnitt A zuzuordnen. Dient die kulturelle Betätigung jedoch in erster Linie der Freizeitgestaltung, so ist sie Abschnitt B zuzuordnen.

42 BFH v. 19.03.1976 VI R 72/73 BStBl. II 1976, 338; BFH v. 05.02.1992 I R 63/91 BStBl. II 1992, 748; BFH v. 23.05.1989 X R 17/85 BStBl. II 1987, 850 (851); FG Baden-Württemberg v. 29.11.1991 9 K 278/91 EFG 1992, 258; *Heinicke* in: Schmidt, § 10b EStG Rn. 35, 45; *Kirchhof* in: Kirchhof/Söhn/Mellinghoff, § 10b EStG Rn. B 60; *Schneider/ Krammer* in: Littmann/Bitz/Pust, § 10b EStG Rn. 30; *Güroff* in: Glanegger/Güroff, § 3 Nr. 6 GewStG Rn. 17; *Geserich*, S. 31; *Dötsch/Franzen/Sädtler/Sell/Zenthöfer*, S. 95; a. A. *Brandt* in: Herrmann/Heuer/Raupach, § 10b EStG Rn. 34; *Gast-de Haan*, FR 1988, 179 (180).

des Zuwendenden betont *Isensee*[43], dass „das Gemeinwohl keine Frage der guten Absichten, sondern der guten Wirkungen“ ist. Die Entscheidung des Bundesfinanzhofs[44], dass auch bei einer Unterbrechung der gemeinnützigen Tätigkeit die Gemeinnützigkeit erhalten bleibt, gilt nur für den Fall, dass außergewöhnliche, von der Körperschaft nicht zu beeinflussende Umstände eine zeitweilige Unterbrechung der gemeinnützigen Tätigkeit rechtfertigen.[45] Tätigkeiten einer neu gegründeten Körperschaft, die die Verwirklichung der steuerbegünstigten Zwecke erst vorbereiten, reichen bereits aus, um die tätigkeitsbezogenen Voraussetzungen der Steuerbefreiung zu erfüllen, wenn die Vorbereitungshandlungen ernsthaft auf die Erfüllung eines steuerbegünstigten satzungsmäßigen Zwecks gerichtet sind. Die bloße Absicht, zu einem unbestimmten Zeitpunkt einen der Satzungszwecke zu verwirklichen, genügt dagegen nicht.[46]

3. Höhe der abzugsfähigen Zuwendungen

Der Abzug steuerbegünstigter Zuwendungen ist begrenzt. Die Zuwendungen dürfen gemäß § 10b Abs. 1 S. 1 EStG grundsätzlich nur bis zu einer Höhe von 5 v. H. des Gesamtbetrags des Einkommens oder – wenn dies für den Steuerpflichtigen günstiger ist – bis zu 2 v. T. der Summe der gesamten steuerbaren und nicht steuerbaren Umsätze[47] und der im Kalenderjahr aufgewendeten Löhne und Gehälter abgezogen werden (§ 10b Abs. 1 S. 1 EStG).[48] Für wissenschaftliche, mildtätige und als besonders förderungswürdig anerkannte kulturelle Zwecke verdoppelt sich der Abzugssatz auf 10 v. H. Unberührt bleibt dagegen die 2 v. T.-Grenze.[49]

Überschreitet eine Einzelzuwendung von mindestens 25.565 Euro[50] die vorgenannten Höchstsätze und wurde sie zur Förderung wissenschaftlicher, mildtäti-

---

43 *Isensee*, FS Dürig, S. 55.
44 BFH v. 11.12.1974 I R 104/73 BStBl. II 1975, 458.
45 *Sauer* in: Beermann, § 63 AO Rn. 10; *Schwarz* in: Mössner/Seeger, § 5 KStG Rn. 107; *Schauhoff* in: Schauhoff (Hrsg.), § 8 Rz. 31.
46 BFH v. 23.07.2003 I R 29/02 BStBl. II 2003, 930.
47 Zur Ermittlung der Umsätze vgl. BFH v. 04.12.1996 I R 151/93 BStBl. II 1997, 327.
48 Zur Alternativität der Höchstgrenzen vgl. FG Düsseldorf v. 16.08.1999 12 V 4031/99 A (E) EFG 1999, 1219.
49 Ein internationaler Vergleich der Höchstgrenzen findet sich im Gutachten, S. 260.
50 Bis VZ 2001: 50.000 DM.

ger oder als besonders förderungswürdig anerkannter kultureller Zwecke[51] geleistet, so ist gemäß § 10b Abs. 1 S. 4, 5 EStG abweichend vom Grundsatz der Jahresbesteuerung eine periodenübergreifende Verteilung durch einen Rücktrag für ein Jahr[52] und einen Vortrag für fünf Jahre möglich (sog. Großspendenregelung).[53] Voraussetzung ist, dass die Zuwendung beide der in § 10b Abs. 1 S. 1 EStG genannten Höchstsätze überschreitet.[54]

Durch das Gesetz zur weiteren steuerlichen Förderung von Stiftungen[55] wurden die Abzugsmöglichkeiten für Zuwendungen an Stiftungen erweitert. Nach § 10b Abs. 1 S. 3 EStG sind Zuwendungen an Stiftungen des öffentlichen Rechts und an nach § 5 Abs. 1 Nr. 9 KStG steuerbefreite Stiftungen des privaten Rechts zur Förderung steuerbegünstigter Zwecke im Sinne der §§ 52-54 AO mit Ausnahme der Zwecke, die nach § 52 Abs. 2 Nr. 4 AO[56] gemeinnützig sind, über die erstgenannte Höchstgrenze hinaus bis zu 20.450 Euro[57] abziehbar. Des Weiteren sind gemäß § 10b Abs. 1a EStG Zuwendungen im Sinne des § 10b Abs. 1 EStG[58] bis zu einer Höhe von 307.000 Euro[59] auf Antrag abzugsfähig, wenn sie anlässlich der Neugründung in den Vermögensstock einer Stiftung geleistet werden (sog. Gründungshöchstbetrag). Die Stiftung muss die Zuwendung anlässlich ihrer Neugründung erhalten haben und sie ihrem Vermögen zuführen. Der Zeitraum, in dem die Zuwendung anlässlich der Neugründung zugewendet wird, umfasst ein Jahr nach der Gründung.[60] Der Begriff „Neugründung" ist im Sinne von „Errichtung" in § 58 Nr. 12 AO zu verstehen.[61] Bei rechtsfähigen Stiftungen

---

[51] Kritisch zur Beschränkung auf wissenschaftliche, mildtätige und als besonders förderungswürdig anerkannte kulturelle Zwecke *Gérard* in: Lademann, § 10b EStG Rn. 120; *Kirchhof* in: Kirchhof/Söhn/Mellinghoff, § 10b EStG Rn. A 416, B 640, 645; *Geserich*, S. 42 f; *Thiel/Eversberg*, DB 1991, 118 (121).

[52] Bis VZ 1998: 2 Jahre.

[53] Vgl. zu den Einzelheiten *Heinicke* in: Schmidt, § 10b EStG Rn. 66 ff; *Kirchhof* in: Kirchhof/Söhn/Mellinghoff, § 10b EStG Rn. B 650 ff; *Buchna*, S. 326 ff.

[54] BFH v. 04.05.2004 XI R 34/03 (n. v.).

[55] G. zur weiteren steuerlichen Förderung von Stiftungen v. 26.07.2000 BGBl. I 2000, 1034.

[56] Im Wesentlichen handelt es sich hierbei um reine Freizeitbetätigungen, sog. Freizeitzwecke.

[57] Bis VZ 2001: 40.000 DM.

[58] Zu den aus dieser Verweisung herrührenden, kaum nachvollziehbaren Ergebnissen vgl. *Hüttemann*, DB 2000, 1584 (1590); *Lex*, DStR 2000, 1939 (1942); *Ley*, KÖSDI 2000, 12658 (12670).

[59] Bis VZ 2001: 600.000 DM.

[60] *Schleder*, Rn. 1548.

[61] *Heinicke* in: Schmidt, § 10b EStG Rn. 71; *Hüttemann*, DB 2000, 1584 (1590); *Lex*, DStR 2000, 1939 (1942).

des privaten Rechts ist das der Zeitpunkt, in dem die Anerkennung der Rechtsfähigkeit der Stiftung (früher: Genehmigung) erfolgt (§ 80 BGB), bei öffentlich-rechtlichen Stiftungen das Inkrafttreten des Gesetzes oder Hoheitsaktes und bei nichtrechtsfähigen Stiftungen des privaten Rechts die Wirksamkeit des schuldrechtlichen Vertrages.[62] § 10b Abs. 1a EStG führt zudem den Begriff des Vermögensstocks ein, ohne ihn zu definieren. Darunter ist das Vermögen einer Stiftung zu verstehen, für das gemäß § 58 Nr. 11 AO („zur Aufstockung des Vermögens") keine Pflicht zur zeitnahen Mittelverwendung besteht.[63] Dieser Gründungshöchstbetrag kann innerhalb eines 10-Jahres-Zeitraums nur einmal in Anspruch genommen werden.

Die rechtsformbezogene Vorzugsbehandlung der Stiftungen begegnet im Hinblick auf den Gleichheitsgrundsatz des Art. 3 Abs. 1 GG verfassungsrechtlichen Bedenken.[64] Die Einführung des Gründungshöchstbetrags führt jedoch lediglich dazu, dass das Spendenrecht für Stiftungsgründungen „überhaupt erst wirksam gemacht wird."[65] Die Sonderregelung beseitigt die bisherige Benachteiligung der Stiftungen, die darauf beruhte, dass Stiftungen im Gegensatz zu den anderen steuerbegünstigten Körperschaften eine Vermögensausstattung benötigen und diese im bisherigen Rahmen des Spendenabzugs nicht berücksichtigt wurde. Folglich liegt keine unzulässige Privilegierung der Stiftungen vor.[66] Für die Gewährung des zusätzlichen Abzugsbetrags nach § 10b Abs. 1 S. 3 EStG lässt sich dagegen kein sachlicher Grund finden. Während der Gründungshöchstbetrag durch die Notwendigkeit einer Vermögensausstattung gerechtfertigt ist, kann der

---

62 Vgl. *Hüttemann*, DB 2000, 1584 (1590), der darauf hinweist, dass auch nicht rechtsfähige Stiftungen des Privatrechts erfasst werden, da das Gesetz für eine Differenzierung zwischen rechtsfähigen und nicht rechtsfähigen Stiftungen keinen Anhaltspunkt liefert; *ders.*, Stiftung & Sponsoring, Rote Seiten 1/2002, 1 (6); *ders.* in: Kötz/Rawert/Schmidt/Walz, S. 148 f; *Jost* in: Dötsch/Eversberg/Jost/Witt, § 9 KStG Rn. 4; *Frotscher* in: Frotscher/Maas, § 9 KStG Rn. 61a; *Ley*, KÖSDI 2000, 12658 (12667, 12671); zw. *Lex*, DStR 2000, 1939 (1941).

63 *Kirchhof* in: Kirchhof (Hrsg.), § 10b EStG Rn. 62; *Hüttemann*, DB 2000, 1584 (1590).

64 Vgl. *Jost* in: Dötsch/Eversberg/Jost/Witt, § 9 KStG Rn. 3; *Schauhoff* in: Schauhoff (Hrsg.), § 3 Rz. 26; *Wachter*, Rz. 158; *Hüttemann* in: Kötz/Rawert/Schmidt/Walz (Hrsg.), S. 145 ff; *ders.*, DB 2000, 1584 (1592); *ders.*, Stiftung & Sponsoring, Rote Seiten 1/2002, 1 (6); *Thiel*, DB 2000, 392 (395); vgl. auch die sog. „Schwarzwaldklinik-Entscheidung" des BVerfG v. 29.10.1999 2 BvR 1264/90 BStBl. II 2000, 160 (161); a. A. *Hild* in: Korn, § 10b EStG Rn. 28.1.

65 Gutachten, S. 491.

66 *Hüttemann* in: Kötz/Rawert/Schmidt/Walz, S. 161; *Herfurth/Dehesselles*, INF 2000, 553 (554).

zusätzliche Abzugsbetrag in Höhe von 20.450 Euro nicht mit der erforderlichen Vermögensausstattung gerechtfertigt werden.[67] Dieser Betrag ist wie die übrigen steuerbegünstigten Zuwendungen zeitnah zu verwenden, so dass ein Verstoß gegen die Rechtsformneutralität des Steuerrechts vorliegt.

4. Zuwendungsempfänger

Zuwendungen zur Förderung steuerbegünstigter Zwecke dürfen nach § 49 EStDV nur dann abgezogen werden, wenn sie an bestimmte Empfänger geleistet werden.[68] Der Kreis der Zuwendungsempfänger ist auf inländische juristische Personen des öffentlichen Rechts und inländische öffentliche Dienststellen (§ 49 Nr. 1 EStDV) sowie auf die in § 5 Abs. 1 Nr. 9 KStG genannten Körperschaften, Personenvereinigungen und Vermögensmassen (§ 49 Nr. 2 EStDV) beschränkt. Zu den juristischen Personen des öffentlichen Rechts zählen insbesondere die Gebietskörperschaften (Gemeinden, Landkreise) und die Kirchengemeinden.

Begünstigte Empfänger im Sinne von § 5 Abs. 1 Nr. 9 KStG sind die gemeinnützigen Körperschaften, die selbstlos (§ 55 AO), ausschließlich (§ 56 AO) und unmittelbar (§ 57 AO) steuerbegünstigte Zwecke fördern.[69] Ihre Satzung muss den Anforderungen der §§ 60-62 AO entsprechen. Die tatsächliche Geschäftsführung muss sich auf die Verwirklichung der satzungsmäßigen Zwecke richten (§ 63 AO), und die Körperschaft darf keinen wirtschaftlichen Geschäftsbetrieb mit Ausnahme von Zweckbetrieben[70] unterhalten (§§ 64-68 AO).[71] Wird ein wirtschaftlicher Geschäftsbetrieb im Sinne von § 14 S. 1, 2 AO unterhalten, ist die Steuerbefreiung insoweit ausgeschlossen. Eine Vermögensverwaltung im Sinne des § 14 S. 3 AO ist dagegen unschädlich.

In der Regel wählen gemeinnützige Körperschaften die Rechtsform eines Vereins oder einer Stiftung, doch ist auch die Rechtsform der gemeinnützigen GmbH oder AG möglich. Diese Rechtsformen werden von § 1 KStG erfasst und

---

67 *Hüttemann* in: Kötz/Rawert/Schmidt/Walz, S. 162; *ders.*, DStJG 26 (2003), S. 53.

68 Bis VZ 1999: § 48 Abs. 3 EStDV.

69 Der Begriff der „gemeinnützigen Körperschaften" wird im Folgenden als Oberbegriff für Körperschaften, Personenvereinigungen und Vermögensmassen, die gemeinnützigen, mildtätigen oder kirchlichen Zwecken dienen, verwandt.

70 Zu den Abgrenzungsschwierigkeiten vgl. *Hüttemann*, S. 165 ff; *ders.*, Stiftung & Sponsoring, Rote Seiten 6/1998, 1 ff; *Schauhoff* in: Schauhoff (Hrsg.), § 6 Rz. 81 ff; *Orth*, FR 1995, 253 (257 ff).

71 Vgl. jedoch BMF v. 01.10.2002 BStBl. I 2002, 960, nach dem Körperschaften, die nach ihrer Satzung keine mildtätigen Zwecke verfolgen, zulässig Spenden für die Opfer der Hochwasserkatastrophe 2002 sammeln dürfen.

können nach § 5 Abs. 1 Nr. 9 KStG von der Körperschaftsteuer befreit sein. Nicht möglich ist es dagegen, den Spendenabzug für Zuwendungen geltend zu machen, die direkt an natürliche Personen oder Personengesellschaften geleistet wurden.[72] Auch Körperschaftsteuersubjekte, die nach anderen Vorschriften des KStG von der Körperschaftsteuer befreit sind, zählen nicht zu den begünstigten Empfängern im Sinne des § 49 Nr. 2 EStDV.[73]

Da § 1 KStG Körperschaften mit Geschäftsleitung oder Sitz im Inland erfasst, kommen nur inländische Körperschaften als begünstigte Empfänger in Betracht.[74] Eine Verwendung der Zuwendungen durch inländische Empfänger im Ausland ist jedoch zulässig, es sei denn, die Fördermaßnahme ist ausdrücklich durch das Gesetz oder der Sache nach auf das Inland beschränkt.[75]

Im Gegensatz zu dem Empfängerkreis des § 49 Nr. 2 EStDV, der an die Voraussetzungen der §§ 51-68 AO gebunden ist, unterliegen die öffentlich-rechtlichen Zuwendungsempfänger nach § 49 Nr. 1 EStDV nicht den Gemeinnützigkeitsanforderungen. Folglich muss keine den gemeinnützigkeitsrechtlichen Vorschriften entsprechende Satzung vorliegen. Des Weiteren unterliegen sie weder dem Gebot der zeitnahen Mittelverwendung noch dem abgabenrechtlichen Gebot der Unmittelbarkeit. Jedoch muss die Verwendung der zugewendeten Mittel zur Förderung steuerbegünstigter Zwecke erfolgen. Unterhält eine juristische Person des öffentlichen Rechts einen Betrieb gewerblicher Art (§ 1 Abs. 1 Nr. 6, § 4 KStG), kann dieser Betrieb gewerblicher Art steuerbefreit sein, wenn er die

---

[72] FG Köln v. 09.05.1984 XI K 457/83 EFG 1985, 122; *Gérard* in: Lademann, § 10b EStG Rn. 63. Die Beschränkung auf Körperschaften beruht auf dem Gedanken, dass bei Einzelpersonen und Personengesellschaften sich nicht ausreichend sicherstellen lässt, dass selbstlos ohne wirtschaftliche Eigeninteressen gehandelt wird. Vgl. *Tipke* in: Tipke/Kruse, § 51 AO Tz. 3; *Buchna*, S. 13; *Igl/Jachmann/Eichenhofer*, S. 79; *Geserich*, S. 32 ff; *Hüttemann*, DStJG 26 (2003), S. 51.

[73] *Hofmeister* in: Blümich, § 10b EStG Rn. 30; *Brandt* in: Herrmann/Heuer/Raupach, § 10b EStG Rn. 60.

[74] Vgl. zu § 48 Abs. 3 Nr. 1a EStDV a. F. BFH v. 11.11.1966 VI R 45/66 BStBl. III 1967, 116; zu § 48 Abs. 3 Nr. 2 EStDV a. F. FG Nürnberg v. 17.07.1981 V 27/81 EFG 1982, 186, rkr.; FG Berlin v. 04.08.1995 III 318/94 EFG 1995, 1066, rkr.; *Hofmeister* in: Blümich, § 10b EStG Rn. 30; *Brandt* in: Herrmann/Heuer/Raupach, § 10b EStG Rn. 7, 57, 60; *Heinicke* in: Schmidt, § 10b EStG Rn. 28; *Buchna*, S. 373; Gutachten, S. 59. Art. 27 DBA USA, Art. 28 DBA Schweden, Art. 21 Abs. 7b DBA Frankreich gewähren die Steuerbegünstigung bei Gegenseitigkeit.

[75] Vgl. *Brandt* in: Herrmann/Heuer/Raupach, § 10b EStG Rn. 38; *Uterhark* in: Schwarz, § 51 AO Rn. 13; OFD Frankfurt v. 11.12.1996 FR 1997, 194; OFD München v. 23.11.2001 DStR 2002, 806.

Voraussetzungen der Gemeinnützigkeitsvorschriften erfüllt, insbesondere eine entsprechende Satzung hat.[76] Nicht die juristische Person des öffentlichen Rechts, sondern der Betrieb gewerblicher Art wird von § 51 AO erfasst.[77] Sonderregelungen finden sich in den §§ 55 Abs. 3, 62 AO.

§ 48 Abs. 4 EStDV a. F. ermächtigte die Bundesregierung, mit Zustimmung des Bundesrates Empfänger auch dann als steuerbegünstigt anzuerkennen, wenn die Voraussetzungen des § 48 Abs. 2, 3 EStDV a. F. nicht vorlagen. Die anerkannten Organisationen waren in R 111 Abs. 2 S. 1 EStR 1999 namentlich aufgeführt. Diese Möglichkeit ist durch die Neuregelung des Spendenrechts seit dem 01.01.2000 entfallen.[78]

Die Einkommensteuerrichtlinien sahen bis zum Veranlagungszeitraum 1999 in Abschnitt 111 Abs. 3 vor, dass in vielen Fällen die steuerbegünstigte Körperschaft weder zum unmittelbaren Empfang von Zuwendungen noch zum Ausstellen von Spendenbestätigungen berechtigt war. Der Zuwendende musste seine Zuwendung zunächst im Wege des sog. Durchlaufspendenverfahrens einer juristischen Person des öffentlichen Rechts als Durchlaufstelle zuleiten.[79] Die Zuwendung konnte er mit der Verwendungsauflage zugunsten einer konkret bezeichneten Körperschaft verbinden. Vor der Ausstellung der Spendenbescheinigungen und Weiterleitung an die benannte Körperschaft hatte die Durchlaufstelle zu prüfen, ob die zugewendeten Mittel zweckentsprechend verwendet werden. Diese zusätzliche Einschränkung des Empfängerkreises beruhte auf der Erwägung, dass nur juristische Personen des öffentlichen Rechts und öffentliche Dienststellen der ständigen Verwaltungskontrolle hinsichtlich der Verwendung

---

[76] BFH v. 31.10.1984 I R 21/81 BStBl. II 1985, 162; *Tipke* in: Tipke/Kruse, § 51 AO Tz. 3; *Hüttemann*, Die Besteuerung der öffentlichen Hand, S. 179 ff; *ders.*, FR 2002, 1337 (1343); *Schauhoff* in: Schauhoff (Hrsg.), Einleitung Rz. 11; *Bott* in: Schauhoff (Hrsg.), § 7 Rz. 30; Anwendungserlass zur AO 1977, § 59 Tz. 2; BMF v. 02.04.2002 BStBl. I 2002, 491; OFD Frankfurt v. 19.12.2001 FR 2002, 306; OFD Nürnberg v. 17.04.2002 DB 2002, 1081; OFD Münster v. 26.08.2002 DB 2002, 1917.

[77] BT-Drs. 7/4292, S. 20; Anwendungserlass zur AO 1977, § 51 Tz. 1; *Tipke* in: Tipke/Kruse, § 51 AO Tz. 3; diff. *Hey*, StuW 2000, 467 (470 ff). Steuersubjekt ist jedoch grds. die juristische Person des öffentlichen Rechts, BFH v. 13.07.1974 I R 7/71 BStBl. II 1974, 391; *Stein* in: Mössner/Seeger, § 4 KStG Rn. 13; *Lange* in: Mössner/Seeger, § 9 KStG Rn. 93; *Güroff* in: Glanegger/Güroff, § 3 Nr. 6 GewStG Rn. 13; a. A. *Tipke/Lang*, § 11 Rn. 12.

[78] VO zur Änderung der EStDV v. 10.12.1999 BGBl. I 1999, 2413, BStBl. I 1999, 1132.

[79] Vgl. nur BFH v. 04.04.1963 I 67/61 HFR 1963, 299; *Buchna*, S. 297.

der Mittel unterliegen.[80] Durch sie sollten Missbräuche beim Spendenabzug verhindert werden.[81]

Nach Auffassung der Finanzverwaltung[82] konnten die Körperschaften Geldzuwendungen direkt erhalten, indem sie nach dem sog. Listenverfahren verfuhren. Dafür mussten sie die zugewendeten Gelder gesondert auf einem dafür eingerichteten Konto sammeln und von Zeit zu Zeit in einer Summe der Durchlaufstelle überweisen. Die beizufügende Liste musste Angaben über die einzelnen Spender enthalten, so dass die Durchlaufstelle Spendenbestätigungen ausstellen konnte. Anschließend waren die Gelder von der Durchlaufstelle an die begünstigte Körperschaft zurück zu überweisen.

Das Schrifttum hatte vielfach Kritik am Durchlaufspendenverfahren und Zweifel an seiner Verfassungsmäßigkeit geäußert.[83] Nachdem auch der Bundesfinanzhof[84] die Verfassungsmäßigkeit der Spendenverfahren in Zweifel gezogen hatte, wurde das Spendenrecht überarbeitet.[85] Seit dem 01.01.2000 sind steuerbegünstigte Körperschaften generell unmittelbar spendenempfangsberechtigt und dürfen Zuwendungsbestätigungen ausstellen. Allerdings besteht weiterhin die Möglichkeit, dass sich der Zuwendende zunächst an eine juristische Person des öffentlichen Rechts wendet, um eine Zuwendung durch sie weiterleiten zu lassen.[86]

5. Zuwendungsnachweis

Eine Zuwendung darf grundsätzlich nur dann steuermindernd berücksichtigt werden, wenn der Steuerpflichtige sie durch einen entsprechenden Zuwen-

---

80 BFH v. 28.04.1987 IX R 7/83 BStBl. II 1987, 814 (818); BFH v. 18.07.1980 VI R 167/77 BStBl. II 1981, 52.

81 BFH v. 24.11.1993 X R 5/91 BStBl. II 1994, 683; BFH v. 28.04.1987 IX R 7/83 BStBl. II 1987, 814; BT-Drs. 11/5582, S. 25.

82 BMF v. 03.01.1986 BStBl. I 1986, 52; vgl. auch H 111 „Listenverfahren“ EStH 1997; dagegen BFH v. 24.11.1993 X R 5/91 BStBl II 1994, 683.

83 Vgl. *Hofmeister* in: Blümich, 15. Aufl., § 10b EStG Rn. 29; *Heinicke* in: Schmidt, 15. Aufl., § 10b EStG Rn. 32; *Stolz*, FR 1978, 475 (477); *Graf/Menzel*, DStZ 1986, 315; *Graf*, DStZ 1990, 239; zur Annahmeverpflichtung der Durchlaufstellen *Horlemann*, DStZ 1991, 493; *Weiß*, DStZ 1995, 650; Gutachten, S. 235 f, 266 ff.

84 BFH v. 24.11.1993 X R 5/91 BStBl. II 1994, 683; BFH v. 11.06.1997 X R 242/93 BStBl. II 1997, 612 (614).

85 VO zur Änderung der EStDV v. 10.12.1999 BGBl. I 1999, 2413; BStBl. I 1999, 1132.

86 BMF v. 02.06.2000 BStBl. I 2000, 592 Tz. 16; *Schauhoff* in: Schauhoff (Hrsg.), § 6 Rz. 47; *Augsten*, DStR 2000, 621 (622).

dungsnachweis über Empfang und Verwendung der Mittel (sog. Zuwendungsbestätigung, früher: Spendenbestätigung, Spendenbescheinigung) seinem Finanzamt nachweist. In § 10b Abs. 1 EStG wird die Vorlage eines Zuwendungsnachweises nicht ausdrücklich erwähnt. Sie wird jedoch in § 10b Abs. 4 EStG vorausgesetzt. Die Regelung über den Zuwendungsnachweis findet sich in § 50 EStDV.[87] § 50 EStDV spricht eigentlich nur den Nachweis einer Zuwendung an. Die Bestätigung der Mittelverwendung findet sich erst in den amtlichen Mustervordrucken.[88]

Die höchstrichterliche Rechtsprechung[89] sowie ein großer Teil des Schrifttums[90] sind der Ansicht, die Zuwendungsbestätigung sei materiell-rechtliche Voraussetzung für den Spendenabzug. Ein anderweitiger Nachweis der Zuwendung sei ausgeschlossen.[91] Gegenstimmen im Schrifttum[92] sind der Auffassung, es handele sich um die Ausprägung der dem Steuerpflichtigen obliegenden objektiven Beweislast, da die Zuwendungsbestätigung keine rechtsbegründende Wirkung entfalte und für das Finanzamt des Zuwendenden nicht bindend sei.[93] *Kirchhof*[94] betont, dass sich das Finanzamt nicht auf den Spendenabzug einzulassen brauche, wenn nicht „dieses spezielle haftungsbegründende Beweismittel des § 10b Abs. 4 EStG" angeboten werde. Nach beiden Auffassungen ist die Zuwendungs-

---

87 Ob die in § 50 EStDV aufgestellten Anforderungen an den Nachweis der Zuwendung von § 51 Abs. 1 Nr. 2c EStG gedeckt sind, könnte angesichts Art. 80 Abs. 1 S. 2 GG verfassungsrechtlichen Bedenken begegnen, da der Verordnungsgeber nur ermächtigt ist, den Spendenabzug auf Zuwendungen an bestimmte Körperschaften, Personenvereinigungen oder Vermögensmassen, über den Ausschluss des Abzugs von Mitgliedsbeiträgen sowie über eine Anerkennung gemeinnütziger Zwecke als besonders förderungswürdig zu beschränken, jedoch wird der Nachweis in § 10b Abs. 4 EStG vorausgesetzt. Zu den Kritikpunkten vgl. Gutachten, S. 237, 257, unter Zugrundelegung der damaligen Regelung in den EStR.

88 BMF v. 18.11.1999 BStBl. I 1999, 979.

89 Zur Rechtslage bis 31.12.1999: BFH v. 25.07.1969 VI R 269/67 BStBl. II 1969, 681; BFH v. 19.03.1976 VI R 72/73 BStBl II 1976, 338; BFH v. 23.05.1989 X R 17/85 BStBl. II 1989, 879; BFH v. 05.02.1992 I R 63/91 BStBl. II 1992, 748; BFH v. 17.02.1993 X R 119/90 BFH/NV 1994, 154; zuletzt BFH v. 06.03.2003 XI R 13/02 BStBl. II 2003, 554.

90 Vgl. nur *Hofmeister* in: Blümich, § 10b EStG Rn. 37; *Wachter*, Rz. 153; *Sauer/Luger*, S. 101; *Kümpel*, FR 2000, 91 (93); *Thiel*, DB 2000, 392 (393).

91 *Schleder*, Rn. 1551.

92 *Heinicke* in: Schmidt, § 10b EStG Rn. 35; *Brandt* in: Herrmann/Heuer/Raupach, § 10b EStG Rn. 73; *Kirchhof* in: Kirchhof/Söhn/Mellinghoff, § 10b EStG Rn. A 331; *Güroff* in: Glanegger/Güroff, § 9 Nr. 5 GewStG Rn. 9.

93 BFH v. 23.05.1989 X R 17/85 BStBl. II 1989, 879.

94 *Kirchhof* in: Kirchhof/Söhn/Mellinghoff, § 10b EStG Rn. A 335.

bestätigung faktisch das allein geeignete Mittel, um die Zuwendungen für den Spendenabzug nachzuweisen. Insbesondere nach Normierung der Vorlagepflicht in § 50 EStDV ist jedoch davon auszugehen, dass die Zuwendungsbestätigung materiell-rechtliche Voraussetzung für den Spendenabzug ist. Wird die Zuwendungsbestätigung erst nach Erlass des Steuerbescheides des Zuwendenden ausgestellt, führt dieses rückwirkende Ereignis zu einer Änderung des Steuerbescheides nach § 175 Abs. 1 S. 1 Nr. 2 AO.[95]

a) Förmliche Zuwendungsbestätigung

Die Zuwendungsbestätigung ist nach amtlich vorgeschriebenem Vordruck auszustellen.[96] Demzufolge wird nicht bestätigt, dass die Zuwendung bereits für steuerbegünstigte Zwecke verwendet worden ist. Der Zuwendungsempfänger bestätigt vielmehr seine Absicht, dass die Zuwendung in Zukunft für entsprechende Zwecke verwendet wird. Den endgültigen Verwendungsnachweis braucht der Zuwendende grundsätzlich nicht zu erbringen.[97]

Die Zuwendungsbestätigung muss von einer durch die Satzung oder durch einen entsprechenden Auftrag zur Entgegennahme von Zahlungen berechtigten Person eigenhändig unterschrieben sein. Einen entsprechenden Auftrag kann nur die durch die Satzung zum Empfang von Zahlungen berechtigte Person erteilen.[98] Maschinell erstellte Zuwendungsbestätigungen werden von der Finanzverwaltung erst nach Prüfung und Genehmigung des angewandten Verfahrens anerkannt.[99]

Eine Zuwendungsbestätigung genügt nach Ansicht der Finanzverwaltung nicht den gesetzlichen Anforderungen, wenn der in ihr genannte Freistellungsbescheid älter als 5 Jahre oder die vorläufige Bescheinigung über die Steuerbefreiung älter als 3 Jahre ist.[100] Darauf ist – entsprechend den amtlich vorgeschriebenen Vordrucken – in der Zuwendungsbestätigung hinzuweisen. Wegen der Vertrauensschutzregelung in den spendenrechtlichen Vorschriften will die Finanzver-

---

95 BFH v. 06.03.2003 XI R 13/02 BStBl. II 2003, 554.

96 Die amtlichen Vordrucke finden sich im Schreiben des BMF v. 18.11.1999 BStBl. I 1999, 979. Laut BMF v. 14.01.2000 BStBl I 2000, 132 durften die nach bisherigem Muster erstellten Bescheinigungen übergangsweise bis zum 30.06.2000 verwendet werden.

97 Vgl. BFH v. 19.03.1976 VI R 72/73 BStBl. II 1976, 338 (340).

98 R 111 Abs. 4 S. 2 EStR 1999.

99 BMF v. 07.11.1995 BStBl. I 1995, 738; R 111 Abs. 5 EStR 1999; *Schauhoff* in: Schauhoff (Hrsg.), § 6 Rz. 48.

100 BMF v. 15.12.1994 BStBl. I 1994, 884 Tz. 1.

waltung Zuwendungsbestätigungen mit einem älteren Datum des Freistellungsbescheides oder der vorläufigen Bescheinigung letztmalig bei der Veranlagung für das Kalenderjahr anerkennen, für das sie vorgelegt werden.[101]

b) Vereinfachter Zuwendungsnachweis

Als sog. vereinfachter Zuwendungsnachweis genügen gemäß § 50 Abs. 2 EStDV bei Zuwendungen bis zu 100 Euro[102] und bei Zuwendungen in Katastrophenfällen unter bestimmten weiteren Voraussetzungen die Bareinzahlungsbelege und Buchungsbestätigungen der Kreditinstitute.[103] Im Rahmen der 100-Euro-Regelung müssen auf dem Einzahlungsbeleg die Angaben über die Freistellung des Empfängers von der Körperschaftsteuer vermerkt sein. Zudem muss die Zuwendung ausdrücklich als Spende bezeichnet werden (§ 50 Abs. 2 S. 1 Nr. 2b EStDV). Der früher übliche Verzicht auf den Nachweis bei glaubhaft dargelegten Spenden bis 200 DM[104] ist bereits seit dem Veranlagungszeitraum 1997 überholt.[105]

III. Verfahrensfragen

Ob eine Körperschaft die Voraussetzungen für die Steuerbefreiung nach § 5 Abs. 1 Nr. 9 KStG, § 3 Nr. 6 GewStG erfüllt, wird nicht in einem besonderen Anerkennungsverfahren geprüft. Über die Steuerbefreiung wird vielmehr für den jeweiligen Veranlagungszeitraum und für die jeweilige Steuerart im Veranlagungsverfahren der Körperschaft durch Freistellungs- bzw. Steuerbescheid

---

[101] BMF v. 22.03.1993 BStBl. I 1993, 298; BMF v. 15.12.1994 BStBl. I 1994, 884.

[102] Bis VZ 2001: 100 DM; vgl. Euroglättungsgesetz v. 19.12.2000 BGBl. I 2000, 1790.

[103] Vorher fand sich die Regelung in R 111 Abs. 6 EStR 1999; nach OFD Karlsruhe v. 10.01.2003 DStR 2003, 371 sollen entgegen der bisherigen Praxis der Finanzämter abgestempelte Durchschriften des Überweisungsbelegs als Buchungsbestätigung nicht mehr anerkannt werden, da der Buchungstag nicht eindeutig erkennbar ist und ein Missbrauchspotenzial besteht.

[104] Grundsätze zur Neuordnung der Finanzämter und zur Neuordnung des Besteuerungsverfahrens (GNOFÄ) v. 04.03.1981, BStBl. I 1981, 270 (274); OFD Köln v. 09.02.1987 FR 1987, 312.

[105] BMF v. 19.11.1996 BStBl. I 1996, 1391.

entschieden.[106] Steuerbegünstigte Körperschaften werden im Allgemeinen nur in dreijährigem Abstand auf ihre Steuerbefreiung geprüft.[107]

Will der Zuwendende sicherstellen, dass die von ihm in Betracht gezogene Körperschaft steuerbegünstigt ist, kann er sich grundsätzlich an das für ihre Besteuerung zuständige Finanzamt wenden.[108] Das Steuergeheimnis nach § 30 AO steht nicht entgegen, wenn die Frage der Abzugsfähigkeit von Zuwendungen das Besteuerungsverfahren Dritter betrifft.[109]

Zur Anerkennung der Gemeinnützigkeit hat der Bundesfinanzhof 1956 grundlegende Aussagen getroffen.[110] Er führte aus:

„Weder das Einkommensteuerrecht noch die AO sehen ein besonderes Verfahren vor, in dem die Frage, ob die von einer gemeinnützigen Körperschaft verfolgten Zwecke sich tatsächlich mit den allgemein als förderungswürdig erklärten Zwecken decken, mit steuerlicher Wirkung für alle Spender entschieden werden könnte. Eine Entscheidung kann nur im Veranlagungsverfahren des einzelnen Spenders ergehen."

Die Hinweise in den vorläufigen Bescheinigungen und Freistellungsbescheiden werden bezugnehmend auf dieses Urteil wie folgt formuliert:

„Über die Abziehbarkeit der Zuwendungen entscheidet das für den Zuwendenden zuständige Finanzamt im Rahmen des Veranlagungsverfahrens (vgl. Urteil des Bundesfinanzhofs vom 11. September 1956, BStBl. 1956 III S. 309)."

---

106 BFH v. 19.09.1989 I R 3/88 BStBl. II 1989, 595; BFH v. 13.11.1996 I R 152/93 BStBl. II 1998, 711; BFH v. 13.12 1978 I R 77/76 BStBl. II 1979, 481; BFH v. 11.03.1999 V R 57/96 BStBl. II 1999, 331; Anwendungserlass zur AO 1977, § 59 Tz. 3; vgl. auch *Mack*, DStR 1984, 187 (192).

107 Anwendungserlass zur AO 1977, § 59 Tz. 7; *Hofmeister* in: Blümich, § 10b EStG Rn. 30; *Sauer/Luger*, S. 91; zu Ausnahmen etwa bei der gemeinnützigen GmbH vgl. *Buchna/ Koopmann*, StBp 1998, 225 ff.

108 Zu den Einzelheiten vgl. BMF v. 14.01.2002 BStBl. I 2002, 64; BMF v. 16.03.1978 BStBl. I 1978, 169; Anwendungserlass zur AO 1977, § 30 Tz. 4.2.

109 *Buchna*, S. 374 ff. Die Kommissionsmitglieder *Isensee* und *Knobbe-Keuk* sahen dagegen im Sondervotum, Gutachten, S. 399 f, eine ausdrückliche Klarstellung der Grenzen des Steuergeheimnisses durch eine Ergänzung des § 30 AO mit folgendem Wortlaut vor:
„(4) Die Offenbarung der nach Abs. 2 erlangten Kenntnisse ist zulässig, soweit ...
1a. die Kenntnisse sich auf die Anerkennung einer steuerbegünstigten Körperschaft (§ 51 AO) oder ihrer Spendenberechtigung beziehen oder, falls ein Auskunftsersuchen durch ein berechtigtes Interesse gerechtfertigt ist, auf die Anerkennung eines Zweckbetriebs."

110 BFH v. 11.09.1956 I 188/55 U BStBl. III 1956, 309.

Der Bundesfinanzhof hat 1968 nochmals ausgeführt, dass die Anerkennung der Gemeinnützigkeit als deklaratorischer Akt für jeden Veranlagungszeitraum der erneuten Prüfung bedürfe.[111] Die Steuerbegünstigung der Körperschaft ist demnach nicht einmalig dem Grunde nach, sondern stets nur für einen bestimmten Veranlagungszeitraum festzustellen. Auch im Körperschaftsteuer-Vorauszahlungsverfahren ist eine Entscheidung über die Gemeinnützigkeit nicht als zulässig angesehen worden.[112] Nach herrschender Ansicht besteht keine Bindung zwischen den Entscheidungen für einzelne Steuerarten und Veranlagungszeiträume. Hat das Finanzamt für vorangegangene Zeiträume die Satzung als mit dem Gemeinnützigkeitsrecht vereinbar angesehen, so soll es trotz unveränderter Verhältnisse an die Beurteilung für die Besteuerung in den Folgejahren nicht gebunden sein.[113]

Um die daraus folgenden praktischen Probleme zu lösen, hatte die Sachverständigenkommission[114] angeregt, ein Verfahren zur Anerkennung des Gemeinnützigkeitsstatus einzuführen. Dieser Vorschlag ist bislang nicht umgesetzt worden. Er sah vor, die Anerkennung als gemeinnützig durch einen Anerkennungsbescheid mit gesonderter Feststellung einer Besteuerungsgrundlage im Sinne des § 179 Abs. 1 AO (Grundlagenbescheid) – gegebenenfalls unter Vorbehalt der Nachprüfung gemäß § 164 AO – auszusprechen.

1. Freistellungs- und Steuerbescheide

Ist eine Körperschaft in vollem Umfang von der Körperschaftsteuer und Gewerbesteuer befreit, werden Freistellungsbescheide erteilt.[115] Das ist der Fall, wenn die Körperschaft keinen steuerpflichtigen wirtschaftlichen Geschäftsbetrieb im Sinne des § 14 AO unterhält oder die Einnahmen aus dem wirtschaftlichen Geschäftsbetrieb unter Berücksichtigung der Besteuerungsgrenze des § 64 Abs. 3 AO (sog. Gewichtigkeitsgrenze) oder der Freibeträge nach § 24 KStG, § 11 Abs. 1 Nr. 2 GewStG zu keiner Steuerschuld führen. Die Steuerbefreiung wird nur

---

[111] BFH v. 28.08.1968 I 242/65 BStBl. II 1969, 145.

[112] FG Baden-Württemberg v. 07.09.1995 3 K 221/90 EFG 1996, 196. Die Revision hat der BFH v. 18.03.1996 I R 103/95 BFH/NV 1996, 630 wegen nicht fristgemäßer Begründung verworfen. *Bischoff*, S. 70 Rn. 252; kritisch *Gmach*, FR 1997, 833 (840).

[113] BFH v. 05.08.1992 X R 165/88 BStBl. II 1992, 1048; *Buchna*, S. 380; zur Bewertung von Sachzuwendungen vgl. BFH v. 23.05.1989 X R 17/85 BStBl. II 1989, 879.

[114] Gutachten, S. 266.

[115] *Rüsken* in: Klein, § 155 AO Rn. 30; vgl. auch BFH v. 13.11.1996 I R 152/93 BStBl. II 1998, 711.

ausgesprochen, wenn die Körperschaft die Voraussetzungen nach den §§ 51-68 AO während des gesamten Veranlagungszeitraums erfüllt hat (§§ 60 Abs. 2, 63 Abs. 2 AO). In der Praxis werden die Bescheide über die Freistellung von der Körperschaft- und Gewerbesteuer in einem Vordruck zusammengefasst.

Unterhält die Körperschaft einen wirtschaftlichen Geschäftsbetrieb, der nicht die Voraussetzungen eines steuerbegünstigten Zweckbetriebs nach §§ 65 ff AO erfüllt, werden Körperschaftsteuer- und Gewerbesteuermessbescheide erlassen, in denen das Finanzamt bestätigt, dass die Körperschaft im übrigen, also partiell, ausschließlich und unmittelbar steuerbegünstigte Zwecke verfolgt und insoweit gemäß § 5 Abs. 1 Nr. 9 KStG, § 3 Nr. 6 GewStG steuerbefreit ist.[116]

Erhält das Finanzamt nachträglich Kenntnis von Tatsachen oder Beweismitteln, die zur Versagung der Steuerbefreiung führen, ist der Freistellungsbescheid nach § 173 Abs. 1 Nr. 1 AO[117] durch einen Körperschaftsteuer- und Gewerbesteuermessbescheid zu ersetzen.[118] Hat die Empfängerkörperschaft gegen das Gebot der satzungsmäßigen Vermögensbindung verstoßen, ist eine Änderung der Bescheide für die letzten 10 Jahre möglich (§§ 61 Abs. 3, 63 Abs. 3 AO i. V. m. § 175 Abs. 1 S. 1 Nr. 2 AO). Das für die Veranlagung des Zuwendenden zuständige Finanzamt ist hinsichtlich der Beurteilung der Steuerbefreiung an die Entscheidung des für die Körperschaft zuständigen Finanzamts gebunden.[119]

Darüber hinaus erteilt das Finanzamt Hinweise zur Ausstellung von Zuwendungsbestätigungen. Die Hinweise sind äußerlich vom verfügenden Teil des Freistellungsbescheides getrennt. Sie werden nach der Rechtsbehelfsbelehrung aufgeführt und ausdrücklich als „Hinweise" bezeichnet. Zudem wird klargestellt, dass die Hinweise nur über die Rechtsauffassung des Finanzamts unterrichten, keine Verwaltungsakte sind und insofern das für den Zuwendenden zuständige Finanzamt nicht binden. Aus ihnen ergibt sich für die Folgejahre die

---

[116] Zur Einkommensermittlung bei mehreren steuerpflichtigen wirtschaftlichen Geschäftsbetrieben einer gemeinnützigen Körperschaft *Buchna*, S. 380 ff.

[117] Es handelt sich um eine sinngemäße Anwendung des § 173 Abs. 1 Nr. 1 AO, da keine höhere Steuer festgesetzt wird, sondern die Steuerpflicht nunmehr dem Grunde nach bejaht wird. Vgl. *Schauhoff* in: Schauhoff (Hrsg.), § 5 Rz. 123; *Kümpel*, DStR 2001, 152 (157).

[118] BFH v. 13.11.1996 I R 152/93 BStBl. II 1998, 711.

[119] BFH v. 15.06.1973 VI R 35/70 BStBl. II 1973, 850; BFH v. 18.07.1980 VI R 167/77 BStBl. II 1981, 52; *Heinicke* in: Schmidt, § 10b EStG Rn. 37; *Brandt* in: Herrmann/Heuer/Raupach, § 10b EStG Rn. 60; *Kirchhof* in: Kirchhof/Söhn/Mellinghoff, § 10b EStG Rn. A 342; *Hofmeister* in: Blümich, § 10b EStG Rn. 30; *Igl/Jachmann/Eichenhofer*, S. 133.

(vorläufige) Berechtigung zum Ausstellen von Zuwendungsbestätigungen nach amtlich vorgeschriebenem Vordruck (§ 50 Abs. 1 EStDV). Diese Erläuterungen zum Spendenabzug werden nach herrschender[120], aber nicht unbestrittener[121] Auffassung weder als Bestandteil des jeweiligen Steuer- bzw. Freistellungsbescheides noch als sonstige Verwaltungsakte im Sinne des § 118 AO qualifiziert. Es soll sich nach herrschender Meinung lediglich um Auskünfte handeln, denen keine Bindungswirkung zukommt.[122]

2. Vorläufige Bescheinigung

Bei neu gegründeten Körperschaften können die Voraussetzungen für die Steuerbefreiung noch nicht im Veranlagungsverfahren überprüft werden. Damit die Körperschaften bereits vor der ersten Veranlagung auf ihre Gemeinnützigkeit hinweisen können, um Zuwendungen zu erhalten, und die für den Spendenabzug erforderlichen Zuwendungsbestätigungen ausstellen dürfen, hat sich in der Praxis ein besonderes Verfahren entwickelt. Auf Antrag der Körperschaft bescheinigt das zuständige Finanzamt nach Prüfung der eingereichten Satzung, dass die Satzung den Anforderungen der §§ 59-61 AO entspricht (sog. formelle Satzungsmäßigkeit).[123] Diese vorläufige Bescheinigung wird nach Überprüfung der tatsächlichen Geschäftsführung und nochmaliger Überprüfung der Satzung durch den Steuerbescheid (ggf. in Form eines Freistellungsbescheides) ersetzt und gilt längstens 18 Monate.[124] Zwar sieht das Gesetz eine derartige Bescheinigung nicht vor, jedoch hat der Bundesfinanzhof in dem oben bereits zitierten Urteil[125] aus dem Jahre 1956 dieses Verfahren gebilligt, indem er ausführte:

„Um in diesem Verfahren abweichende Entscheidungen zu vermeiden, hat es sich in der Praxis als zweckmäßig erwiesen, dass das für die Besteuerung der gemeinnützigen Körperschaften zuständige Finanzamt auf Verlangen die Frage

---

120 BFH v. 07.05.1986 I B 58/85 BStBl. II 1986, 677; BFH v. 10.06.1992 I R 107/91 BFH/NV 1993, 13; BFH v. 20.05.1992 I R 138/90 BFH/NV 1993, 150; *Brandt* in: Herrmann/Heuer/Raupach, § 10b EStG Rn. 60; *Buchna*, S. 358; *Igl/Jachmann/Eichenhofer*, S. 133.

121 FG Rheinland-Pfalz v. 21.05.1984 5 K 137/83 EFG 1984, 613 (614), rkr.; *Güroff* in: Glanegger/Güroff, § 3 Nr. 6 GewStG Rn. 107; *Reiffs*, DB 1992, 243; *Gast-de Haan*, FR 1993, 708.

122 BFH v. 11.09.1956 I 188/55 U BStBl. III 1956, 309; *Buchna*, S. 358.

123 Anwendungserlass zur AO 1977, § 59 Tz. 4.

124 Anwendungserlass zur AO 1977, § 59 Tz. 5; BFH v. 07.05.1986 I B 58/85 BStBl. II 1986, 677.

125 BFH v. 11.09.1956 I 188/55 U BStBl. III 1956, 309.

beantwortet, ob die von ihr satzungsmäßig und tatsächlich verfolgten Zwecke allgemein als förderungswürdig anerkannt sind. Diese Erklärung des Finanzamtes, zu deren Abgabe es rechtlich nicht verpflichtet ist, hat den Charakter einer bloßen Auskunft, die keinen Einfluss auf die Rechtslage hat und die die für die Veranlagung der Spender zuständigen Finanzämter nicht bindet. Dass sie tatsächlich für die gemeinnützigen Körperschaften eine erhebliche praktische Bedeutung hat, weil sich die Finanzämter der Spender in der Regel nach dieser Auskunft richten, kann der Auskunft nicht den Charakter einer Verfügung im Sinne des § 91 AO (heute: § 118 AO) geben."

Diesem Urteil des Bundesfinanzhofs folgend qualifizieren sowohl die Finanzverwaltung[126] als auch die nachfolgende höchstrichterliche Rechtsprechung[127] die vorläufige Bescheinigung nicht als Verwaltungsakt. In einem Beschluss vom 12.05.2000[128] hat der Bundesfinanzhof seine bisherige Auffassung abermals bekräftigt, indem er die Frage nach der Rechtsnatur der vorläufigen Bescheinigung nicht mehr als klärungsbedürftig ansah und auf die ständige höchstrichterliche Rechtsprechung[129] verwies, nach der es sich um unverbindliche Auskünfte handelt. Auch die Ablehnung und der Widerruf einer vorläufigen Bescheinigung sollen keine Verwaltungsakte darstellen.[130] Der Widerruf einer vorläufigen Bescheinigung sei die Berichtigung einer unverbindlichen Auskunft.[131] Dieser Auf-

---

[126] Anwendungserlass zur AO 1977, § 59 Tz. 5.

[127] BFH v. 07.05.1986 I B 58/85 BStBl. II 1986, 677; BFH v. 10.06.1992 I R 107/91 BFH/NV 1993, 13; BFH v. 20.05.1992 I R 138/90 BFH/NV 1993, 150; BFH v. 23.09.1998 I B 82/98 BStBl. II 2000, 320.

[128] BFH v. 12.05.2000 I B 1/99 (n. v.), bestätigt durch BFH v. 23.07.2003 I R 29/02 BStBl. II 2003, 930.

[129] BFH v. 07.05.1986 I B 58/85 BStBl. II 1986, 677; BFH v. 23.09.1998 I B 82/98 BStBl. II 2000, 320.

[130] BFH v. 07.05.1986 I B 58/85 BStBl. II 1986, 677; BFH v. 13.07.1994 I R 5/93 BStBl. II 1995, 134.

[131] BFH v. 20.05.1992 I R 138/90 BFH/NV 1993, 150.

fassung ist das Schrifttum überwiegend[132] gefolgt, während nur wenige Autoren[133] die vorläufige Bescheinigung als Verwaltungsakt einstufen.

Die vorläufige Bescheinigung begründet zudem nach herrschender Ansicht[134] keinen Anspruch der Körperschaft auf Freistellung im Veranlagungsverfahren. Wegen ihres vorläufigen Charakters verstoße es nicht gegen den Grundsatz von Treu und Glauben, wenn das Finanzamt die Steuerbegünstigung bei nochmaliger Überprüfung im Veranlagungsverfahren versage.[135] Das Finanzamt handele selbst dann nicht treuwidrig, wenn es die Steuerbefreiung nach Ablauf der Geltungsdauer der vorläufigen Bescheinigung nicht anerkenne, obwohl die Körperschaft im Vertrauen auf die Bescheinigung disponiert habe.[136] Weder ein Freistellungsbescheid für vergangene Veranlagungszeiträume noch eine vorläufige Anerkennung der Gemeinnützigkeit sollen einen schutzwürdigen Vertrauenstatbestand begründen. Dies soll auch dann gelten, wenn das Finanzamt bei gründlicher Prüfung der eingereichten Unterlagen bereits für die früheren Veranlagungszeiträume die fehlende Gemeinnützigkeit der Empfängerkörperschaft hätte erkennen können.[137] Das Bundesverfassungsgericht hat zu der Frage, ob diese Rechtsprechung mit dem Grundgesetz vereinbar ist, inhaltlich nicht Stellung genommen.[138]

---

132 *Gersch* in: Klein, § 51 AO Rn. 3, § 59 AO Rn. 3; *Scholtz* in: Koch/Scholtz, § 51 AO Rn. 13, § 59 AO Rn. 9; *Uterhark* in: Schwarz, § 51 AO Rn. 16; *Fischer* in: Hübschmann/Hepp/Spitaler, § 59 AO Rn. 8; *Hofmeister* in: Blümich, § 10b EStG Rn. 30; *Jost* in: Dötsch/Eversberg/Jost/Witt, § 5 KStG Rn. 63a; *Frotscher* in: Frotscher/Maas, § 9 KStG Rn. 48; *Schwarz* in: Mössner/Seeger, § 5 KStG Rn. 108; *Buchna*, S. 382; *Märkle*, S. 277; *Schauhoff* in: Schauhoff (Hrsg.), § 5 Rz. 115; *Sauer/Luger*, S. 84; *Mack*, DStR 1984, 187 (191); *Gmach*, FR 1995, 85 (98f); *Schulz*, DStR 1999, 354; *Schleder*, NWB Fach 2, 7903 (7912); *Apitz*, StBp 2004, 89 (90).

133 *Tipke* in: Tipke/Kruse, § 51 AO Tz. 3; *Reiffs*, DB 1992, 243 (244); *Gast-de Haan*, FR 1993, 708 (709).

134 BFH v. 13.02.1985 II R 74/82 BStBl. II 1985, 374; BFH v. 19.04.1989 I R 3/88 BStBl. II 1989, 595 (596); BFH v. 13.07.1994 I R 5/93 BStBl. II 1995, 134 (137); *Kümpel*, S. 78.

135 FG Hamburg v. 08.12.1997 II 98/95 EFG 1998, 916; FG Nürnberg v. 24.03.1998 I 260/94 EFG 1998, 975.

136 BFH v. 05.08.1992 X R 165/88 BStBl. II 1992, 1048.

137 BFH v. 13.12.1978 I R 77/76 BStBl. II 1979, 481 (482); BFH v. 19.04.1989 I R 3/88 BStBl. II 1989, 595 (596); BFH v. 25.10.2000 I B 117/00 BFH/NV 2001, 470.

138 Nichtannahmebeschluss des BVerfG v. 23.04.2001 1 BvR 118/01 (n. v.).

3. Rechtsschutz

Da der vorläufigen Bescheinigung, ihrer Ablehnung und ihrem Widerruf sowie den Hinweisen in den Freistellungsbescheiden die Verwaltungsaktqualität abgesprochen wird, kann sich die betroffene Körperschaft nicht mit dem Einspruch gegen diese Mitteilungen des Finanzamts zur Wehr setzen. Zwar können die Körperschaften gegen einen Körperschaftsteuerbescheid, der die Steuerbefreiung dem Grunde nach versagt, Einspruch einlegen und ggf. Klage erheben, auch wenn die Steuer auf 0 festgesetzt ist.[139] Fraglich erscheint jedoch, ob ihnen darüber hinaus Rechtsschutzmöglichkeiten offen stehen, um ihr Begehren nach Anerkennung der Gemeinnützigkeit isoliert zu verfolgen.

a) Meinungsstand

Die Frage nach dem möglichen Rechtsschutz wird vom Schrifttum und insbesondere von der finanzgerichtlichen Rechtsprechung unterschiedlich beantwortet.

aa) Finanzgerichtliche Rechtsprechung

Das Finanzgericht Rheinland-Pfalz[140] hat in einem rechtskräftigen Urteil aus dem Jahre 1988 die Anfechtungs- und Feststellungsklage für unzulässig angesehen. Es bejahte dagegen die Zulässigkeit der allgemeinen Leistungsklage nach § 40 Abs. 1 3. Alt. FGO mit dem Begehren, die Erlaubnis zur Ausstellung von Spendenbescheinigungen nicht zu untersagen. In dem entschiedenen Streitfall war die klagende Körperschaft von der Körperschaft-, Gewerbe- und Vermögensteuer freigestellt und ihre Gemeinnützigkeit war anerkannt. In den Hinweisen zur Ausstellung von Spendenbescheinigungen wurde ausgeführt, sie sei zum Spendenempfang und zur Ausstellung von Spendenbescheinigungen berechtigt. Dieser Freistellungsbescheid wurde wegen offenbarer Unrichtigkeit nach § 129 AO insoweit berichtigt, als in den Hinweisen die Spendenempfangsberechtigung nicht mehr erwähnt wurde. Die Körperschaft hatte sich nach erfolglosem Einspruchsverfahren gegen diesen geänderten Hinweisteil gewendet. Das Gericht hielt die Anfechtungsklage nach § 40 Abs. 1 1. Alt. FGO mangels Verwaltungs-

---

139 BFH v. 13.07.1994 I R 5/93 BStBl. II 1995, 134; BFH v. 14.09.1994 I R 153/93 BStBl. II 1995, 499; BFH v. 13.11.1996 I R 152/93 BStBl. II 1998, 711; *Hofmeister* in: Blümich, § 10b EStG Rn. 30; *Gersch* in: Klein, § 51 AO Rn. 3; *Buchna*, S. 382; *Schauhoff* in: Schauhoff (Hrsg.), § 5 Rz. 124; *Sauer/Luger*, S. 86.

140 FG Rheinland-Pfalz v. 18.01.1988 5 K 260/87 EFG 1988, 340 (341), rkr.

akts für unzulässig. Die Zulässigkeit der Feststellungsklage verneinte es wegen der Subsidiarität gemäß § 41 Abs. 2 S. 1 FGO. Die Zulässigkeit der allgemeinen Leistungsklage bejahte das Gericht, weil die klagende Körperschaft des gerichtlichen Schutzes bedürfe und wissen müsse, wie es mit der Ausstellung von Spendenbescheinigungen stehe. Es wies die Klage jedoch als unbegründet ab, da die Körperschaft nicht zu den unmittelbar spendenempfangsberechtigten Körperschaften zählte.

Drei Jahre später hatte sich das Finanzgericht Köln[141] ebenfalls mit der Frage des Rechtsschutzes zu befassen. Der Kläger, ein eingetragener und als gemeinnützig anerkannter Verein, erhob Klage mit dem Begehren, die Finanzbehörde zu verpflichten, einen Freistellungsbescheid mit dem Hinweis zu erlassen, dass er als gemeinnützig anerkannter Verein berechtigt sei, Spendenbestätigungen auszustellen. Das Gericht teilte die Auffassung, dass der Hinweis auf die Berechtigung, Spendenbescheinigungen auszustellen, nur eine unverbindliche Auskunft sei. Dennoch bejahte es einen Anspruch auf Erteilung dieser Auskunft aufgrund des aus Art. 3 GG ableitbaren Grundsatzes der Selbstbindung der Verwaltung und hielt in Übereinstimmung mit der Entscheidung des Finanzgerichts Rheinland-Pfalz die allgemeine Leistungsklage für zulässig, um eine derartige Auskunft zu erzwingen.

Das Finanzgericht München[142] hält eine Klage auf Erteilung einer vorläufigen Bescheinigung für unzulässig. Da es sich bei der vorläufigen Bescheinigung nicht um einen Verwaltungsakt, sondern um eine das Finanzamt nicht bindende Rechtsauskunft handele, sei ein Verpflichtungsausspruch durch das Gericht nicht möglich.

bb) Rechtsprechung des Bundesfinanzhofs

Auf die Revision gegen das Urteil des Finanzgerichts Köln hatte der Bundesfinanzhof[143] über den möglichen Rechtsschutz zu entscheiden. Er hob das finanzgerichtliche Urteil auf und verneinte die Zulässigkeit der allgemeinen Leistungsklage auf Erteilung einer bestimmten Auskunft zur Spendenberechtigung mangels Klagebefugnis nach § 40 Abs. 2 FGO. Der Bundesfinanzhof vertrat die Ansicht, der Kläger habe keinen Rechtsanspruch auf Erteilung einer bestimmten Auskunft zur Spendenberechtigung. Zugleich bestätigte er, dass die Mitteilung

---

[141] FG Köln v. 23.08.1991 13 K 3592/89 EFG 1992, 158 (159).
[142] FG München v. 19.11.2003 7 K 5154/00 (n. v.).
[143] BFH v. 10.06.1992 I R 107/91 BFH/NV 1993, 13.

über die unmittelbare oder mittelbare Spendenberechtigung kein Verwaltungsakt sei, sondern eine bloße Rechtsauskunft des Finanzamts. Einen Anspruch gegen das Finanzamt auf Erteilung einer Rechtsauskunft, die der Rechtsauffassung des Finanzamts nicht entspreche, könne es bei unverbindlichen Rechtsauskünften nicht geben. Die Zulässigkeit der Verpflichtungsklage verneinte der Bundesfinanzhof, da es sich bei den Hinweisen nicht um Verwaltungsakte handele.

(1) Vorläufiger Rechtsschutz

Der Bundesfinanzhof musste auch zu der Frage Stellung nehmen, ob die betroffenen Körperschaften vorläufigen Rechtsschutz erlangen können. In einem Beschluss aus dem Jahre 1978[144] lehnte er einen wesentlichen Nachteil und damit bereits das Vorliegen eines Anordnungsgrundes im Sinne des § 114 FGO ab. Folglich konnte er die Frage, ob der behauptete Anordnungsanspruch auf Erteilung einer vorläufigen Bescheinigung besteht, ausdrücklich offen lassen. Über das Vorliegen eines Anordnungsanspruchs musste der Bundesfinanzhof erst 1986 entscheiden.[145] Er verneinte einen Anordnungsanspruch mit der Begründung, die vorläufige Bescheinigung sei wegen ihres unverbindlichen Charakters nicht erzwingbar.

Erst 1998 änderte der Bundesfinanzhof[146] seine Rechtsprechung und entschied, dass das Finanzamt durch eine einstweilige Anordnung nach § 114 Abs. 1 S. 2 FGO zum Ausstellen einer vorläufigen Bescheinigung verpflichtet werden könne. Die Entscheidung betrifft einen Verein, der ein Drittel der eingenommenen Spendengelder für gemeinnützige Zwecke verwendete und den überwiegenden Teil für Verwaltungskosten und Spendenwerbung verbrauchte. Das Finanzamt hatte einen Verstoß gegen das Mittelverwendungsgebot des § 55 Abs. 1 Nr. 1 S. 1 AO angenommen und dem Verein die Gemeinnützigkeit versagt. In Übereinstimmung mit der bisherigen höchstrichterlichen Rechtsprechung lehnte das Finanzgericht Niedersachsen als Vorinstanz den Antrag des Vereins ab, im Wege einer einstweiligen Anordnung die Gemeinnützigkeit für die Streitjahre vorläufig zu bestätigen.

Der Bundesfinanzhof betont in seinem Beschluss, dass grundsätzlich kein Anspruch gegen das Finanzamt auf Erteilung einer dessen Rechtsauffassung wider-

---

[144] BFH v. 19.07.1978 I B 14/78 BStBl. II 1978, 598.

[145] BFH v. 07.05.1986 I B 58/85 BStBl. II 1986, 677 (678); so noch *Koch* in: Gräber, 4. Aufl., § 114 FGO Rz. 47.

[146] BFH v. 23.09.1998 I B 82/98 BStBl. II 2000, 320.

sprechenden Rechtsauskunft besteht, und nimmt damit Bezug auf sein Urteil aus dem Jahre 1992.[147] Im Gegensatz dazu stellt er nunmehr heraus, dass jedoch das Gericht eine einstweilige Anordnung erlassen könne, durch die das Finanzamt zur Erteilung einer seiner Rechtsauffassung widersprechenden vorläufigen Bescheinigung verpflichtet werde. Als wesentlichen Nachteil im Sinne des § 114 Abs. 1 S. 2 FGO sieht er die Minderung des Spendenaufkommens an und bejaht damit zugleich einen Anordnungsanspruch für den Fall, dass die wirtschaftliche Existenz der Körperschaft durch den Rückgang des Spendenaufkommens bedroht ist. So wurde das Finanzamt im Wege der einstweiligen Anordnung verpflichtet, dem Antragsteller eine Bescheinigung zu erteilen, durch die er vorläufig als eine gemeinnützigen Zwecken dienende und zu den in § 5 Abs. 1 Nr. 9 KStG bezeichneten Körperschaften gehörende Körperschaft anerkannt wird. Die Geltungsdauer der vorläufigen Bescheinigung war bis zum rechtskräftigen Abschluss des Hauptsacheverfahrens zu befristen. Um die Gefahr von Fehlleitung von Zuwendungen zu verringern, entschied der Bundesfinanzhof, die vorläufige Bescheinigung mit Auflagen zu versehen. Seine geänderte Rechtsprechung konnte der Bundesfinanzhof[148] inzwischen bestätigen und verpflichtete in einem weiteren Fall das Finanzamt im Wege einer einstweiligen Anordnung zur Erteilung einer vorläufigen Bescheinigung, wobei er die Satzung und die bisherige Geschäftsführung auf die Vereinbarkeit mit den Gemeinnützigkeitsvorschriften hin überprüfte.

(2) Zulässigkeit der Feststellungsklage

Darüber hinaus hat der Bundesfinanzhof[149] eine Feststellungsklage gemäß § 41 Abs. 1 FGO als zulässig angesehen, mit der der klagende Zuwendungsempfänger feststellen lassen wollte, ob und in welchem Umfang er zur Ausstellung von Zuwendungsbestätigungen berechtigt sei. Zur Zulässigkeit einer Feststellungsklage führte der erkennende Senat aus, dass allgemeine Voraussetzung für eine Feststellungsklage das Bestehen eines Rechtsverhältnisses sei. Dieses Rechtsverhältnis brauche nicht als Ganzes Gegenstand der Feststellungsklage zu sein, auch einzelne Berechtigungen oder Verpflichtungen wie die Berechtigung zur Ausstellung von Zuwendungsbestätigungen könnten Gegenstand einer Feststellungsklage sein. Das Feststellungsinteresse ergebe sich aus den wirtschaftlichen

---

[147] BFH v. 10.06.1992 I R 107/91 BFH/NV 1993, 13.
[148] BFH v. 11.06.2001 I B 30/01 BFH/NV 2001, 1223.
[149] BFH v. 23.09.1999 XI R 66/98 BStBl. II 2000, 533.

Folgewirkungen, nämlich dem Rückgang des Spendenaufkommens. Das Finanzgericht Berlin als Vorinstanz hatte zuvor bereits ausgeführt, dass nur durch die Zulässigkeit der Feststellungsklage ein effektiver Rechtsschutz im Sinne von Art. 19 Abs. 4 GG möglich sei, da die Gefahr der Haftung nach § 10b Abs. 4 S. 2 EStG bestehe.[150]

cc) Ansicht der Finanzverwaltung

Das Bundesfinanzministerium[151] hat auf die geänderte höchstrichterliche Rechtsprechung reagiert und die Möglichkeiten der Erteilung einer vorläufigen Bescheinigung sogar über die Fallkonstellation des Streitfalls hinaus ausgedehnt. Nach Ansicht der Finanzverwaltung ist eine vorläufige Bescheinigung nicht nur neu gegründeten Körperschaften zu erteilen. Sie ist auch dann zu erteilen, wenn einer Körperschaft in einem Veranlagungszeitraum die Gemeinnützigkeit versagt wurde, sie jedoch in dem nachfolgenden Veranlagungszeitraum voraussichtlich die Voraussetzungen der Gemeinnützigkeit erfüllen wird. Ebenso soll die vorläufige Bescheinigung erteilt werden, wenn die Körperschaft nach Ansicht des Finanzamtes zwar nicht gemeinnützig ist, sie aber gegen die Ablehnung der Gemeinnützigkeit Rechtsschutz begehrt, ernstliche Zweifel bestehen, ob die Ablehnung der Gemeinnützigkeit vom zuständigen Finanzgericht bestätigt wird, und die wirtschaftliche Existenz der Körperschaft infolge der Nichterteilung der vorläufigen Bescheinigung gefährdet ist.[152]

dd) Ansicht des Schrifttums

Das Schrifttum hat die Entscheidungen des Bundesfinanzhofs zur Zulässigkeit der Feststellungsklage und zur Möglichkeit der einstweiligen Anordnung ganz überwiegend begrüßt.[153] Unter Hinweis auf die Entscheidung des Finanzgerichts Köln hat sich *Kirchhof*[154] jedoch ausdrücklich dafür ausgesprochen, dass das Begehren, die Finanzbehörde habe einen Freistellungsbescheid oder eine vorläufige Bescheinigung auszustellen, im Wege der allgemeinen Leistungsklage zu verfolgen sei.

---

150 FG Berlin v. 26.01.1998 8 K 8264/97 EFG 1998, 1193 (1195).

151 BMF v. 15.05.2000 BStBl. I 2000, 814.

152 Zustimmend *Schauhoff* in: Schauhoff (Hrsg.), § 5 Rz. 116.

153 *Schauhoff* in: Schauhoff (Hrsg.), § 5 Rz. 117; *Schulz*, DStR 1999, 354 (355); *Hofmeister*, DStZ 1999, 545 (550).

154 *Kirchhof* in: Kirchhof/Söhn/Mellinghoff, § 10b EStG Rn. A 120.

b) Stellungnahme

Um die Frage nach dem möglichen Rechtsschutz beantworten zu können, muss die Rechtsqualität der vorläufigen Bescheinigungen und der Hinweise in den Freistellungsbescheiden geklärt werden.

Bei der Überprüfung der Rechtsschutzmöglichkeiten ist zu beachten, dass grundsätzlich drei verschiedene Fragen zu klären sind. Als umfassendste Frage ist die Frage nach der Gemeinnützigkeit des Zuwendungsempfängers anzusehen. Sie beinhaltet die Frage, ob die Satzung und die tatsächliche Geschäftsführung mit den Anforderungen der §§ 52 ff AO übereinstimmen. Davon zu unterscheiden sind die Fragen, ob der Zuwendungsempfänger berechtigt ist, steuerbegünstigte Zuwendungen zu erhalten, und ob er über sie Zuwendungsbestätigungen ausstellen darf.

Art. 19 Abs. 4 GG gebietet einen umfassenden und effektiven Rechtsschutz. Unzweifelhaft bedarf es eines Verfahrens, mit dem Körperschaften ihren gemeinnützigkeitsrechtlichen Status und die Befugnis zum Ausstellen von Zuwendungsbestätigungen verbindlich klären lassen können. Die Körperschaften müssen sich auf die Beurteilung durch die Finanzverwaltung verlassen können, da sie entsprechend der Beurteilung in der vorläufigen Bescheinigung disponieren und dementsprechend tätig werden.[155]

Die gerichtliche Erzwingung einer unverbindlichen Auskunft durch eine allgemeine Leistungsklage, wie sie von den Finanzgerichten Rheinland-Pfalz und Köln für möglich gehalten wurde, ist jedoch sinnlos. Mit einer unverbindlichen Auskunft wird weder eine endgültige Klärung des Gemeinnützigkeitsstatus noch eine abschließende Aussage über die Berechtigung zum Empfang von Zuwendungen bzw. zur Ausstellung von Zuwendungsbestätigungen erreicht.

Als Lösungsmöglichkeit könnte sich die vorläufige Anerkennung als steuerbegünstigt im Wege einer einstweiligen Anordnung nach § 114 Abs. 1 S. 2 FGO anbieten. Die einstweilige Anordnung dient dem vorläufigen Rechtsschutz. Sie muss sich auf vorläufige Regelungen beschränken und darf die Entscheidung in der Hauptsache nicht vorwegnehmen.[156] Das Hauptsacheverfahren wäre das Klageverfahren zur Feststellung, dass die Empfängerkörperschaft vorläufig zum

---

[155] Vgl. zu dem ähnlichen Problemkreis der Anrufungsauskunft im Lohnsteuerabzugsverfahren *Drenseck* in: Schmidt, § 42d EStG Rn. 3; *Heuermann* in: Blümich, § 42d EStG Rn. 51; *Gersch* in: Herrmann/Heuer/Raupach, § 42d EStG Rn. 92, 106.

[156] *Koch* in: Gräber, § 114 FGO Rz. 66; *Loose* in: Tipke/Kruse, § 114 FGO Tz. 38.

Empfang steuerbegünstigter Zuwendungen und zur Ausstellung von Zuwendungsbestätigungen berechtigt ist.[157] Auch die im Rahmen des Klageverfahrens zu treffende Feststellung kann sich lediglich auf die vorläufige Berechtigung zur Ausstellung von Zuwendungsbestätigungen beziehen, denn über den Gemeinnützigkeitsstatus und damit über die endgültige Berechtigung, Zuwendungen zu empfangen und Zuwendungsbestätigungen auszustellen, kann abschließend erst unter Berücksichtigung der tatsächlichen Geschäftsführung der Empfängerkörperschaft im späteren Veranlagungsverfahren entschieden werden.

Wenn der Bundesfinanzhof nunmehr die Möglichkeit anerkennt, die Finanzbehörde im Wege der einstweiligen Anordnung zu verpflichten, eine vorläufige Bescheinigung auszustellen, so geht er über den eigentlich zulässigen Regelungsbereich der einstweiligen Anordnung hinaus. Die von ihm getroffene Regelung ist nicht mehr vorläufig in dem Sinne, dass sie die Hauptsacheentscheidung nicht vorwegnimmt. Sie ersetzt sie und macht das Klageverfahren damit an sich entbehrlich, denn der Zuwendungsempfänger erhält auf diesem Wege die vorläufige Bescheinigung, die ihn – vorläufig – zum Empfang steuerbegünstigter Zuwendungen und zur Ausstellung von Zuwendungsbestätigungen berechtigt. Für den Fall, dass der Erlass eines Verwaltungsakts begehrt wird, hat der Bundesfinanzhof[158] entschieden, dass eine einstweilige Anordnung nach § 114 FGO nicht in Betracht kommt. Es wäre konsequent gewesen, eine einstweilige Anordnung zum Erlass einer vorläufigen Bescheinigung ebenfalls mit der Begründung abzulehnen, dass sie die Entscheidung der Hauptsache vorwegnimmt.

Die Vorwegnahme der Hauptsache ist nur ausnahmsweise erforderlich und damit zulässig, wenn dem Antragsteller auf anderem Wege effektiver Rechtsschutz nicht gewährt werden kann und für ihn unzumutbare Nachteile zu vermeiden sind.[159] Der Bundesfinanzhof geht jedoch gerade in der genannten Entscheidung davon aus, dass durch die Verpflichtung der Finanzbehörde zur Ausstellung der vorläufigen Bescheinigung die Entscheidung in der Hauptsache nicht vorweggenommen wird. Zur Begründung greift er auf die rechtliche Qualifizierung der vorläufigen Bescheinigung als unverbindliche Rechtsauskunft zurück. Der Antragsteller hätte jedoch nach der bis dahin geltenden Rechtsprechung auch in einem möglichen Klageverfahren keine weitergehende Entscheidung über sei-

---

[157] Vgl. BFH v. 23.09.1999 XI R 66/98 BStBl. II 2000, 533.

[158] BFH v. 05.08.1969 VII B 72/66 BStBl. II 1969, 676; BFH v. 13.10.1987 VII B 96/87 BStBl. II 1988, 67 (69).

[159] Vgl. nur BFH v. 23.09.1998 I B 82/98 BStBl. II 2000, 320 (322).

nen gemeinnützigkeitsrechtlichen Status erlangen können.[160] Die Entscheidung des Bundesfinanzhofs zur einstweiligen Anordnung kann daher nur so verstanden werden, dass er der im Klageverfahren zu treffenden Entscheidung über die Berechtigung, Zuwendungsbestätigungen auszustellen, unter Änderung seiner bisherigen Rechtsprechung eine weitergehende – endgültige – Feststellung beilegt.

In der Tat hat der Bundesfinanzhof in der Entscheidung zur Zulässigkeit der Feststellungsklage, die exakt ein Jahr nach der Entscheidung über die einstweilige Anordnung getroffen wurde, die Feststellung, dass die Empfängerkörperschaft zur Ausstellung von Zuwendungsbestätigungen berechtigt ist, nicht als vorläufig bezeichnet. Die Feststellung, dass die Körperschaft zur Ausstellung von Zuwendungsbestätigungen berechtigt ist, umfasst zugleich die gerichtliche Feststellung, dass die Körperschaft, soweit es das Gericht überprüfen kann, die Anforderungen der §§ 52 ff AO erfüllt. Der Prüfungsumfang ist dabei notwendig auf die Übereinstimmung der Satzung mit dem Gemeinnützigkeitsrecht beschränkt. Ob im laufenden Veranlagungszeitraum die tatsächliche Geschäftsführung mit der Satzung übereinstimmt, kann vom Gericht noch nicht überprüft werden.

Hat der Zuwendungsempfänger aber einen Anspruch auf gerichtliche und damit verbindliche Feststellung seiner Berechtigung zum Empfang von Zuwendungen, so hat er auch einen Anspruch gegen die Finanzbehörde auf Erteilung einer Bescheinigung, die diese Berechtigung und die Übereinstimmung der Satzung mit den §§ 52 ff AO bestätigt. Da der Bundesfinanzhof einen Anspruch auf Erteilung einer unverbindlichen Auskunft ablehnt, nunmehr aber einen Anspruch auf Feststellung der Empfangsberechtigung bejaht, muss der Inhalt der – vorläufigen – Bescheinigung auch nach Ansicht des Bundesfinanzhofs als verbindliche Regelung im Sinne des § 118 AO zu qualifizieren sein.

Diese Auffassung ist zu begrüßen, denn es ist nicht praktikabel und vereinfacht das Besteuerungsverfahren nicht, wenn ein Anspruch des Zuwendungsempfängers gegen die Finanzbehörde auf Erteilung einer Bescheinigung über die Berechtigung zum Empfang von Zuwendungen verneint wird und der Zuwendungsempfänger damit gezwungen ist, den Klageweg zur Feststellung dieser Berechtigung zu beschreiten. Die Entscheidungen zur einstweiligen Anordnung und zur Zulässigkeit der Feststellungsklage deuten an, dass der Bundesfinanzhof

---

[160] Vgl. Urteils-Anm. von *Rößler*, BB 2001, 454 (455).

der Auffassung zuneigt, die vorläufige Bescheinigung habe Verwaltungsakteigenschaft. In konsequenter Fortführung dieser Entscheidungen sollte nunmehr auch die Finanzverwaltung die Verwaltungsaktqualität der vorläufigen Bescheinigung im Sinne des § 118 AO anerkennen.

Durch die Anerkennung der Verwaltungsakteigenschaft würde verbindlich über den einzelnen Veranlagungszeitraum hinaus festgestellt, ob der Zuwendungsempfänger nach seiner Satzung den in §§ 52 ff AO normierten Anforderungen der Gemeinnützigkeit entspricht. Die Bindungswirkung entfiele nur in den Fällen, in denen die der Erteilung der vorläufigen Bescheinigung zugrunde liegenden Umstände sich ändern, etwa weil die Körperschaft ihre Satzung steuerschädlich ändert. Eine Entscheidung darüber, ob auch die tatsächliche Geschäftsführung des Zuwendungsempfängers mit den §§ 52 ff AO übereinstimmt, bliebe notwendigerweise – wie bisher – dem nachgelagerten Veranlagungsverfahren vorbehalten. Eine derart verstandene vorläufige Bescheinigung ist folglich lediglich deshalb als vorläufig zu bezeichnen, weil die Übereinstimmung der tatsächlichen Geschäftsführung mit der Satzung erst im Veranlagungsverfahren überprüft werden kann und die Anerkennung als gemeinnützig insoweit nicht endgültig erfolgt.

Bei Anerkennung der Bindungswirkung der vorläufigen Bescheinigung ließe sie sich in die allgemeine Systematik der Selbstbindung der Finanzverwaltung einordnen. Wenn sich Auskünfte auf einen abgeschlossenen Sachverhalt beziehen, sind sie grundsätzlich unverbindlich. Ein besonderes Schutzbedürfnis des Auskunft Begehrenden ist nicht feststellbar, da der Lebenssachverhalt, an den § 38 AO eine etwaige Steuerpflicht knüpfen könnte, bereits verwirklicht ist. Dagegen sind Auskünfte, die sich auf Sachverhalte beziehen, die sich erst zukünftig ereignen oder andauern, grundsätzlich verbindlich, denn sie dienen dem Steuerpflichtigen als Grundlage für seine Dispositionen.[161] Genau dieser Fall liegt vor, wenn ein Zuwendungsempfänger eine vorläufige Bescheinigung über die Berechtigung zur Ausstellung von Zuwendungsbestätigungen begehrt. Wird der Verwaltungsaktcharakter der vorläufigen Bescheinigung anerkannt, kann die betroffene Körperschaft gegen die Ablehnung einer vorläufigen Bescheinigung im Wege der Verpflichtungsklage nach § 40 Abs. 1 2. Alt. FGO vorgehen.

---

[161] Vgl. *Tiedtke/Wälzholz*, DStZ 1998, 819 (821).

IV. Spendenabzug bei der Körperschaftsteuer

In § 9 Abs. 1 Nr. 2 KStG findet sich die für die Körperschaftsteuer geltende, dem einkommensteuerrechtlichen Spendenabzug ähnliche Regelung. Die §§ 48 ff EStDV sind für das Körperschaftsteuerrecht gemäß § 8 Abs. 1 KStG entsprechend anzuwenden. Die Zuwendungen sind bereits bei der Ermittlung des Gesamtbetrags der Einkünfte abzuziehen (R 42 Abs. 2 S. 1 KStR 1995).[162] § 9 Abs. 1 Nr. 2 KStG ist damit eine besondere Vorschrift der Einkunftsermittlung.[163] Spenden können daher auch im Rahmen des Verlustabzugs nach § 8 Abs. 1 KStG i.V.m. § 10d EStG berücksichtigt werden.[164]

Für Großspenden sieht § 9 Abs. 1 Nr. 2 S. 4 KStG die Möglichkeit eines sechsjährigen Vortrags vor. Auf einen Spendenrücktrag hat der Gesetzgeber bewusst verzichtet, da dieser bei der Gliederung des verwendbaren Eigenkapitals – unter Geltung des Anrechnungsverfahrens – zu erheblichen Schwierigkeiten geführt hätte.[165]

Die Sonderregelung für Zuwendungen an Stiftungen findet sich in § 9 Abs. 1 Nr. 2 S. 3 KStG. Eine dem § 10b Abs. 1a EStG entsprechende Regelung über Zuwendungen bei Stiftungsneugründungen in den Vermögensstock wurde nicht in das Körperschaftsteuerrecht aufgenommen.[166]

V. Spendenabzug bei der Gewerbesteuer

Bei der Gewerbesteuer wird nach § 9 Nr. 5 GewStG der Gewerbeertrag (§ 7 GewStG) in Anlehnung an das Einkommensteuerrecht um die aus den Mitteln des Gewerbebetriebs geleisteten Zuwendungen im Sinne des § 10b Abs. 1 EStG bis zur Höhe von insgesamt 5 v. H. oder 2 v. T. der Summe der gesamten Umsätze und der im Wirtschaftsjahr aufgewendeten Löhne und Gehälter gekürzt.

---

[162] Zur Ermittlung der Einkünfte bei Organschaft BFH v. 14.04.1992 VIII R 149/86 BStBl. II 1992, 817; BFH v. 23.01.2002 XI R 95/97 BFH/NV 2002, 972.

[163] *Frotscher* in: Frotscher/Maas, § 9 KStG Rn. 21; *Lange* in: Mössner/Seeger, § 9 KStG Rn. 103; *Dötsch/Franzen/Sädtler/Sell/Zenthöfer*, S. 89.

[164] FG Berlin v. 09.01.1984 VIII 80/83 EFG 1984, 386; OFD Hannover v. 28.03.1985 DB 1985, 1054; R 42 Abs. 2 S. 2 KStR 1995.

[165] Vgl. *Hofmeister* in: Blümich, § 9 KStG Rn. 76, mit dem zutreffenden Hinweis, dass mit Abschaffung des Anrechnungsverfahrens und Einführung des Halbeinkünfteverfahrens kein Grund mehr für eine vom EStG abweichende Regelung besteht.

[166] Vgl. *Jost* in: Dötsch/Eversberg/Jost/Witt, § 9 KStG Rn. 25, mit dem Hinweis, dass sonst durch Gründung mehrerer Kapitalgesellschaften der Höchstbetrag von 25.565 Euro mehrfach in Anspruch genommen werden könnte.

Entsprechend der Regelung im Einkommensteuerrecht sind Zuwendungen für wissenschaftliche, mildtätige und als besonders förderungswürdig anerkannte kulturelle Zwecke mit 10 v. H. erhöht begünstigt.

Großspenden können nach § 9 Nr. 5 S. 4 GewStG auf die folgenden sechs Veranlagungszeiträume verteilt werden.[167] Wie im Körperschaftsteuerrecht besteht keine Möglichkeit zum Spendenrücktrag. Dadurch soll vermieden werden, dass Gemeinden bereits vereinnahmte Steuern zurückzahlen müssen.[168] Bei Mitunternehmerschaften (§ 5 Abs. 1 S. 3 GewStG) ist zu berücksichtigen, dass eine einzelne Großspende ausreicht, um den gewerbesteuerlichen Spendenvortrag in Anspruch zu nehmen. Im Rahmen der Einkommensteuer- oder Körperschaftsteuerveranlagung des einzelnen Gesellschafters der Mitunternehmerschaft kann dagegen von der Großspendenregelung nur Gebrauch gemacht werden, wenn der auf den einzelnen Gesellschafter entfallende Anteil einer Zuwendung selbst eine Großspende darstellt.[169]

§ 9 Nr. 5 S. 5-7 GewStG sieht – wie das Einkommensteuerrecht – eine zusätzliche Begünstigung für Zuwendungen vor, die von Einzelunternehmen und Personengesellschaften an Stiftungen anlässlich ihrer Neugründung in den Vermögensstock geleistet werden. Auch der zusätzliche Abzugsbetrag in Höhe von 20.540 Euro für Zuwendungen an Stiftungen wird gewährt, der jedoch zu einer unzulässigen rechtsformbezogenen Privilegierung der Stiftungen führt.[170]

Nach § 8 Nr. 9 GewStG werden bei Kapitalgesellschaften dem Gewinn aus Gewerbebetrieb (§ 7 GewStG) Ausgaben im Sinne des § 9 Abs. 1 Nr. 2 KStG hinzugerechnet, soweit sie bei der Ermittlung des Gewinns abgesetzt worden sind.[171] Bei der Ermittlung des körperschaftsteuerpflichtigen Einkommens ist die Zuwendung bereits gewinnmindernd berücksichtigt worden, so dass sie durch die Minderung des Gewerbeertrags bei einem körperschaftsteuerpflichtigen Gewerbebetrieb nach § 9 Nr. 5 GewStG nochmals steuermindernd berücksichtigt würde. Diese Doppelentlastung wird durch die Hinzurechnung nach § 8 Nr. 9

---

[167] Bis VZ 1998 war ein 7-jähriger Vortrag möglich.

[168] BT-Drs. 11/7833, S. 9; *Güroff* in: Glanegger/Güroff, § 9 Nr. 5 GewStG Rn. 13.

[169] Vgl. BFH v. 03.12.1963 I 121/62 U BStBl. III 1964, 81; BFH v. 08.08.1980 X R 149/88 BStBl. II 1991, 70; OFD Münster v. 01.03.1993 DB 1993, 760; *Stäuber* in: Lenski/Steinberg, § 9 Nr. 5 GewStG Anm. 14; *Güroff* in: Glanegger/Güroff, § 9 Nr. 5 GewStG Rn. 13; R 113 Abs. 2 S. 4 EStR 1999; a. A. *Frank*, DB 1992, 1495 (1496).

[170] Zu den verfassungsrechtlichen Bedenken vgl. bereits S. 39 f.

[171] Vgl. Fallstudie von *Orth*, DStR, 1995, 733; *ders.*, DStR 1995, 1240.

GewStG rückgängig gemacht, so dass einkommensteuerpflichtige und körperschaftsteuerpflichtige Gewerbebetriebe gleich behandelt werden.[172]

[172] *Güroff* in: Glanegger/Güroff, § 8 Nr. 9 GewStG Rn. 1; *Kirchhof* in: Kirchhof/Söhn/Mellinghoff, § 10b EStG Rn. A 127; *Pauka*, DB 1992, 1207 (1208).

B. Der Vertrauensschutz im Spendenrecht

Die sachlichen und persönlichen Voraussetzungen für den Spendenabzug müssen grundsätzlich tatsächlich gegeben sein, damit die Zuwendungen steuermindernd berücksichtigt werden können. Der Zuwendungsnachweis hat keine rechtsbegründende Wirkung und bindet das für die Veranlagung des Zuwendenden zuständige Finanzamt nicht. Er kann vielmehr von dem Veranlagungsfinanzamt des Zuwendenden auf seine Richtigkeit überprüft werden. Ausgenommen ist lediglich die durch das Veranlagungsfinanzamt des Zuwendungsempfängers getroffene Feststellung der Steuerbefreiung.

Nach ständiger Rechtsprechung[173] und allgemeiner Auffassung im steuerrechtlichen Schrifttum[174] steht der Spendenabzug unter der ungeschriebenen Voraussetzung, dass die Zuwendung tatsächlich für steuerbegünstigte Zwecke verwendet wird. Maßgebend ist die tatsächliche Verwendung der zugewendeten Mittel zur Förderung begünstigter Zwecke durch einen begünstigten Empfänger, obwohl der Wortlaut „zur Förderung“ eher die subjektive Zweckbestimmung des Zuwendenden als ausreichend erscheinen lässt.

Eine Änderung des Steuerbescheides des Zuwendenden, in dem der Spendenabzug zu Unrecht berücksichtigt wurde, kann – außer auf §§ 164, 165 AO – auf § 173 Abs. 1 Nr. 1 AO oder auf § 175 Abs. 1 S. 1 Nr. 2 AO gestützt werden. Wurde die Zuwendung entgegen der Bestätigung tatsächlich zweckwidrig verwendet oder wurde die Zuwendung an den Zuwendenden zurückgezahlt, so kann der Spendenabzug grundsätzlich gemäß § 175 Abs. 1 S. 1 Nr. 2 AO wegen eines rückwirkenden Ereignisses versagt bzw. rückgängig gemacht werden.[175] Lagen die Voraussetzungen für den Spendenabzug von Beginn an nicht vor, etwa weil die Empfängerkörperschaft nicht gemeinnützig und demnach nicht von der Körperschaftsteuer befreit war, und wurde dies im Veranlagungsverfahren

---

[173] BFH v. 19.03.1976 VI R 72/73 BStBl. II 1976, 338; BFH v. 23.05.1989 X R 17/85 BStBl. II 1989, 879; BFH v. 05.02.1992 I R 63/91 BStBl. II 1992, 748; BFH v. 18.12.1991 X R 38/90 BStBl. II 1992, 504; Thüringer FG v. 02.09.1998 III 130/98 EFG 1998, 1640, rkr.

[174] *Kirchhof* in: Kirchhof (Hrsg.), § 10b EStG Rn. 19; *Brandt* in: Herrmann/Heuer/Raupach, § 10b EStG Rn. 34; *Heinicke* in: Schmidt, § 10b EStG Rn. 35; *Tipke/Lang*, § 22 Rn. 138; *Thiel/Eversberg*, S. 104; *dies.*, DB 1990, 395 (398).

[175] *Kirchhof* in: Kirchhof/Söhn/Mellinghoff, § 10b EStG Rn. B 61; *Heinicke* in: Schmidt, § 10b EStG Rn. 46; vgl. auch BFH v. 19.03.1976 VI R 72/73 BStBl. II 1976, 338; BFH v. 18.07.1980 VI R 167/77 BStBl. II 1981, 52.

der Körperschaft festgestellt, so sind die Voraussetzungen der Änderungsvorschrift des § 173 Abs. 1 Nr. 1 AO erfüllt, wenn diese Tatsachen dem für den Zuwendenden zuständigen Veranlagungsfinanzamt erst nachträglich bekannt werden.[176] Die Änderung des Freistellungsbescheides der Empfängerkörperschaft stellt dagegen kein rückwirkendes Ereignis im Sinne des § 175 Abs. 1 S. 1 Nr. 2 AO dar. Die Bescheidänderung gestaltet nicht rückwirkend den Sachverhalt. Der Sachverhalt, der der Bescheidänderung zugrunde liegt, bleibt vielmehr unverändert und erfährt lediglich eine andere rechtliche Bewertung durch das für die Empfängerkörperschaft zuständige Veranlagungsfinanzamt.[177] Die Gefahr, dass nicht sämtliche Voraussetzungen für den Spendenabzug vorliegen, fällt somit dem Grunde nach in den Risikobereich des Zuwendenden.

Es war jedoch schon vor Inkrafttreten der gesetzlichen Vertrauensschutzregelung anerkannt, dass der Spendenabzug auch dann zu gewähren sein kann, wenn seine Voraussetzungen nicht vorliegen. Der Zuwendende weiß in der Regel nicht, ob die Körperschaft, der er seine Zuwendung zukommen lässt, tatsächlich steuerbegünstigt ist. Zudem hat er keinen Einfluss auf die Verwendung der Mittel durch die Körperschaft. Der Verlust der Steuerbefreiung und die Fehlverwendung der zugewendeten Mittel liegen außerhalb seines Einflussbereichs. Er ist daher auf die Richtigkeit der Angaben in der Zuwendungsbestätigung angewiesen. Dieses Vertrauen des Zuwendenden ist unter bestimmten Voraussetzungen zu schützen. Dabei stellt sich die Frage, ob und inwieweit die Zuwendungsbestätigung einer Änderung des Spendenabzugs entgegensteht.

I. Vertrauensschutz nach dem Grundsatz von Treu und Glauben – Rechtsentwicklung bis 1989

Bis zum Veranlagungszeitraum 1989 existierte keine gesetzliche Vertrauensschutzregelung. In einigen Fällen wurde dem Zuwendenden unter Berücksichtigung des ungeschriebenen Grundsatzes von Treu und Glauben Vertrauensschutz gewährt.

Der Grundsatz von Treu und Glauben besagt, dass jeder auf die berechtigten Belange des anderen Teils angemessen Rücksicht zu nehmen hat und sich mit seinem eigenen früheren Verhalten nicht in Widerspruch setzen darf, sofern der an-

[176] BFH v. 05.02.1962 I 31/61 S BStBl. III 1962, 355; BFH v. 15.06.1973 VI R 35/70 BStBl. II 1970, 850; BFH v. 18.07.1980 VI R 167/77 BStBl. II 1981, 52; BFH v. 11.06.1997 X R 242/93 BStBl. II 1997, 612.

[177] FG Hamburg v. 17.12.2001 II 657/99 EFG 2002, 545, rkr.

dere Teil darauf vertraut und bereits unwiderruflich Dispositionen getroffen hat.[178] Dieser Grundsatz ist als allgemeiner Rechtsgrundsatz im Steuerrecht anerkannt.[179] Er kann jedoch Steueransprüche und Steuerschulden weder zum Entstehen noch zum Erlöschen (§ 47 AO) bringen, sondern lediglich das Steuerrechtsverhältnis modifizieren und verhindern, dass eine Forderung oder ein Recht geltend gemacht wird.[180]

Im steuerlichen Spendenrecht setzt der Grundsatz von Treu und Glauben voraus, dass sich der Zuwendende und die Finanzverwaltung als Partner eines konkreten Rechtsverhältnisses gegenüberstehen. Ferner muss der Zuwendende wegen eines besonderen Verhaltens der Finanzbehörde darauf vertrauen dürfen, dass die Voraussetzungen für die Abziehbarkeit der Zuwendung, insbesondere auch die Steuerbegünstigung des Empfängers, vorliegen.[181] Ob ein solches Vertrauensverhältnis zwischen dem Steuerpflichtigen und der Finanzverwaltung beim Spendenabzug vorliegt, wurde vom Bundesfinanzhof nicht einheitlich beurteilt.

Vor Inkrafttreten der Abgabenordnung 1977 sah der Bundesfinanzhof[182] die zweckwidrige Verwendung einer Zuwendung und den Wegfall der Körperschaftsteuerbefreiung des Zuwendungsempfängers als auflösende Bedingung im Sinne des § 4 Abs. 1 StAnpG[183] an. Bei Bedingungseintritt, nämlich der zweckwidrigen Verwendung oder dem Wegfall der Steuerbefreiung, war die Steuerfestsetzung grundsätzlich nach § 4 Abs. 2 StAnpG zu ändern. Eine Rückgängigmachung des Spendenabzugs war jedoch durch den Grundsatz von Treu und Glauben ausgeschlossen, wenn die Zuwendung nicht an den Zuwendenden zurückgezahlt wurde und der Zuwendende keine Kenntnis von dem steuerschädlichen Verhalten der Empfängerkörperschaft hatte.

Auch nach Inkrafttreten der Abgabenordnung 1977 hielt der Bundesfinanzhof die zweckgemäße Verwendung weiterhin für erforderlich, um den Spendenab-

---

178 BFH v. 04.11.1975 VII R 28/72 BFHE 117, 317 (321); BFH v. 21.07.1988 V R 97/83 BFH/NV 1989, 356; BFH v. 09.08.1989 I R 181/85 BStBl. II 1989, 990.

179 Vgl. *Kruse/Drüen* in: Tipke/Kruse, § 4 AO Tz. 125; *Groll*, FR 1995, 814.

180 BFH v. 09.08.1989 I R 181/85 BStBl. 1989, 990 (992); BFH v. 08.02.1996 V R 54/94 BFH/NV 1996, 734; BFH v. 19.08.1999 III R 57/98 BFH/NV 2000, 543; *Kruse/Drüen* in: Tipke/Kruse, § 4 AO Tz. 164; *Gersch* in: Klein, § 4 AO Rn. 15; *Tipke/Lang*, § 21 Rn. 13; *Groll*, FR 1995, 814 (815).

181 Vgl. nur BFH v. 09.08.1989 I R 181/85 BStBl. II 1989, 990 m. w. N.

182 BFH v. 19.03.1976 VI R 72/73 BStBl. II 1976, 338; BFH v. 18.07.1980 VI R 167/77 BStBl. II 1981, 52.

183 Steueranpassungsgesetz v. 16.10.1934 RGBl. I 1934, 925.

zug endgültig zu gewähren. Er qualifizierte die tatsächliche zweckgemäße Verwendung nunmehr als „Voraussetzung“ für den Spendenabzug.[184] Sollte die Zuwendung zweckwidrig verwendet worden sein, so berechtigte dieses rückwirkende Ereignis zur Änderung des Steuerbescheides nach § 175 Abs. 1 S. 1 Nr. 2 AO.

Im Hinblick auf das Vertrauen in die Steuerbegünstigung des Zuwendungsempfängers vertrat der VI. Senat des Bundesfinanzhofs[185] die Auffassung, die Entscheidung über die Befreiung von der Körperschaftsteuer wirke mittelbar gegenüber den Spendern. Die Finanzämter der Spender seien grundsätzlich an die körperschaftsteuerliche Beurteilung des für die Empfängerkörperschaft zuständigen Finanzamts gebunden. Die Durchlaufstelle wirke als Mittler und begründe gegenüber den Spendern einen Vertrauenstatbestand, der eine Anwendung des Grundsatzes von Treu und Glauben ermögliche und der Rückgängigmachung des Spendenabzugs bei späterer Versagung der Gemeinnützigkeit entgegenstehe.

Im sog. „Parteispenden-Urteil“ hatte der I. Senat des Bundesfinanzhofs[186] über Zuwendungen zu entscheiden, die als Direktspenden an die Staatsbürgerliche Vereinigung geleistet wurden. Die Staatsbürgerliche Vereinigung war nach § 49 Nr. 3 EStDV a. F. aufgrund der Zweiten Spendenverordnung[187] als begünstigte juristische Person anerkannt. Bei einer derartigen Direktspende verneinte der Bundesfinanzhof ein Vertrauensverhältnis zwischen Finanzamt und Spender mit der Begründung, die EStDV regele abstrakt eine Vielzahl steuerrechtlicher Sachverhalte und wirke nicht speziell im einzelnen Steuerrechtsverhältnis zwischen Spender und Finanzamt.[188] Auch die Spendenbestätigung könne kein schutzwürdiges Vertrauen begründen. Es fehle an einem konkreten Steuerrechtsverhältnis zwischen dem Steuerpflichtigen und dem für ihn zuständigen Finanzamt. Das Vertrauen des Spenders beziehe sich – unabhängig vom Verhalten des Finanzamts – auf Bestand, Inhalt und Richtigkeit der Spendenbestätigung, die vom Empfänger ausgestellt worden sei. Ein besonderes und damit eine Vertrauenssituation begründendes Verhalten des Finanzamts könne allerdings angenommen werden, wenn das für den Spender zuständige Finanzamt Kenntnis von

[184] BFH v. 05.02.1992 I R 63/91 BStBl. II 1992, 748; BFH v. 23.05.1989 X R 17/85 BStBl. II 1989, 879; ebenso FG Baden-Württemberg v. 29.11.1991 9 K 278/91 EFG 1992, 258.
[185] BFH v. 18.07.1980 VI R 167/77 BStBl. II 1981, 52.
[186] BFH v. 09.08.1989 I R 181/85 BStBl. II 1989, 990.
[187] Zweite Spendenverordnung v. 23.10.1956 BStBl. I 1956, 457.
[188] Vgl. BFH v. 08.05.1991 I R 48/89 BFH/NV 1992, 414.

der satzungswidrigen Geschäftsführung des Zuwendungsempfängers gehabt habe.[189] Im Zuge dieser Rechtsentwicklung entschied derselbe Senat, dass selbst im Durchlaufspendenverfahren kein Vertrauensverhältnis zwischen dem Finanzamt und dem Spender bestehe.[190]

Auch der X. Senat des Bundesfinanzhofs hatte über eine Zuwendung an die Staatsbürgerliche Vereinigung zu entscheiden.[191] Hinsichtlich der Anwendbarkeit des Grundsatzes von Treu und Glauben nahm er Bezug auf das „Parteispenden-Urteil" des I. Senats. Zusätzlich stellte er das Erfordernis auf, dass der Vertrauensschutz Begehrende oder ein für ihn in die Spendenabwicklung eingeschalteter Dritter sich nicht treuwidrig verhalten haben dürfe. In einer am selben Tag ergangenen Entscheidung verneinte er unter Bezugnahme auf das „Parteispenden-Urteil" auch die Möglichkeit des Vertrauensschutzes für den Fall einer Direktspende, die an eine Körperschaft geleistet wurde, die durch einen Steuerbescheid nach § 4 Abs. 1 Nr. 6 KStG a. F. als steuerbefreit anerkannt worden war.[192] Er bestätigte in einem weiteren Urteil die Ausführungen des „Parteispenden-Urteils" und entschied, dass weder die von der Staatsbürgerlichen Vereinigung ausgestellte Spendenbestätigung noch die Zweite Spendenverordnung eine schützenswerte Vertrauensposition für die Kläger habe schaffen können.[193]

Im Jahre 1997 hatte der X. Senat über den Vertrauensschutz im Durchlaufspendenverfahren zu entscheiden.[194] Er folgte der Auffassung des VI. Senats des Bundesfinanzhofs und betonte, dass der Spender im Durchlaufspendenverfahren grundsätzlich auf eine wiederholt ausgesprochene Steuerfreiheit des (Letzt-) Empfängers vertrauen dürfe, jedoch nicht auf die (unzutreffende) rechtliche Qualifizierung einer Zahlung als Spende. Im Hinblick auf das den Vertrauensschutz generell ablehnende Urteil des I. Senats[195] verwies er auf unterschiedliche Sachverhaltskonstellationen.

Zusammenfassend lässt sich feststellen, dass der Bundesfinanzhof den Vertrauensschutz generell versagt hat, wenn eine Direktspende vorlag. Dagegen sollte bei einer Durchlaufspende nach der Rechtsprechung des VI. und X. Senats des

---

[189] Vgl. die Urteils-Anm. von *Gast-de Haan*, DStZ 1990, 51.
[190] BFH v. 12.09.1990 I R 65/86 BStBl. II 1991, 258.
[191] BFH v. 07.11.1990 X R 143/88 BStBl. II 1991, 325.
[192] BFH v. 07.11.1990 X R 203/87 BStBl. II 1991, 547.
[193] BFH v. 18.12.1991 X R 38/90 BStBl. II 1992, 504.
[194] BFH v. 11.06.1997 X R 242/93 BStBl. II 1997, 612.
[195] BFH v. 12.09.1990 I R 65/86 BStBl. II 1991, 258.

Bundesfinanzhofs der Grundsatz von Treu und Glauben der Rückgängigmachung des Spendenabzugs immer dann entgegenstehen, wenn die ursprüngliche Steuerbefreiung des Letztempfängers im Veranlagungsverfahren nicht bestätigt wurde, wenn das für den Spendenabzug des Spenders zuständige Finanzamt Kenntnis von der zweckwidrigen Verwendung der Spende hatte oder wenn es einen anderen Vertrauenstatbestand gesetzt hatte.[196] Der I. Senat verneinte dagegen den Vertrauensschutz auch im Fall einer Durchlaufspende.

Als allgemeiner Rechtsgedanke wurde anerkannt, dass nur der arglose Spender Gutglaubensschutz genießen kann. Wenn er selbst oder sein Vertreter oder Erfüllungsgehilfe Kenntnis von der zweckwidrigen Mittelverwendung hatte, musste er die Versagung des Spendenabzugs hinnehmen.[197] Gleiches galt für den Fall, dass es sich bei der Zuwendung etwa mangels Freiwilligkeit oder Unentgeltlichkeit gar nicht um eine Spende handelte.[198]

II. Vertrauensschutz nach § 10b Abs. 4 S. 1 EStG

Angesichts der uneinheitlichen Rechtsprechung bestand das Bedürfnis, eine gesetzliche Grundlage zu schaffen, die die Voraussetzungen und Grenzen des Vertrauensschutzes eindeutig regelt.[199] Durch die Parteispendenaffäre und die dazu ergangenen Urteile wurde die Notwendigkeit einer gesetzlichen Regelung des Vertrauensschutzes im Spendenrecht besonders deutlich. Bereits wenige Wochen nach Erlass des Parteispenden-Urteils verabschiedete der Bundestag das Gesetz zur Verbesserung und Vereinfachung der Vereinsbesteuerung (sog. Vereinsförderungsgesetz).[200] Das Gesetz trat am 01.01.1990 in Kraft.[201] Da es keine

---

[196] BFH v. 18.07.1980 VI R 167/77 BStBl. II 1981, 52; BFH v. 09.08.1989 I R 181/85 BStBl. II 1989, 990; BFH v. 07.11.1990 X R 143/88 BStBl. II 1991, 325; BFH v. 07.11.1990 X R 203/87 BStBl. II 1991, 547; vgl. auch *Brandt* in: Herrmann/Heuer/Raupach, § 10b EStG Rn. 117 mit dem zutreffenden Hinweis, dass bei Kenntnis der Finanzverwaltung eine Änderung der Steuerbescheide nicht in Betracht kam, da es an dem für § 173 AO erforderlichen Tatbestandsmerkmal „nachträgliches Bekanntwerden von Tatsachen" fehlt und demnach kein Rückgriff auf die Grundsätze des Vertrauensschutzes erforderlich ist.

[197] BFH v. 07.11.1990 X R 143/88 BStBl. II 1991, 325 mit Anm. in HFR 1991, 409.

[198] BFH v. 11.06.1997 X R 242/93 BStBl. II 1997, 612.

[199] Vgl. *Meyer-Arndt*, DStR 1996, 353 (354).

[200] G. v. 18.12.1989 BGBl. I 1989, 2212; BStBl. I 1989, 499.

[201] § 52 Abs. 1 S. 1 EStG i. d. F. der Bekanntmachung v. 27.02.1987 BStBl. I 1987, 273.

Rückwirkung[202] entfaltet, waren die Bedenken, durch die Normierung des Vertrauensschutzes würden die Beteiligten der Parteispendenaffäre ungestraft davonkommen, unbegründet.[203]

1. Entstehungsgeschichte

Durch das Vereinsförderungsgesetz wurden die Vertrauensschutzregelungen des § 10b Abs. 4 S. 1 EStG und § 9 Abs. 3 S. 1 KStG (§ 9 Nr. 3 S. 7 KStG a. F.) eingefügt. Die Regelung in § 9 Nr. 5 S. 8 GewStG wurde dagegen erst zum 01.01.1992 eingeführt.[204] Die Vorschriften schützen das Vertrauen des gutgläubigen Zuwendenden in die Richtigkeit der Zuwendungsbestätigung. Dies gilt unabhängig von einem vertrauensschutzbegründenden Verhalten der Finanzverwaltung. Damit handelt es sich um eine „erweiterte" Vertrauensschutzregelung, die über den bislang anerkannten Vertrauensschutz im konkreten Steuerschuldverhältnis der direkt Beteiligten hinausgeht.

Dem Gesetzgebungsverfahren ging die Einschaltung einer unabhängigen Sachverständigenkommission voraus.[205] Sie war Ende 1985 vom Bundesfinanzministerium beauftragt worden, Vorschläge für eine Reform des Gemeinnützigkeits- und Spendenrechts zu erarbeiten. In ihrem 1988 vorgelegten Gutachten befürwortete sie eine Vertrauensschutzregelung mit der korrespondierenden Normierung eines Haftungstatbestandes.[206] Im Bundestag war die Einführung der Vertrauensschutzregelung und des Haftungstatbestandes durch das Vereinsförderungsgesetz stark umstritten.[207] So räumte der Abgeordnete *Rind* ein: „Ein großer Wurf, meine Damen und Herren, und frei von steuersystematischen Bedenken ist dieses Gesetz nicht."[208] Letztlich ließ sich der Gesetzgeber von der Überlegung leiten, dass es unbillig und darüber hinaus schädlich für die Spendenbereitschaft sei, wenn der gutgläubige Spender bei zweckentfremdeter Verwen-

---

[202] *Heinicke* in: Schmidt, § 10b EStG Rn. 48; *Kirchhof* in: Kirchhof/Söhn/Mellinghoff, § 10b EStG Rn. E 2; *Brandt* in: Herrmann/Heuer/Raupach, § 10b EStG Rn. 167; *Thiel/Eversberg*, DB 1990, 395 (398).

[203] Vgl. *Thiel/Eversberg*, DB 1990, 395 (398).

[204] BGBl. I 1992, 297.

[205] Zum Gesetzgebungsverfahren vgl. *Thiel/Eversberg*, DB 1990, 290; *Wallenhorst*, DB 1991, 1410 (1411).

[206] Gutachten, S. 273, 321.

[207] Vgl. Redebeitrag des Abgeordneten *Grünewald* v. 09.11.1989 Plenarprotokoll 11/174 S. 13202 (A); *Thiel/Eversberg*, DB 1990, 395 (398).

[208] Vgl. Redebeitrag des Abgeordneten *Rind* v. 09.11.1989 Plenarprotokoll 11/174 S. 13211 (C).

dung seiner Zuwendung durch die Empfängerkörperschaft damit rechnen müsse, dass seine spendenbedingte Steuerersparnis auch noch Jahre nach dem Zeitpunkt der Zuwendung rückgängig gemacht werde.[209]

Die Neuregelung des Vertrauensschutzes ist im Schrifttum unterschiedlich bewertet worden. Während *Gierlich*[210] die Regelung kritisch als „steuersystematisch ungenügend durchdachtes Produkt hektischer Steuergesetzgebung" bezeichnete, sprach *Jansen*[211] zuversichtlich davon, dass die bisherige Rechtsprechung auf eine „klare Rechtsgrundlage" gestellt worden sei.

2. Vertrauen auf die Richtigkeit der Zuwendungsbestätigung

Nach der Vertrauensschutzregelung in § 10b Abs. 4 S. 1 EStG, § 9 Abs. 3 S. 1 KStG, § 9 Nr. 5 S. 8 GewStG darf der Steuerpflichtige auf die Richtigkeit der Zuwendungsbestätigung über Spenden und Mitgliedsbeiträge vertrauen. Etwas anderes gilt nur dann, wenn er die Bestätigung durch unlautere Mittel oder falsche Angaben erwirkt hat oder ihm die Unrichtigkeit der Bestätigung bekannt oder infolge grober Fahrlässigkeit nicht bekannt war.

a) Anforderungen an eine vertrauensschutzbegründende Zuwendungsbestätigung

Der Spendenabzug wird nur gewährt, wenn der Zuwendende eine ordnungsgemäße Zuwendungsbestätigung im Sinne des § 50 EStDV vorlegt. Eine Zuwendungsbestätigung kann deshalb nur dann Vertrauen begründen, wenn sie die formellen Anforderungen des § 50 EStDV erfüllt. Denkbar sind Fallgestaltungen, in denen in der Zuwendungsbestätigung die Befreiung von der Körperschaftsteuer unter Berufung auf einen Freistellungsbescheid wegen Förderung eines bestimmten Zwecks angegeben wird und ein anderer Zweck für die beabsichtigte Verwendung der Spende bestätigt wird oder der Wert einer Sachzuwendung offensichtlich überhöht angegeben wird.

Das für die Veranlagung des Zuwendenden zuständige Finanzamt hat zu prüfen, ob die Zuwendungsbestätigung den formellen Anforderungen des § 50 EStDV genügt. Anderenfalls hat es den Spendenabzug zu versagen. Es darf also die An-

---

[209] Vgl. BT-Drs. 11/5582, S. 25 f; *Oppermann/Peter*, DStZ 1988, 424; *Graf*, DStZ 1990, 239 (241); *Märkle/Alber*, BB 1990, Beil. 2, 1 (12); *Gierlich*, FR 1990, 518; BT-Drs. 11/4176, S. 15 ff.

[210] *Gierlich*, FR 1991, 518 (522).

[211] *Jansen*, DStR 1990, 61 (66).

gaben in der Zuwendungsbestätigung nicht unbesehen übernehmen, den Spendenabzug trotz offensichtlicher Mängel der Zuwendungsbestätigung zunächst gewähren und nachträglich die Inanspruchnahme eines Haftungsschuldners nach § 10b Abs. 4 S. 2 EStG in Betracht ziehen.

Enthält die Zuwendungsbestätigung demnach missverständliche, sich sogar widersprechende Angaben, handelt es sich also um eine sog. perplexe Bestätigung, so hat das für die Veranlagung des Zuwendenden zuständige Finanzamt den Spendenabzug zu versagen. Auch bei einer offensichtlich überhöhten Wertangabe einer Sachzuwendung liegt keine ordnungsgemäße Zuwendungsbestätigung vor, so dass der Spendenabzug zu versagen ist.[212]

b) Inhalt der Zuwendungsbestätigung

Voraussetzung für das Eingreifen der Vertrauensschutzregelung ist das Vorliegen einer unrichtigen Zuwendungsbestätigung. Unrichtig ist eine Zuwendungsbestätigung, wenn ihr Erklärungswert nicht mit der objektiven Sach- und Rechtslage übereinstimmt.[213] Die Unrichtigkeit bezieht sich auf diejenigen Angaben, die für den Spendenabzug wesentlich sind. In den amtlichen Vordrucken zur Ausstellung von Zuwendungsbestätigungen sind Angaben über die Person des Zuwendenden, über Art, Höhe und Zeitpunkt der Zuwendung, über die Körperschaftsteuerbefreiung des Empfängers und über den Verwendungszweck der Zuwendung vorgesehen.

aa) Art, Höhe und Zeitpunkt der Zuwendung

Die Zuwendungsbestätigung enthält Angaben über die Art und Höhe der Zuwendung sowie über den Zeitpunkt der Zuwendung. Während Geldzuwendungen mit ihrem Nominalwert auszuweisen sind, ergeben sich bei der Bewertung von Sachzuwendungen Schwierigkeiten, so dass u. U. Bestätigungen ausgestellt werden, in denen der Wert der Zuwendung zu hoch angegeben wird. Aus diesem Grund regte die Sachverständigenkommission an, die Spende von Altwaren und Trödel generell nicht mehr zum Abzug zuzulassen.[214] Der Gesetzgeber hat diese

---

[212] *Brandt* in: Herrmann/Heuer/Raupach, § 10b EStG Rn. 148.

[213] BFH v. 12.08.1999 XI R 65/98 BStBl. II 2000, 65 (66); BFH v. 24.04.2002 XI R 123/96 BStBl. II 2003, 128; *Hofmeister* in: Blümich, § 10b EStG Rn. 76; *Myßen*, NWB Fach 3, 10979 (10996).

[214] Gutachten, S. 255.

Anregung jedoch nicht aufgegriffen. Vielmehr richtet sich die Bewertung von Sachzuwendungen nach § 10b Abs. 3 S. 2, 3 EStG.

(1) Bewertung von Sachzuwendungen

Stammen die Sachzuwendungen aus einem Privatvermögen, sind sie gemäß § 10b Abs. 3 S. 3 EStG mit dem gemeinen Wert des Wirtschaftsguts auszuweisen. Nach § 9 Abs. 2 BewG ist das der Preis, der im gewöhnlichen Geschäftsverkehr nach der Beschaffenheit des Wirtschaftsgutes bei einer Veräußerung zu erzielen wäre (Verkehrswert). Bei neuangeschafften Sachen kann der Verkehrswert durch die Einkaufsquittung nachgewiesen werden, die in die Buchführung des Zuwendungsempfängers aufzunehmen ist.[215] Schwierigkeiten ergeben sich bei gebrauchten Gegenständen. Rechtsprechung und Verwaltung stellen an den Nachweis des Sachwerts strenge Anforderungen.[216] Bei der Bewertung sind insbesondere der Neupreis, der Zeitraum seit der Anschaffung und der tatsächliche Erhaltungszustand zu berücksichtigen.

Wurden die Sachzuwendungen einem Betriebsvermögen entnommen, besteht nach § 10b Abs. 3 S. 2, § 6 Abs. 1 Nr. 4 S. 1 EStG das Wahlrecht, die Zuwendung mit dem Teilwert, der durch den bei der Entnahme des Wirtschaftsguts angesetzten Wert begrenzt wird, oder mit dem Buchwert gemäß § 6 Abs. 1 Nr. 4 S. 4, 5 EStG zu bewerten. In diesen Fällen sind vom Empfänger keine zusätzlichen Unterlagen in die Buchführung aufzunehmen. Davon zu unterscheiden ist der Fall, in dem ein Unternehmen von einer gemeinnützigen Körperschaft beauftragt wird, Werk- oder Dienstleistungen gegen Entgelt zu erbringen, und das Unternehmen im Nachhinein auf die Begleichung der Rechnung verzichtet. Insoweit handelt es sich um eine Geldzuwendung, die in Höhe des gesamten Rechnungsbetrags inklusive der ausgewiesenen Umsatzsteuer zu bestätigen ist.[217] Damit wird auch der entgangene Gewinn, der im Rechnungsbetrag enthalten ist, als Zuwendung erfasst.

---

[215] BMF v. 02.06.2000 BStBl. I 2000, 592. Der unvollständige Satz in den amtl. Vordrucken für Sachzuwendungen „Geeignete Unterlagen, die zur Wertermittlung gedient haben, z. B. Rechnungen, Gutachten" ist um die Worte „liegen vor" zu ergänzen.

[216] BFH v. 23.05.1989 X R 17/85 BStBl. II 1989, 879; BFH v. 22.10.1971 VI R 310/69 BStBl. II 1972, 55; FG Düsseldorf v. 05.02.1997 13 K 2126/93 E EFG 1997, 473 (474); H 111 EStH 1999 „Gebrauchte Kleidung als Sachspende"; BMF v. 02.06.2000 BStBl I 2000, 592.

[217] Vgl. *Geserich*, DStJG 26 (2003), S. 269.

Wird bei Sachzuwendungen, insbesondere bei hochwertigen Kunstgegenständen und Antiquitäten, ein Wertgutachten eingeholt, so ist auch die Übernahme dieses Wertes in die Bestätigung vom Vertrauensschutz erfasst. Die Angabe des Sachwerts aufgrund eines Gutachtens ist wie die sonstigen Angaben des Zuwendungsempfängers in der Bestätigung vom Vertrauensschutz erfasst. Etwas anderes gilt nur, wenn der Zuwendende erhebliche Zweifel an der Richtigkeit des Gutachtens hat oder die Unrichtigkeit des Gutachtens kennt, so dass der Vertrauensschutz wegen Kenntnis oder grob fahrlässiger Unkenntnis der Unrichtigkeit der Bestätigung ausgeschlossen ist.[218]

(2) Sog. „Zweitbestätigung"

Ein weiteres Problem stellt die sog. „Zweitbestätigung" dar. Wird eine Zuwendung an eine Durchlaufstelle oder einen Dachverband geleistet und an den Letztempfänger weitergeleitet, besteht die Gefahr, dass sowohl der Erstempfänger als auch der Letztempfänger eine Zuwendungsbestätigung ausstellen.[219] Im Hinblick auf den Vertrauensschutz ist die Frage zu klären, ob eine und – wenn ja – welche der beiden Bestätigungen unrichtig ist und eventuell Vertrauensschutz begründen kann.

Der Letztempfänger bescheinigt in der Zuwendungsbestätigung den (unmittelbaren) Empfang der Zuwendung vom Zuwendenden. Tatsächlich hat er die Zuwendung jedoch über den Erstempfänger erhalten. Die Bestätigung ist also hinsichtlich der Angabe des Zuwendenden unrichtig. Die Frage nach der Gewährung des Vertrauensschutzes erübrigt sich jedoch in den meisten Fällen. Der Zuwendende wird regelmäßig erkennen oder grob fahrlässig nicht erkennen, dass er eine unrichtige Zweitbestätigung erhalten hat. Er weiß, dass er nur eine Zuwendung geleistet hat und diese nicht direkt dem Letztempfänger zugewendet wurde. Mangels Vertrauensschutzes ist der Spendenabzug zu versagen.

Diese Erwägungen gelten auch, wenn Landessportbünde für ihre angeschlossenen Sportvereine Zuwendungsbestätigungen ausstellen.[220] Fertigt der begünstigte Verein selbst eine Zuwendungsbestätigung an, so handelt es sich bei dieser „Zweitbestätigung" um eine unrichtige Bestätigung wegen des Auftragsverhältnisses, das zwischen dem begünstigten Verein und dem Landessportbund besteht. Die „Zweitbestätigung" erweckt den Eindruck, als habe der Verein eine

---

[218] Zum Ausschluss des Vertrauensschutzes vgl. unten S. 87 ff.
[219] Vgl. *Myßen*, INF 2000, 385 (387).
[220] Vgl. OFD München v. 19.07.2000 DStR 2000, 1349.

weitere Zuwendung von demselben Spender erhalten. Dieser Eindruck entspricht nicht der objektiven Sachlage. Stellt das für den Zuwendenden zuständige Finanzamt anhand des Zuwendungsbetrags fest, dass der Steuerpflichtige zwei Bestätigungen für ein und dieselbe Zuwendung vorgelegt hat, berücksichtigt es die Zuwendung nur einmal. Den Vertrauensschutz hinsichtlich der unrichtigen Bestätigung hat es zu versagen, da dem Zuwendenden in der Regel zumindest grobe Fahrlässigkeit vorgeworfen werden kann. Auf der anderen Seite ist ein Verschulden des begünstigten Vereins zu bejahen, da er im Rahmen seiner internen Organisation sicherzustellen hat, dass keine derartigen „Zweitbestätigungen" ausgestellt werden, so dass seine Inanspruchnahme als Haftungsschuldner in Betracht kommen kann.[221]

bb) Rechtliche Qualifizierungen

Der Zuwendungsempfänger muss neben den Angaben über die tatsächlichen Umstände der Zuwendung auch rechtliche Qualifizierungen in der Zuwendungsbestätigung vornehmen. So muss er unter anderem die ihm zugewendeten Mittel als Spende, Aufwandsspende oder Mitgliedsbeitrag qualifizieren. In den Fällen des § 10b Abs. 1a EStG muss die Zuwendungsbestätigung zudem die Angabe enthalten, dass es sich um eine Zuwendung anlässlich der Neugründung einer Stiftung in den Vermögensstock handelt. Fraglich erscheint, ob auch diese rechtlichen Qualifizierungen vom Vertrauensschutz erfasst werden.

(1) Meinungsstand

Der Bundesfinanzhof[222] hat in einem Streitfall vor Einführung der gesetzlichen Vertrauensschutzregelung in einem obiter dictum den Vertrauensschutz hinsichtlich der (unzutreffenden) rechtlichen Qualifizierung einer Zahlung als Spende abgelehnt. In einem Urteil aus dem Jahre 1999 hat er dagegen den Vertrauensschutz nach § 10b Abs. 4 S. 1 EStG auch hinsichtlich der rechtlichen Qualifizierung einer Zuwendung als Spende gewährt.[223] Das Finanzgericht Schleswig-Holstein hatte als Vorinstanz den Vertrauensschutz verneint.[224] Der Bundesfinanzhof hat seine geänderte Rechtsauffassung inzwischen in einer weiteren Entscheidung bestätigt.[225] Auch im Schrifttum wird der Vertrauensschutz

---

[221] Zum Verhältnis von Vertrauensschutz und Haftung vgl. S. 175 ff.
[222] BFH v. 11.06.1997 X R 242/93 BStBl. II 1997, 612.
[223] BFH v. 12.08.1999 XI R 65/98 BStBl. II 2000, 65 (sog. „Schulgeld-Urteil").
[224] FG Schleswig-Holstein v. 19.03.1998 I 184/95 EFG 1998, 1197.
[225] BFH v. 26.04.2002 XI R 30/01 BFH/NV 2002, 1029.

überwiegend auf die in der Bestätigung vorzunehmenden rechtlichen Qualifizierungen ausgedehnt.[226]

(2) Stellungnahme

Geht man zunächst vom Wortlaut des § 10b Abs. 4 S. 1 EStG aus, so findet sich kein Ansatzpunkt für eine Beschränkung auf die tatsächlichen Angaben in der Bestätigung. Geschützt wird vielmehr allgemein das Vertrauen in die „Richtigkeit der Bestätigung". Den Materialien zur Entstehungsgeschichte der Vorschrift ist ebenfalls kein Hinweis auf eine beabsichtigte Einschränkung des Vertrauensschutzes zu entnehmen.

Es sind auch keine sachlichen Gründe erkennbar, die eine Differenzierung zwischen tatsächlichen und rechtlichen Angaben rechtfertigen könnten. Die Abgrenzung, ob die bestätigte Zuwendung Spendencharakter hat oder Entgelt für eine empfangene Gegenleistung ist, kann in einigen Fällen nicht eindeutig vorgenommen werden. Mit ähnlichen Schwierigkeiten ist die Beurteilung der Frage verbunden, ob eine Aufwandsspende den Anforderungen des § 10b Abs. 3 S. 4, 5 EStG genügt.

Können derartige Abgrenzungsfragen von dem im Regelfall steuerlich unkundigen Zuwendenden nicht eindeutig beantwortet werden, muss er sich auf die rechtliche Einschätzung durch den Aussteller der Bestätigung verlassen dürfen.[227] Die Gefahr einer rechtlich unzutreffenden Beurteilung der Zuwendung fällt somit nicht in den Risikobereich des Zuwendenden. Etwas anderes gilt nur, wenn der Zuwendende die Aufwendung unfreiwillig oder in Erwartung einer Gegenleistung hingegeben hat. In derartigen Fällen ist dem Zuwendenden die Unrichtigkeit der Bescheinigung in der Regel bekannt, so dass ihm der Vertrauensschutz wegen seiner Bösgläubigkeit versagt werden muss. Nicht erforderlich ist es dagegen, den Vertrauensschutz bereits dem Grunde nach für die rechtlichen Qualifizierungen zu verneinen. Der Vertrauensschutz erstreckt sich demnach nicht nur auf die Angaben tatsächlicher Art, sondern auch auf alle recht-

---

[226] *Kirchhof* in: Kirchhof (Hrsg.), § 10b EStG Rn. 97; *Schneider/Krammer* in: Littmann/Bitz/Pust, § 10b EStG Rn. 266; *Buchna*, S. 347; *Wallenhorst*, DStZ 2003, 531 (532, 535); so auch OFD Frankfurt v. 08.02.1995 DStR 1995, 1063; a. A. wohl *Brandt* in: Herrmann/Heuer/Raupach, § 10b EStG Rn. 167.

[227] Vgl. das „Schulgeld-Urteil" des BFH v. 12.08.1999 XI R 65/98 BStBl. II 2000, 65; *Schneider/Krammer* in: Littmann/Bitz/Pust, § 10b EStG Rn. 266.

lichen Qualifizierungen, die der Zuwendungsempfänger in der Bestätigung vornimmt.

Damit ist zugleich die Frage geklärt, ob der Vertrauensschutz das Vertrauen in die zeitlichen Voraussetzungen einer Zuwendung anlässlich der Neugründung in den Vermögensstock einer Stiftung nach § 10b Abs. 1a S. 2 EStG, § 9 Nr. 5 S. 6 GewStG erfasst. Der Beginn der Zuwendungsfrist, in dem eine Zuwendung als anlässlich der Neugründung zugewendet angesehen wird, ist dem Zuwendenden grundsätzlich nicht bekannt. Wenn der Zuwendungsempfänger nunmehr eine derartige Zuwendung bescheinigt, muss der Zuwendende allein schon wegen dieser faktischen Gegebenheiten auf die Beurteilung und die zugrunde liegenden rechtlichen Wertungen des Empfängers vertrauen dürfen.

cc) Zweckgemäße Verwendung

Der Zuwendungsempfänger muss bestätigen, zu welchem steuerbegünstigten Zweck er die empfangenen Mittel verwenden will und eine Verwendung ausschließlich für diesen Zweck zusichern. Den amtlichen Vordrucken entsprechend bestätigt der Zuwendungsempfänger, dass „die Zuwendung nur zur Förderung (begünstigter Zweck) (im Sinne der Anlage 1 zu § 48 Abs. 2 Einkommensteuer-Durchführungsverordnung - Abschnitt A / B Nr. ...) (im Ausland) verwendet wird“.

Über den tatsächlichen Verwendungszweck kann er bei der Ausstellung der Bestätigung notwendigerweise noch keine Angaben machen. In der Zuwendungsbestätigung wird somit der Verwendungswille des Zuwendungsempfängers bescheinigt. Werden die Mittel anschließend zu einem anderen Zweck verwendet, fragt sich, ob dem Zuwendenden Vertrauensschutz zu gewähren ist.

Der Zuwendende darf gemäß § 10b Abs. 4 S. 1 EStG auf die Richtigkeit der ihm erteilten Zuwendungsbestätigung vertrauen. Damit darf er darauf vertrauen, dass die Bestätigung richtig ist, wenn sie ausgestellt bzw. ihm ausgehändigt wird. Zugleich darf er darauf vertrauen, dass der Zuwendungsempfänger die Zuwendung entsprechend dem bestätigten Zweck verwenden wird und die Bestätigung in ihrem Erklärungswert richtig bleibt. Führt der Zuwendungsempfänger die Zuwendung einem anderen Zweck zu, so greift folglich zugunsten des Zuwendenden der Vertrauensschutz ein.

Diese wortlautgemäße Auslegung entspricht dem Sinn und Zweck der Vertrauensschutzregelung. Der gutgläubige Zuwendende, der keinen Einfluss auf die spätere Mittelverwendung hat, soll vor einer Änderung seines Steuerbescheides im Fall der Fehlverwendung seiner Zuwendung geschützt werden.

dd) Steuerbefreiung des Zuwendungsempfängers

Fraglich erscheint, ob sich der Zuwendende auf den Vertrauensschutz berufen kann, wenn der Zuwendungsempfänger im Zeitpunkt der Mittelverwendung nicht gemeinnützig war.

Der Bundesfinanzhof[228] hat dazu ausgeführt, die Unrichtigkeit der Bestätigung beziehe sich auf die Angaben, die für den Spendenabzug wesentlich seien. Wesentlich seien insbesondere die Höhe des zugewendeten Betrags, der beabsichtigte Verwendungszweck sowie der steuerbegünstigte Status der Empfängerkörperschaft. Er verwies insoweit auf das damals geltende Muster für Spendenbescheinigungen in Anlage 4 zu R 111 Abs. 4 EStR 1998.

Allerdings bestätigt die Empfängerkörperschaft lediglich, vorläufig als gemeinnützig anerkannt zu sein oder in den Vorjahren von der Körperschaftsteuer befreit gewesen zu sein. Für den Veranlagungszeitraum, in dem sie die Zuwendung verwendet und der Zuwendende den Spendenabzug geltend macht, trifft sie keine Aussagen über ihren Gemeinnützigkeitsstatus.

Bei einer restriktiven und streng am Wortlaut der Vorschrift orientierten Auslegung wäre der Spendenabzug bei fehlender Gemeinnützigkeit bzw. fehlender Körperschaftsteuerbefreiung folglich zu versagen, da die Voraussetzungen des § 49 Nr. 2 EStDV nicht erfüllt sind. Auf den Vertrauensschutz könnte sich der Zuwendende nicht berufen, da die Zuwendungsbestätigung keine Angaben über den gegenwärtigen Status der Empfängerkörperschaft enthält und insoweit nicht unrichtig sein kann.[229]

Dieses Auslegungsergebnis beruht darauf, dass die Vertrauensschutzregelung auf die „Richtigkeit der Zuwendungsbestätigung“ Bezug nimmt und nach den amtlichen Vordrucken für Zuwendungsbestätigungen nur Angaben über vorangegangene Veranlagungszeiträume gemacht werden müssen. Aus der Entstehungsgeschichte der Vorschrift lässt sich jedoch das Erfordernis ableiten, gerade in den Fällen, in denen die Empfängerkörperschaft nicht gemeinnützig ist, Vertrauensschutz zu gewähren. Nur diese Auslegung entspricht dem Sinn und Zweck der Regelung, die den gutgläubigen Zuwendenden, der aus altruistischen

---

[228] BFH v. 12.08.1999 XI R 65/98 BStBl. II 2000, 65.
[229] *Kirchhof* in: Kirchhof/Söhn/Mellinghoff, § 10b EStG Rn. E 17.

Motiven Mittel einer vermeintlich gemeinnützigen Körperschaft zuwendet, schützen will. Der Vertrauensschutz erstreckt sich demnach auch auf den Fortbestand der persönlichen Voraussetzungen des Zuwendungsempfängers.[230] Um die Ungenauigkeiten der geltenden Vertrauensschutzregelung zu vermeiden, sollte sie de lege ferenda folgendermaßen erweitert werden:

> **„Dasselbe gilt, wenn der Steuerpflichtige darauf vertraut, dass der Zuwendungsempfänger zu den nach § 5 Abs. 1 Nr. 9 des Körperschaftsteuergesetzes begünstigten Empfängern zählt."**

Im Schrifttum[231] wird in diesem Zusammenhang die Frage aufgeworfen, ob bereits eine vorläufige Bescheinigung ausreicht, um das Vertrauen des Zuwendenden in den Gemeinnützigkeitsstatus des Zuwendungsempfängers zu schützen.

Die Regelung des § 10b Abs. 4 EStG knüpft den Vertrauensschutz unmittelbar an die vom Zuwendungsempfänger ausgestellte Bestätigung und nur mittelbar an das Vorliegen eines Freistellungsbescheides bzw. einer vorläufigen Bescheinigung. Nach § 50 EStDV wird der Spendenabzug gewährt, wenn die Zuwendungsbestätigung nach amtlichem Vordruck ausgestellt wird. Der amtliche Vordruck sieht Angaben über den Körperschaftsteuerstatus der Körperschaft vor. Dafür kann sowohl der letzte Freistellungsbescheid als auch eine vorläufige Bescheinigung in der Bestätigung angeführt werden. In beiden Fällen erscheint die Körperschaft dem Zuwendenden als begünstigt, denn es wird in beiden Fällen bestätigt, dass der Zuwendungsempfänger berechtigt ist, Zuwendungsbestätigungen auszustellen. Dadurch wird der Anschein erweckt, der Zuwendungsempfänger sei als steuerbegünstigte Körperschaft anerkannt.

Für das Vertrauen in die Steuerbefreiung des Empfängers ist es auch unerheblich, ob der Körperschaft ein Freistellungsbescheid oder lediglich eine vorläufige Bescheinigung vorliegt.[232] Im Freistellungsbescheid wird über die Freistellung von der Körperschaftsteuer für die Vergangenheit entschieden. Diese Beurteilung muss wegen der Abschnittsbesteuerung nicht zwangsläufig für den lau-

---

230 So auch *Lindberg* in: Frotscher, § 10b EStG Rn. 101; *Kirchhof* in: Kirchhof/Söhn/Mellinghoff, § 10b EStG Rn. E 17; *Gierlich*, FR 1991, 518 (520); *Kümpel*, DStR 2001, 152 (157); *Geserich*, Stiftung & Sponsoring, Rote Seiten 3/2001, 1 (3).

231 *Brandt* in: Herrmann/Heuer/Raupach, § 10b EStG Rn. 165.

232 Vgl. *Reiffs*, DB 1992, 243 ff; *Brandt* in: Herrmann/Heuer/Raupach, § 10b EStG Rn. 165 zur Rechtslage vor VZ 1990 sowie Rn. 167.

fenden Veranlagungszeitraum gelten.[233] Die vorläufige Bescheinigung kann ebenfalls keine Angaben über die Steuerbefreiung für den laufenden Veranlagungszeitraum treffen. Da beide Äußerungen des Finanzamtes keine Aussagen über die aktuelle Beurteilung der Steuerbefreiung treffen, ist es aufgrund der vergleichbaren Interessenlage sachlich gerechtfertigt und erforderlich, dem Zuwendenden in beiden Fällen denselben Vertrauensschutz zu gewähren.

ee) Zeitliche Anforderungen an die Zuwendungsbestätigung

Die Freistellungsbescheide werden mit folgendem Hinweis erlassen:

„In der Zuwendungsbestätigung ist auch das Datum des letzten Körperschaftsteuerbescheides oder Freistellungsbescheides anzugeben. Das Finanzamt des Zuwendenden geht von der Unrichtigkeit der Zuwendungsbestätigung aus, wenn das angegebene Datum des Bescheides länger als 5 Jahre seit dem Tag der Ausstellung der Zuwendungsbestätigung zurückliegt."

Nach den amtlichen Vordrucken ist von den Zuwendungsempfängern folgender Hinweis in die Zuwendungsbestätigungen aufzunehmen:

„Diese Bestätigung wird nicht als Nachweis für die steuerliche Berücksichtigung der Zuwendung anerkannt, wenn das Datum des Freistellungsbescheides länger als 5 Jahre bzw. das Datum der vorläufigen Bescheinigung länger als 3 Jahre seit Ausstellung der Bestätigung zurückliegt (BMF vom 15.12.1994 - BStBl. 1991 I S. 884)."

Im Gegensatz zu diesen Hinweisen akzeptiert die Finanzverwaltung die Zuwendungsbestätigung noch für das Kalenderjahr, für das sie vorgelegt wird, und weist den Steuerpflichtigen auf die formellen Mängel der Bestätigung hin, es sei denn, sie hat den Mangel bereits in der Vergangenheit beanstandet.[234]

Zweifelhaft erscheint, ob eine unrichtige Zuwendungsbestätigung im Sinne des § 10b Abs. 4 vorliegt, wenn der in ihr genannte Freistellungsbescheid vor mehr als 5 Jahren oder die vorläufige Bescheinigung vor mehr als 3 Jahren der Kör-

---

233 Der Hinweis im Freistellungsbescheid lautet: „Mit den vorstehenden Hinweisen in Abschnitt D (Hinweis zur Ausstellung von Zuwendungsbestätigungen) wird einer Entscheidung über die Steuerbefreiung der Körperschaft für Jahre, die dem im Freistellungsbescheid bezeichneten VZ folgen, nicht vorgegriffen." Ähnl. lautet der Hinweis in der Anlage zum KSt-Bescheid.

234 BMF v. 15.12.1994 BStBl. I 1994, 884. Zugleich soll das Finanzamt des Zuwendenden das Finanzamt der Empfängerkörperschaft benachrichtigen, dass von der Körperschaft „überalterte" Bestätigungen ausgestellt werden.

perschaft erteilt wurde. Der vom Zuwendungsempfänger in die Bestätigung aufzunehmende Passus lautet:

„Wir sind wegen Förderung (begünstigter Zweck) durch Bescheinigung des Finanzamts ..., StNr. ..., vom ... vorläufig ab ... als gemeinnützig anerkannt / nach dem letzten uns zugegangenen Freistellungsbescheid des Finanzamts ..., StNr. ..., vom ... für die Jahre ... nach § 5 Abs. 1 Nr. 9 des Körperschaftsteuergesetzes von der Körperschaftsteuer befreit."

Weder im EStG noch in der EStDV ist eine entsprechende zeitliche Vorgabe als Voraussetzung für den Spendenabzug vorgesehen. Damit könnte der Spendenabzug unabhängig von dem Einhalten etwaiger zeitlicher Vorgaben gewährt werden. Der in die Zuwendungsbestätigungen aufzunehmende Hinweis geht auf ein Schreiben des Bundesfinanzministeriums[235] zurück, nach dem der Abzug von Zuwendungen an steuerbegünstigte Körperschaften nur zuzulassen ist, wenn die Steuerbegünstigung der Körperschaft zeitnah überprüft worden ist. Er beruht offenbar auf der Befürchtung, dass die Körperschaft nach Ablauf der genannten Zeiträume abermals geprüft und die Gemeinnützigkeit versagt wurde.

Wurde der Empfängerkörperschaft ein Freistellungsbescheid oder eine vorläufige Bescheinigung erteilt und werden die Angaben über den Gemeinnützigkeitsstatus in der Zuwendungsbestätigung zutreffend wiedergegeben, weicht die Bestätigung nicht von der tatsächlichen Sach- und Rechtslage ab. Durch das Überschreiten der zeitlichen Grenzen liegt dem Wortlaut nach keine unrichtige Bestätigung vor. Selbst wenn die Körperschaft nach einem Freistellungsbescheid für vergangene Jahre bereits einen Körperschaftsteuerbescheid erhalten hat, der die Gemeinnützigkeit versagt und ihre Steuerpflicht dem Grunde nach bejaht, ist die Zuwendungsbestätigung nicht unrichtig. Die Angaben hinsichtlich des letzten Freistellungsbescheides oder der vorläufigen Bescheinigung sind zutreffend. In dem genannten Zeitraum war die Körperschaft von der Körperschaftsteuer befreit oder vorläufig als gemeinnützig anerkannt. *Kirchhof*[236] spricht deshalb davon, dass die Zuwendungsbestätigung in diesen Fällen zwar nicht unrichtig, aber „fehlerhaft" ist.

Die Vertrauensschutzregelung soll gerade den Fall erfassen, wenn eine Körperschaft nicht (mehr) gemeinnützig ist. Der Zuwendende ist in seinem Vertrauen auf den Fortbestand der Steuerbefreiung des Zuwendungsempfängers ebenso

---

[235] BMF v. 15.12.1994 BStBl. I 1994, 884; BMF v. 22.03.1993 BStBl. I 1993, 298.
[236] *Kirchhof* in: Kirchhof/Söhn/Mellinghoff, § 10b EStG Rn. E 18.

schutzwürdig und schutzbedürftig wie hinsichtlich der ausdrücklichen Angaben in der Zuwendungsbestätigung. Zu demselben Ergebnis gelangt die Finanzverwaltung, indem sie den Spendenabzug – im Gegensatz zu dem in die Bestätigung aufzunehmenden Hinweis – noch für das Kalenderjahr gewährt, für das die Zuwendungsbestätigung vorgelegt wird, obwohl der Freistellungsbescheid oder die vorläufige Bescheinigung älter als 5 bzw. 3 Jahre sind.

Der umfassende Schutz des Vertrauens des Zuwendenden in den gemeinnützigkeitsrechtlichen Status des Zuwendungsempfängers sollte sich aus Gründen der Rechtssicherheit dem Gesetzeswortlaut entnehmen lassen. Deshalb wurde bereits die klarstellende Erweiterung der Vertrauensschutzregelung angeregt.[237] Zugleich sollte der Wortlaut der Zuwendungsbestätigung, auf den die Vertrauensschutzregelung Bezug nimmt, um einen Zusatz ergänzt werden. Die Formulierung sollte wie folgt gefasst werden:

„Ein Steuerbescheid, der die Körperschaftsteuerpflicht dem Grunde nach bejaht, ist uns nicht zugegangen."

Der Zuwendende kann auf die Richtigkeit dieser Angaben in der Zuwendungsbestätigung vertrauen, während der Zuwendungsempfänger zur Haftung herangezogen werden kann, falls der ursprüngliche Freistellungsbescheid bzw. die vorläufige Bescheinigung zwischenzeitlich durch einen Körperschaftsteuerbescheid ersetzt wurde, der die Steuerpflicht dem Grunde nach bejaht. Nach der vorgeschlagenen Regelung liegt in diesem Fall unzweifelhaft eine unrichtige Bestätigung vor.

c) Vertrauensschutz bei vereinfachtem Zuwendungsnachweis

In den Fällen des § 50 Abs. 2 EStDV wird auf die Vorlage einer förmlichen Zuwendungsbestätigung im Sinne des § 50 Abs. 1 EStDV verzichtet. Der vereinfachte Zuwendungsnachweis wird durch Bareinzahlungsbeleg oder Buchungsbestätigung des Kreditinstituts erbracht. In diesen Fällen erhält der Zuwendende grundsätzlich keine Zuwendungsbestätigung.

aa) Vertrauensschutz ohne förmliche Zuwendungsbestätigung

§ 10b Abs. 4 S. 1 EStG schützt seinem Wortlaut nach das Vertrauen in die Richtigkeit der „Zuwendungsbestätigung". Es wäre daran zu denken, dem Zuwendenden mangels förmlicher Zuwendungsbestätigung keinen Vertrauensschutz zu

[237] Vgl. S. 80.

gewähren, wenn er nur einen vereinfachten Zuwendungsnachweis vorlegt oder aufgrund allgemeiner Anweisung der Finanzverwaltung keinen schriftlichen Nachweis vorlegen muss.

Gemäß § 50 Abs. 1 EStDV wird der Spendenabzug gewährt, wenn die Zuwendungen durch eine Zuwendungsbestätigung nachgewiesen werden. § 50 Abs. 2 S. 1 EStDV stellt den förmlichen Zuwendungsbestätigungen die genannten Belege gleich, indem er einleitend lautet: „Als Nachweis genügt ..." Aus systematischen Erwägungen lässt sich der Vertrauensschutz demnach bei Vorliegen eines vereinfachten Zuwendungsnachweises herleiten.

Auch teleologisch lässt sich der Vertrauensschutz im Fall des vereinfachten Nachweises begründen. In den in § 50 Abs. 2 Nr. 1 EStDV genannten Katastrophenfällen wird die Schutzwürdigkeit des Zuwendenden durch den Spendenaufruf begründet. Bei Zuwendungen unter 100 Euro werden in § 50 Abs. 2 S. 2 und S. 3 EStDV besondere formelle Anforderungen an den Nachweis gestellt. So sind Name und Kontonummer des Auftraggebers und des Empfängers anzugeben, um die persönliche Zuordnung sicherzustellen. Durch die Angabe des Betrags ist der Wert der Zuwendung niedergelegt. Zudem ist der Buchungstag in die Belege aufzunehmen, so dass eine zeitliche Zuordnung der Zuwendung ermöglicht wird. Im Fall des § 50 Abs. 2 S. 1 Nr. 2b EStDV ist darüber hinaus der Beleg vom Zuwendungsempfänger herzustellen. Aufgrund dieser Anforderungen ist durch die Vorlage vereinfachter Zuwendungsnachweise die Zuordnung und Überprüfung der Zuwendungen in vergleichbarem Umfang möglich wie bei förmlichen Zuwendungsbestätigungen. Die Zahlungsbelege enthalten somit sämtliche für den Spendenabzug maßgebenden Angaben und treten formell und materiell an die Stelle der Zuwendungsbestätigung.[238] In diesen Fällen wird das Vertrauen „in die Richtigkeit des in den Zahlungsnachweisen verkörperten Erklärungswerts"[239] geschützt.

§ 10b Abs. 4 S. 1 EStG ist entsprechend auszulegen und folglich auch dann anzuwenden, wenn ein Fall des § 50 Abs. 2, 3 EStDV vorliegt oder die Finanzverwaltung kraft allgemeiner Verwaltungsanweisung den Spendenabzug ohne Vorlage einer förmlichen Zuwendungsbestätigung gewährt.[240] Verzichtet die Fi-

---

[238] *Gierlich*, FR 1991, 518 (519).

[239] *Kirchhof* in: Kirchhof/Söhn/Mellinghoff, § 10b EStG Rn. E 19.

[240] *Hofmeister* in: Blümich, § 10b EStG Rn. 78; *Kirchhof* in: Kirchhof (Hrsg.), § 10b EStG Rn. 98; *Hild* in: Korn, § 10b EStG Rn. 50; vgl. auch *Tipke* in: Tipke/Kruse, vor § 51 AO Tz. 6.

nanzverwaltung auf eine tatbestandliche Voraussetzung, kann sie danach nicht den Vertrauensschutz mit der Begründung versagen, dass gerade die Voraussetzung nicht vorliegt, deren Vorliegen sie als nicht erforderlich angesehen hat. Ein derartiges venire contra factum proprium verstieße gegen den Grundsatz von Treu und Glauben.[241]

bb) Vertrauensschutz bei förmlicher Zuwendungsbestätigung trotz Möglichkeit des vereinfachten Nachweises

Stellt der Zuwendungsempfänger trotz der Möglichkeit des vereinfachten Zuwendungsnachweises eine förmliche Zuwendungsbestätigung aus, so fragt sich, ob auch in diesem Fall Vertrauensschutz zu gewähren ist.

Der Vertrauensschutz wird bei unrichtigen Zuwendungsbestätigungen gewährt. Unrichtig ist eine Bestätigung jedoch nur, wenn ihr Inhalt nicht mit der tatsächlichen Sach- und Rechtslage übereinstimmt. Entspricht die Bestätigung dagegen nicht den formellen Anforderungen, so ist sie nicht unrichtig im Sinne des § 10b Abs. 4 S. 1 EStG. Die Frage nach der Gewährung des Vertrauensschutzes stellt sich demnach nicht, da eine inhaltlich richtige Zuwendungsbestätigung vorliegt, die zum Spendenabzug nach § 10b Abs. 1 EStG berechtigt. Zudem hat der Verordnungsgeber nicht angeordnet, dass in den Fällen des § 50 Abs. 2 EStDV zwingend vereinfachte Nachweise anzufertigen sind, so dass die Regelung zur Disposition der Zuwendungsempfänger steht. Sie ist durch das Interesse der Zuwendungsempfänger an einer schnellen und einfachen Abwicklung der einzelnen Vorgänge begründet. Dem Zuwendungsempfänger bleibt es aber unbenommen, auf diese Verfahrenserleichterung zu verzichten und eine förmliche Bestätigung auszustellen.

d) Auswirkungen auf den Steueranspruch

Greift der Vertrauensschutz nach § 10b Abs. 4 S. 1 EStG zugunsten des Zuwendenden ein, so gilt der Inhalt der Zuwendungsbestätigung als richtig. Es kommt nicht mehr darauf an, ob die Voraussetzungen für den Spendenabzug tatsächlich vorgelegen haben. Der dem Zuwendenden erteilte Steuerbescheid kann nicht mehr geändert oder berichtigt werden.

---

[241] Vgl. *Kruse/Drüen* in: Tipke/Kruse, § 4 AO Tz. 139.

Im Schrifttum wird die Frage diskutiert, ob der auf die Zuwendung entfallende Steueranspruch durch das Eingreifen der Vertrauensschutzregelung erlischt[242] oder ob die Finanzverwaltung den weiterhin bestehenden Steueranspruch lediglich nicht mehr geltend machen darf[243]. Der ungeschriebene Grundsatz von Treu und Glauben begründet wegen des Gesetzesvorbehalts in § 38 AO keine Steueransprüche und -schulden und lässt sie auch nicht erlöschen.[244] Etwas anderes könnte allerdings gelten, wenn der Grundsatz von Treu und Glauben wie in § 10b Abs. 4 S. 1 EStG normiert ist. Die Zuwendung könnte nunmehr unter Fortfall des Steueranspruchs als echte Sonderausgabe oder als abziehbare Aufwendung bei der Steuerfestsetzung anzusetzen sein.[245]

Der Meinungsstreit hat praktisch keine Auswirkungen, da das Finanzamt den Steueranspruch gegen den Steuerpflichtigen jedenfalls nicht mehr geltend machen darf. Aus der Entstehungsgeschichte und dem Zweck der Regelung kann jedoch geschlossen werden, dass auch die gesetzliche Normierung nicht zum Erlöschen des Steueranspruchs führt. Die gesetzliche Ausformung des Vertrauensgrundsatzes war erforderlich, um dem Zuwendenden auch in den Fällen Vertrauensschutz gewähren zu können, in denen sich sein Vertrauen nicht auf ein Verhalten des Finanzamtes, sondern auf das Verhalten des Zuwendungsempfängers bezieht.[246] Über den allgemeinen Rechtsgrundsatz von Treu und Glauben hätte dagegen stets nur Vertrauensschutz in dem konkreten Steuerrechtsverhältnis zwischen Finanzamt und Zuwendendem gewährt werden können. Um die beabsichtige Ausdehnung des Vertrauensschutzes zu erreichen, war es jedoch nicht erforderlich, den Steueranspruch hinsichtlich der Zuwendungen, die aus Gründen des Vertrauensschutzes als abzugsfähig angesehen werden, tatsächlich erlöschen zu lassen. Der Steueranspruch gegen den Zuwendenden bleibt demnach weiterhin bestehen. Das Finanzamt ist lediglich gehindert, diesen Anspruch geltend zu machen. Insofern ist die Systematik der Haftungstatbestände nicht

---

[242] *Gierlich*, FR 1991, 518.

[243] *Kirchhof* in: Kirchhof (Hrsg.), § 10b EStG Rn. 100; *Kirchhof* in: Kirchhof/Söhn/Mellinghoff, § 10b EStG Rn. E 26, E 75; *Brandt* in: Herrmann/Heuer/Raupach, § 10b EStG Rn. 181; *Thiel/Eversberg*, DB 1990, 395 (398) mit Hinweis auf strafrechtliche Konsequenzen.

[244] BFH v. 08.02.1996 V R 54/94 BFH/NV 1996, 734; BFH v. 19.08.1999 III R 57/98 BFH/NV 2000, 543; BFH v. 09.08.1989 I R 181/85 BStBl. 1989, 990 (992); *Gersch* in: Klein, § 4 AO Rn. 15; *Tipke/Lang*, § 21 Rn. 13.

[245] So *Gierlich*, FR 1991, 518.

[246] Vgl. *Kirchhof* in: Kirchhof/Söhn/Mellinghoff, § 10b EStG Rn. E 26.

durchbrochen, die aufgrund der Akzessorietät der Haftung eine zugrunde liegende Steuerschuld voraussetzt.

3. Ausschluss des Vertrauensschutzes

Der Vertrauensschutz ist ausgeschlossen, falls der Zuwendende die Bestätigung durch unlautere Mittel oder falsche Angaben erwirkt hat oder die Unrichtigkeit der Bestätigung kannte oder grob fahrlässig nicht kannte.

a) Ausschlussgründe

aa) Erwirken der Bestätigung durch unlautere Mittel oder falsche Angaben

Der Zuwendende kann sich nicht auf den Vertrauensschutz berufen, wenn er die Bestätigung durch unlautere Mittel oder falsche Angaben erwirkt hat. Der Zuwendende hat die Zuwendungsbestätigung durch unlautere Mittel oder falsche Angaben erwirkt, wenn sie für die Erteilung der Bestätigung ursächlich waren.[247] Haben andere Umstände zur Ausstellung einer unrichtigen Bestätigung geführt, so genießt der Zuwendende weiterhin Vertrauensschutz.

(1) Unlautere Mittel

Der Zuwendende darf sich nicht unlauterer Mittel bedienen, um eine Zuwendungsbestätigung zu erhalten. Unlautere Mittel sind in Anlehnung an § 130 Abs. 2 Nr. 2 AO beispielsweise die arglistige Täuschung, Drohung und Bestechung, wobei es sich nicht um eine abschließende Aufzählung handelt.[248]

Arglistig täuscht, wer die bestätigende Stelle vorsätzlich durch Verschweigen oder Vortäuschen von entscheidungserheblichen Tatsachen irreführt.[249] Drohungen liegen vor, wenn der Zuwendende psychischen Zwang ausübt, um die bestätigende Stelle aus Angst vor einem von dem Zuwendenden angedrohten und beeinflussbaren Übel zur Ausstellung der Zuwendungsbestätigung zu veranlas-

---

[247] *Kirchhof* in: Kirchhof/Söhn/Mellinghoff, § 10b EStG Rn. E 12; *Heinicke* in: Schmidt, § 10b EStG Rn. 49; *Brandt* in: Herrmann/Heuer/Raupach, § 10b EStG Rn. 171.

[248] *Brandt* in: Herrmann/Heuer/Raupach, § 10b EStG Rn. 171; *Kirchhof* in: Kirchhof/Söhn/Mellinghoff, § 10b EStG Rn. E 10; *Heinicke* in: Schmidt, § 10b EStG Rn. 49; *Stäuber* in: Lenski/Steinberg, § 9 Nr. 5 GewStG Anm. 16; *Kruse* in: Tipke/Kruse, § 130 AO Tz. 6.

[249] *Brandt* in: Herrmann/Heuer/Raupach, § 10b EStG Rn. 171; *Kruse* in: Tipke/Kruse, § 130 AO Tz. 22; *von Wedelstädt* in: Beermann, § 130 AO Rn. 10.

sen.[250] Eine Bestechung im Sinne des § 331 StGB liegt vor, wenn die begehrte pflichtwidrige Amtshandlung durch Gewährung oder Versprechen von Vorteilen erwirkt wird. Dieser Fall kann somit nur bei Zuwendungen an öffentlich-rechtliche Zuwendungsempfänger eintreten.

(2) Falsche Angaben

Der Vertrauensschutz ist ferner dann ausgeschlossen, wenn der Zuwendende die Bestätigung durch falsche Angaben erwirkt hat. Angaben sind falsch, wenn der Zuwendende Tatsachen in wesentlichen Teilen objektiv unrichtig oder unvollständig darstellt.[251] Entsprechend § 130 Abs. 2 Nr. 3 AO ist es unerheblich, ob der Steuerpflichtige die Unrichtigkeit der Angaben kannte[252] oder auf diese Art die Bestätigung erreichen wollte.[253] Es reicht aus, dass durch die falschen Angaben das Ausstellen einer falschen Zuwendungsbestätigung verursacht wurde. Folglich genießt keinen Vertrauensschutz, wer den Wert seiner Sachzuwendung gegenüber dem Zuwendungsempfänger unbewusst zu hoch beziffert.[254]

bb) Kenntnis oder grob fahrlässige Unkenntnis von der Unrichtigkeit der Bestätigung

Der Vertrauensschutz entfällt schließlich dann, wenn der Zuwendende die Unrichtigkeit der Bestätigung kannte oder grob fahrlässig nicht kannte. Entsprechend § 130 Abs. 2 Nr. 4 AO wird die Fahrlässigkeit subjektiv nach individuellen Maßstäben beurteilt.[255] Der Zuwendende handelt demnach grob fahrlässig, wenn er die nach seinen persönlichen Kenntnissen und Fähigkeiten gebotene

---

[250] Vgl. *Brandt* in: Herrmann/Heuer/Raupach, § 10b EStG Rn. 171; *Kirchhof* in: Kirchhof/Söhn/Mellinghoff, § 10b EStG Rn. E 10.

[251] BFH v. 06.07.1983 I R 252/82 BStBl. II 1983, 699; *Kruse* in: Tipke/Kruse, § 130 AO Tz. 29; *Kirchhof* in: Kirchhof/Söhn/Mellinghoff, § 10b EStG Rn. E 11.

[252] BFH v. 07.11.1990 X R 143/88 BStBl. II 1991, 325; Niedersächsisches FG v. 18.09.2002 9 K 637/97 DStRE 2003, 525 (528), rkr; anders dagegen Niedersächsisches FG v. 11.11.2003 13 K 121/98 (n. v.), rkr; *Kirchhof* in: Kirchhof/Söhn/Mellinghoff, § 10b EStG Rn. E 11; *Heinicke* in: Schmidt, § 10b EStG Rn. 49; *Gierlich*, FR 1991, 518 (519); *Geserich*, Stiftung & Sponsoring, Rote Seiten 3/2001, 1 (7).

[253] BFH v. 06.07.1983 I R 252/82 BStBl. II 1983, 699.

[254] So auch *Gierlich*, FR 1991, 518 (519); *Geserich*, Stiftung & Sponsoring, Rote Seiten 3/2001, 1 (7).

[255] Niedersächsisches FG v. 18.09.2002 9 K 637/97 DStRE 2003, 525 (528); *Hildesheim* in: Bordewin/Brandt, § 10b EStG Rn. 151; *Kirchhof* in: Kirchhof/Söhn/Mellinghoff, § 10b EStG Rn. E 20; *Heinicke* in: Schmidt, § 10b EStG Rn. 50; *Geserich*, Stiftung & Sponsoring, Rote Seiten 3/2001, 1 (7).

und zumutbare Sorgfalt in außergewöhnlich hohem Maße und in nicht entschuldbarer Weise verletzt.[256]

Kenntnis oder grob fahrlässige Unkenntnis der Unrichtigkeit der Bestätigung ist in der Regel anzunehmen, wenn der Steuerpflichtige die Bestätigung durch unlautere Mittel oder falsche Angaben erwirkt hat. *Thiel/Eversberg*[257] weisen zu recht darauf hin, dass diese Ausschlussgründe – abgesehen von etwaigen Erleichterungen bei der Beweisführung, soweit es sich um objektive Tatbestandsmerkmale handelt – an sich entbehrlich sind.

Der Zuwendende muss sich nicht nur die eigene Bösgläubigkeit vorwerfen lassen. Niemand darf seine Rechtsposition dadurch verbessern, dass er einen Dritten zur Wahrnehmung seiner Interessen einschaltet und so seinen Risikobereich ausdehnt.[258] Nach diesem allgemeinen Rechtsgedanken, der in §§ 164 Abs. 1 S. 1, 166, 278 S. 1 BGB, §§ 85 Abs. 2, 86 Abs. 1 S. 2 ZPO und §§ 110 Abs. 1 S. 2, 152 Abs. 1 S. 3 AO zum Ausdruck kommt, muss sich der Zuwendende das Fehlverhalten und die Kenntnis oder grob fahrlässige Unkenntnis eines in seinem Namen Handelnden (Vertreter, Erfüllungsgehilfe oder Organ) zurechnen lassen.[259]

Die Kenntnis oder grob fahrlässige Unkenntnis des Zuwendenden kann sich auf sämtliche Angaben in der Zuwendungsbestätigung beziehen, insbesondere auf Art, Höhe und Zeitpunkt der Zuwendung, die Befreiung des Zuwendungsempfängers von der Körperschaftsteuer, die Verwendung der Zuwendung und die rechtliche Qualifizierung einer Zuwendung. Ein Steuerpflichtiger, der seine Zuwendung unfreiwillig oder in Erwartung einer Gegenleistung erbringt, ist in der Regel als bösgläubig anzusehen. Etwas anderes gilt jedoch, wenn er nach seinen

---

256 *Kirchhof* in: Kirchhof/Söhn/Mellinghoff, § 10b EStG Rn. E 20; *Heinicke* in: Schmidt, § 10b EStG Rn. 49; *Kruse* in: Tipke/Kruse, § 130 AO Tz. 31.

257 Thiel/Eversberg, S. 110.

258 BFH v. 07.11.1990 X R 143/88 BStBl. II 1991, 325 (327); Palandt-*Heinrichs*, § 166 BGB Rn. 9, § 278 BGB Rn. 1

259 BVerfG v. 15.10.1990 2 BvR 385/87 INF 1991, 45; BFH v. 07.11.1990 X R 203/87 BStBl. II 1991, 547; BFH v. 03.02.1983 IV R 153/80 BStBl. II 1983, 324; *Kirchhof* in: Kirchhof/Söhn/Mellinghoff, § 10b EStG Rn. E 20; *Heinicke* in: Schmidt, § 10b EStG Rn. 49; *Schneider/Krammer* in: Littmann/Bitz/Pust, § 10b EStG Rn. 270; *Tipke* in: Tipke/Kruse, § 110 AO Tz. 70; *Güroff* in: Glanegger/Güroff, § 9 Nr. 5 GewStG Rn. 10; *Gierlich*, FR 1991, 518 (519); *Geserich*, Stiftung & Sponsoring, Rote Seiten 3/2001, 1 (7).

persönlichen Fähigkeiten nicht in der Lage ist, rechtlich zutreffend zu beurteilen, ob er für seine Zuwendung eine Gegenleistung erhält.[260]

(1) Konkrete Bösgläubigkeit

Bösgläubigkeit ist anzunehmen, wenn sich die Kenntnis oder grob fahrlässige Unkenntnis des Zuwendenden gerade auf die Unrichtigkeit der ihm ausgestellten Zuwendungsbestätigung bezieht.[261] Solange dem Zuwendenden lediglich ganz allgemein bewusst oder vorwerfbar nicht bewusst ist, dass von der Empfängerkörperschaft unzutreffende Zuwendungsbestätigungen ausgestellt wurden, ist der Vertrauensschutz nicht zu versagen. *Kümpel*[262] geht zu weit, wenn er Bösgläubigkeit immer schon dann annehmen will, wenn dem Zuwendenden Umstände bekannt sind, die für *eine* Fehlverwendung sprechen. Erforderlich ist, dass es sich um die Fehlverwendung *seiner* Zuwendung handelt. Durch die Zuwendungsbestätigung wurde bei dem Zuwendenden eine konkrete Vertrauensgrundlage geschaffen, die nicht durch allgemeine Zweifel an der Richtigkeit sämtlicher Bestätigungen der Empfängerkörperschaft zerstört wird.

Diese Auslegung entspricht dem eindeutigen Wortlaut der Vertrauensschutzregelung. Sie schützt das Vertrauen in „die" Zuwendungsbestätigung. Das ist die Bestätigung, die der Zuwendende erhalten hat. Das Vertrauen in die Richtigkeit dieser Bestätigung wird nur dann nicht geschützt, wenn der Zuwendende gerade ihre Unrichtigkeit kannte oder grob fahrlässig nicht kannte. Diese Auslegung wird zugleich dem Normzweck der Vertrauensschutzregelung gerecht, den Zuwendenden, der aus altruistischen Motiven eine Zuwendung vornimmt, weitgehend zu schützen.

(2) Zeitpunkt der Bösgläubigkeit

Fraglich ist, ab welchem Zeitpunkt die Bösgläubigkeit der Gewährung des Vertrauensschutzes entgegensteht. Drei unterschiedliche Zeitpunkte sind denkbar: Zum einen könnte der Vertrauensschutz immer schon dann zu gewähren sein, wenn der Zuwendende im Zeitpunkt der Ausstellung der Bestätigung in gutem Glauben war. Zum anderen könnte der Vertrauensschutz auf die Fälle beschränkt werden, in denen der Zuwendende (auch noch) im Zeitpunkt der Abga-

---

[260] Vgl. das „Schulgeld-Urteil" des BFH v. 12.08.1999 XI R 65/98 BStBl. II 2000, 65; Niedersächsisches FG v. 18.09.2002 9 K 637/97 DStRE 2003, 525 (527).

[261] Vgl. *Kirchhof* in: Kirchhof/Söhn/Mellinghoff, § 10b EStG Rn. E 21.

[262] *Kümpel*, S. 93.

be seiner Steuererklärung gutgläubig ist. Schließlich könnte der Vertrauensschutz nur dann gewährt werden, wenn der Zuwendende sogar noch nach der Abgabe seiner Steuererklärung gutgläubig ist.

(a) Meinungsstand

Das Niedersächsische Finanzgericht[263] nimmt als maßgeblichen Zeitpunkt für die Beurteilung der Bösgläubigkeit die Einreichung der Steuererklärung an. Die Finanzverwaltung[264] vertritt ebenfalls die Auffassung, der Vertrauensschutz sei zu versagen, wenn dem Steuerpflichtigen erst im Zeitpunkt der Abgabe der Steuererklärung oder bei Vorlage der Bestätigung, etwa im finanzgerichtlichen Verfahren, die Unrichtigkeit der Bestätigung bekannt oder grob fahrlässig nicht bekannt ist. Dieser Ansicht folgen auch einige gewichtige Stimmen im Schrifttum.[265] Demgegenüber will ein Teil des Schrifttums den Vertrauensschutz schon immer dann gewähren, wenn der Zuwendende in dem Zeitpunkt gutgläubig ist, in dem die Bestätigung ausgestellt[266] wird oder in dem er sie erhält.[267] Wenn auf die Vorlage einer förmlichen Zuwendungsbestätigung verzichtet wird (§ 50 Abs. 2 EStDV), sei der für die Beurteilung der Gutgläubigkeit maßgebliche Zeitpunkt der, in dem die Zuwendung geleistet wird.[268]

(b) Stellungnahme

In einer noch vor Inkrafttreten des § 10b Abs. 4 EStG getroffenen Entscheidung hatte der Bundesfinanzhof ausgeführt, dass mit der Rückzahlung einer Spende eine Korrekturpflicht des Ausstellers entstehe und der Zuwendende nach § 165e Abs. 1 RAO verpflichtet sei, dem Finanzamt die Rückzahlung des Spendenbetrags anzuzeigen.[269]

---

[263] Niedersächsisches FG v. 18.09.2002 9 K 637/97 DStRE 2003, 525 (528), rkr., mit insoweit nicht zutreffenden Hinweisen auf die Rechtsprechung des BFH.

[264] OFD Frankfurt v. 27.05.1994 DB 1994, 1900; vgl. auch OFD Frankfurt v. 08.02.1995 DStR 1995, 1063.

[265] *Kirchhof* in: Kirchhof (Hrsg.), § 10b EStG Rn. 99; *Kirchhof* in: Kirchhof/Söhn/Mellinghoff, § 10b EStG Rn. E 22; *Buchna*, S. 348; *Geserich*, Stiftung & Sponsoring, Rote Seiten 3/2001, 1 (7); unklar *Heinicke* in: Schmidt, § 10b EStG Rn. 50.

[266] *Brandt* in: Herrmann/Heuer/Raupach, § 10b EStG Rn. 172; *Hild* in: Korn, § 10b EStG Rn. 51.

[267] *Schneider/Krammer* in: Littmann/Bitz/Pust, § 10b EStG Rn. 272; *Hofmeister* in: Blümich, § 10b EStG Rn. 77; *Hildesheim* in: Bordewin/Brandt, § 10b EStG Rn. 51.

[268] *Brandt* in: Herrmann/Heuer/Raupach, § 10b EStG Rn. 172; *Hofmeister* in: Blümich, § 10b EStG Rn. 78; *Gierlich*, FR 1991, 518.

[269] BFH v. 19.03.1976 VI R 72/73 BStBl. II 1976, 338.

Im Gesetzgebungsverfahren wurde über den Zeitpunkt der den Vertrauensschutz ausschließenden Bösgläubigkeit nicht diskutiert. Im Bericht des Finanzausschusses[270] findet sich lediglich der Hinweis, dass ein gutgläubiger Spender keine vorsätzliche Steuerhinterziehung begehen könne. Eine Steuerhinterziehung sei jedoch anzunehmen, wenn er die Bestätigung durch unlautere Mittel erwirkt habe oder ihm die Unrichtigkeit der Bestätigung bekannt gewesen sei.

§ 10b Abs. 4 S. 1 EStG knüpft die Begründung des Vertrauens an das Vorliegen der Zuwendungsbestätigung. Damit bildet die Bestätigung den Vertrauenstatbestand. Dadurch wird aber noch keine Aussage über den Zeitpunkt getroffen, bis zu dem der Zuwendende gutgläubig sein muss und ab dem die Bösgläubigkeit den Vertrauensschutz ausschließt.

Nach § 150 Abs. 2 S. 1 AO sind die Angaben in der Steuererklärung wahrheitsgemäß nach bestem Wissen und Gewissen zu machen. Ergänzend begründet § 153 Abs. 1 S. 1 Nr. 1, Abs. 2 AO eine Berichtigungspflicht, wenn der Steuerpflichtige nachträglich erkennt, dass seine Erklärung unrichtig war oder die Voraussetzungen für eine Steuervergünstigung nachträglich weggefallen sind. Anderenfalls liegt eine Steuerhinterziehung nach § 370 AO oder eine leichtfertige Steuerverkürzung nach § 378 AO vor. Nach diesen Vorschriften müsste der Zuwendende sowohl bei der Abgabe der Steuererklärung als auch bis zum Ablauf der Festsetzungsfrist gutgläubig sein. Fraglich ist jedoch, wie diese Vorschriften im Zusammenhang mit der Vertrauensschutzregelung des § 10b Abs. 4 S. 1 EStG zu werten sind, die eingeführt wurde, um den Zuwendenden vor einer späteren Änderung seiner Steuerveranlagung zu schützen.[271]

Geht man vom Gesetzeswortlaut aus, so deutet die Wahl unterschiedlicher Zeitformen („darf vertrauen“: Präsens, „erwirkt hat“: Perfekt, „bekannt war“: Präteritum) darauf hin, dass die Bösgläubigkeit nur dann schadet, wenn sie bereits zu einem Zeitpunkt eingetreten ist, der vor dem Zeitpunkt liegt, in dem der Spendenabzug geltend gemacht und der Vertrauensschutz gewährt wird.[272] Im Gegensatz zu der „erwirkten Bestätigung“, die noch vorliegt und von Belang ist, wenn der Spendenabzug beantragt wird, ist der Eintritt der Bösgläubigkeit ein in der Vergangenheit abgeschlossenes Geschehen. Wollte der Gesetzgeber das Er-

---

[270] BT-Drs. 11/5582, S. 26.

[271] Vgl. BT-Drs. 11/4176, S. 17.

[272] Duden, Rn. 248, 257 ff: Das Perfekt wird vor allem dann verwendet, wenn das Ergebnis oder die Folge eines Geschehens im Sprechzeitpunkt (noch) belangvoll ist. Dagegen stellt das Präteritum ein Geschehen lediglich als in der Vergangenheit abgeschlossen dar.

fordernis der Gutgläubigkeit im Zeitpunkt der Abgabe der Steuererklärung aufstellen, so hätte er die Regelung im Präsens fassen können:

„... darf vertrauen, es sei denn, dass er die Bestätigung ... erwirkt hat oder dass ihm die Unrichtigkeit der Bestätigung bekannt oder infolge grober Fahrlässigkeit nicht bekannt *ist*."

Mit dieser Formulierung wäre sowohl die Bösgläubigkeit bei Ausstellung der Bestätigung als auch der nachträgliche Eintritt der Bösgläubigkeit erfasst. Im Gegensatz dazu spricht der Wortlaut de lege lata eher gegen das Erfordernis, dass der Zuwendende auch noch nach der Ausstellung der Bestätigung gutgläubig sein muss.

(aa) Kenntnis des Rückforderungsanspruchs

Beruht die Unrichtigkeit der Bestätigung auf einer fehlerhaften Verwendung der Zuwendung und wird dem Zuwendenden die Unrichtigkeit der ihm ausgestellten Bestätigung bekannt, erlangt er zugleich Kenntnis von seinem Rückforderungsanspruch. Dieser folgt aus § 812 Abs. 1 S. 2 2. Alt. BGB, wenn es sich um eine echte Zweckschenkung handelt. Ist die Zuwendung als Schenkung unter Auflage im Sinne des § 525 BGB zu qualifizieren, so kann der Zuwendende Rückzahlung nach § 527 Abs. 1 BGB oder die Vollziehung der Auflage verlangen (§ 525 Abs. 1 BGB).[273]

Der dem Zuwendenden zustehende Rückforderungsanspruch ist sowohl bei der Beurteilung der Bösgläubigkeit als auch bei der Frage, ob überhaupt eine Zuwendung vorliegt, zu berücksichtigen. Die Zuwendungen im Sinne des § 10b EStG sind ähnlich wie der Begriff der Aufwendungen in § 10 EStG als Ausgabe zu verstehen und setzen damit eine endgültige wirtschaftliche Belastung des Steuerpflichtigen voraus.[274] Besteht bereits im Zeitpunkt der Zahlung ein Erstattungsanspruch, soll die Zahlung nicht als Sonderausgabe absetzbar sein.[275] Im Zeitpunkt der Zuwendung ist der Rückforderungsanspruch aber noch nicht begründet, da eine zweck- oder auflagenwidrige Verwendung noch nicht erfolgt sein kann, so dass der Spendenabzug zunächst möglich ist.

---

[273] Vgl. zur Abgrenzung der Zweckschenkung von der Auflagenschenkung *Furche*, S. 116 ff; MünchKomm-*Kollhosser*, § 525 BGB Rn. 4.

[274] Vgl. *Heinicke* in: Schmidt, § 10b EStG Rn. 3, 4.

[275] *Heinicke* in: Schmidt, § 10 EStG Rn. 6.

Es bleibt die Frage zu klären, ob die Kenntnis des Rückforderungsanspruchs die den Vertrauensschutz ausschließende Bösgläubigkeit begründen kann. Dabei ist zu bedenken, dass der Rückforderungsanspruch nicht stets werthaltig ist. Zweifelhaft ist zudem, ob der Zuwendende in einem eventuellen Zivilverfahren gegen den Zuwendungsempfänger auf Rückzahlung der Zuwendung seiner prozessualen Beweislast nachkommen und den Nachweis erbringen kann, dass der Zuwendungsempfänger die Zuwendung tatsächlich fehlverwendet hat. Da die Gefahr einer endgültigen wirtschaftlichen Belastung des Zuwendenden in Höhe seiner Zuwendung besteht, begründet dies die Schutzbedürftigkeit des Zuwendenden. Die Wahrheitspflicht des § 150 Abs. 2 S. 1 AO steht dieser Auslegung nicht entgegen, da tatsächlich eine Zuwendung geleistet wurde und eine wirtschaftliche Belastung des Steuerpflichtigen eingetreten ist, die Voraussetzung für eine Zuwendung im Sinne des § 10b Abs. 1 S. 1 EStG ist.

Diese extensive Auslegung der Vertrauensschutzregelung ist auch unter fiskalischen Gesichtspunkten vertretbar. Etwaige Steuerausfälle können durch eine haftungsweise Inanspruchnahme der Empfängerkörperschaft kompensiert werden. Da das Risiko der unrichtigen Bestätigung und der Fehlverwendung der zugewendeten Mittel vom Zuwendenden auf den Zuwendungsempfänger verlagert werden sollte, entspricht es dem Sinn und Zweck der Regelung, auch bei Kenntnis des Rückforderungsanspruchs Vertrauensschutz zu gewähren und die haftungsweise Inanspruchnahme des Zuwendungsempfängers in Betracht zu ziehen.

(bb) Widerruf der Zuwendungsbestätigung

Widerruft der Aussteller seine unrichtige Zuwendungsbestätigung, bevor der Zuwendende seine Steuererklärung einschließlich der unrichtigen Zuwendungsbestätigung beim Finanzamt abgegeben hat, so ist zu differenzieren, welche Gründe dem Widerruf zugrunde liegen. Eine generelle Ablehnung des Vertrauensschutzes bei Widerruf der Bestätigung[276], wird dagegen dem Schutzbedürfnis des Zuwendenden nicht gerecht.

Bei offensichtlich fehlerhaften Angaben kann der Zuwendende eine korrigierte Bestätigung verlangen und diese als Nachweis einreichen. Ist die Unrichtigkeit der Bestätigung offensichtlich und liegt keine Fehlverwendung vor, die einen Rückforderungsanspruch begründet (etwa weil eine Geldzuwendung statt einer

[276] So aber OFD Frankfurt v. 27.05.1994 DB 1994, 1900 (1901).

Sachzuwendung bestätigt wurde), so muss der Zuwendende eine zutreffende Bestätigung einholen. Nur so kann er den Spendenabzug geltend machen. Der Zuwendende ist in diesem Fall weder schutzbedürftig noch schutzwürdig, da er die Unrichtigkeit der Bestätigung kannte oder jedenfalls grob fahrlässig nicht kannte und ohne weiteres eine korrigierte Bestätigung vom Zuwendungsempfänger erhalten kann. Der Vertrauensschutz ist unabhängig vom Widerruf durch den Zuwendungsempfänger bereits wegen Kenntnis oder grob fahrlässiger Unkenntnis des Zuwendenden von der Unrichtigkeit der Bestätigung zu versagen.

Widerruft der Empfänger die Bestätigung nicht wegen offensichtlich fehlerhafter Angaben, sondern wegen einer nicht zweckgemäßen Mittelverwendung, ist der Zuwendende nur dann an der Geltendmachung des Spendenabzugs gehindert, wenn ihm der Empfänger die Zuwendung zurückgezahlt hat.

Wird die Zuwendung zurückgezahlt, bevor der Zuwendende seine Steuererklärung abgegeben hat, liegt keine finanzielle Einbuße und damit auch keine Zuwendung vor, die zu einer Minderung seiner steuerlichen Bemessungsgrundlage führen könnte. Der Zuwendende ist folglich nicht schutzbedürftig. Die in § 150 Abs. 2 S. 1 AO normierte Wahrheitspflicht verbietet ihm, den Spendenabzug zu beantragen. Auf die Angaben in der Bestätigung kann er sich nicht mit Erfolg berufen und darf sie nicht als Beleg mit seiner Steuererklärung einreichen. Nur diese Vorgehensweise wird dem Sinn und Zweck der Regelung gerecht, finanzielle Einbußen zur Förderung der Allgemeinheit leistungsfähigkeitsmindernd zu berücksichtigen. Wird die Zuwendung an den Zuwendenden erst zurückgezahlt, nachdem er seine Steuererklärung abgegeben hat, muss er seine bereits eingereichte Steuererklärung gemäß § 153 Abs. 1 S. 1 Nr. 1, Abs. 2 AO berichtigen.[277]

Der Einwand, die Berichtigungspflicht lasse die Vertrauensschutzregelung des § 10b Abs. 4 S. 1 EStG regelmäßig leer laufen, greift nicht.[278] Vertrauensschutz wird in den Fällen gewährt, in denen der Zuwendende tatsächlich keine Erkenntnisse über die Verwendung seiner Zuwendung, über die rechtlichen Qualifizierungen in der Bestätigung oder über den gemeinnützigkeitsrechtlichen Status des Zuwendungsempfängers erhält. Dies wird in den weitaus meisten Fällen zutreffen. Damit verbleibt selbst bei Bejahung einer Berichtigungspflicht ein aus-

---

[277] Vgl. zur Erstattung von Sonderausgaben BMF v. 11.07.2002 DStR 2002, 1304.

[278] Vgl. *Kirchhof* in: Kirchhof/Söhn/Mellinghoff, § 10b EStG Rn. E 22; *Heinicke* in: Schmidt, § 10b EStG Rn. 50; *Schneider/Krammer* in: Littmann/Bitz/Pust, § 10b EStG Rn. 272.

reichender Regelungsbereich des Vertrauensschutzes. Der Zuwendende ist solange schutzbedürftig, wie eine endgültige wirtschaftliche Belastung tatsächlich vorliegt oder zu befürchten ist. Folglich muss sich die Finanzverwaltung an den Zuwendungsempfänger halten, der die Zuwendung fehlverwendet und nicht zurückgezahlt hat, selbst wenn er seine Zuwendungsbestätigung widerrufen hat.

b) Beweislast

Das Gesetz geht von der Gutgläubigkeit des Zuwendenden aus. Er darf sich demnach grundsätzlich auf den Vertrauensschutz berufen. Will die Finanzbehörde den Vertrauensschutz versagen, so muss sie nach allgemeinen Darlegungs- und Beweislastregeln[279] die Tatsachen darlegen und beweisen, die zum Ausschluss des Vertrauensschutzes nach § 10b Abs. 4 S. 1 letzter Hs. EStG führen.[280]

c) Rechtsfolge

Kann die Finanzbehörde beweisen, dass der Zuwendende die Bestätigung durch unlautere Mittel oder falsche Angaben erwirkt hat oder die Unrichtigkeit der Bestätigung kannte oder grob fahrlässig nicht kannte, so wird ein bereits gegen den Zuwendenden ergangener Steuerbescheid gemäß § 173 Abs. 1 Nr. 1 AO oder § 175 Abs. 1 S. 1 Nr. 2 AO geändert, soweit dies nach den allgemeinen verfahrensrechtlichen Voraussetzungen möglich ist.

---

[279] Vgl. BFH v. 15.07.1986 VII R 145/85 BStBl. II 1986, 857.

[280] *Bott* in: Schauhoff (Hrsg.), § 9 Rz. 82; *Olgemöller* in: Streck, § 9 KStG Rn. 18; *Neufang*, INF 1990, 54 (58).

C. Die Haftung im Spendenrecht

Durch das Vereinsförderungsgesetz wurde in § 10b Abs. 4 S. 2 EStG und § 9 Abs. 3 S. 2 KStG[281] eine Haftungsregelung aufgenommen. Sie wirft ebenso wie die Vertrauensschutzregelung zahlreiche Fragen auf, die zum Teil noch nicht höchstrichterlich entschieden sind.

Zur Sicherung von Steueransprüchen hat der Gesetzgeber an verschiedenen Stellen im Steuerrecht – insbesondere in den §§ 69 ff AO – Haftungstatbestände geschaffen. Unter Haftung ist nach der Terminologie des Steuerrechts das Einstehenmüssen für eine fremde Steuerschuld zu verstehen.[282] Die Haftung besteht akzessorisch zur Steuerschuld, so dass es grundsätzlich keine Haftung ohne (Steuer-)Schuld gibt.[283] Grundlage der Spendenhaftung ist der gegen den Zuwendenden bestehende Steueranspruch, der infolge des gesetzlichen Vertrauenstatbestandes zwar nicht erlischt, den das Finanzamt aber nicht mehr als Steueranspruch gegen den Zuwendenden geltend machen darf.[284]

Nachfolgend werden die Tatbestandsmerkmale der beiden Haftungstatbestände nach einer kurzen allgemeinen Darstellung untersucht. Dabei ist insbesondere auf die in Rechtsprechung und Literatur kontrovers diskutierte Frage nach dem in Anspruch zu nehmenden Haftungsschuldner einzugehen. Des Weiteren wird auf die Abgrenzungsproblematik der beiden Haftungstatbestände eingegangen und eine Abgrenzung anhand der tatbestandlichen Merkmale vorgenommen. Zudem wird der Frage nachgegangen, ob es sich bei der zweiten Haftungsalternative um eine Gefährdungshaftung handelt, bevor schließlich der Umfang und die Geltendmachung des Haftungsanspruchs dargestellt werden.

---

[281] Die Regelung fand sich ursprünglich in § 9 Nr. 3 S. 8 KStG a. F. § 9 Nr. 5 S. 9 GewStG wurde erst zum 01.01.1992, BGBl. I 1992, 297, eingefügt.

[282] BFH v. 19.10.1976 VII R 63/73 BStBl. II 1977, 255 (256); BFH v. 02.05.1984 VIII R 239/82 BStBl. II 1984, 695 (696); *Kruse/Loose* in: Tipke/Kruse, vor § 69 AO Tz. 10; *Kirchhof* in: Kirchhof/Söhn/Mellinghoff, § 10b EStG Rn. E 75; *Birk*, Rn. 277; *Nacke*, Rn. 1; *Bax*, S. 28; *Brodersen*, FS Thieme, S. 896; *Dorner*, StB 1997, 470 (471).

[283] *Bax*, S. 30; *Kruse/Loose* in: Tipke/Kruse, vor § 69 AO Tz. 17; *Rüsken* in: Klein, § 69 AO Rn. 2; *Dorner*, StB 1997, 470 (471).

[284] Vgl. *Schneider/Krammer* in: Littmann/Bitz/Pust, § 10b EStG Rn. 274.

I. Allgemeine Darstellung der Haftungstatbestände

Zu unterscheiden sind zwei spendenrechtliche Haftungstatbestände. Wer vorsätzlich oder grob fahrlässig eine unrichtige Bestätigung ausstellt (sog. Ausstellerhaftung) oder wer veranlasst, dass Zuwendungen nicht zu den in der Bestätigung angegebenen steuerbegünstigten Zwecken verwendet werden (sog. Veranlasserhaftung), haftet für die entgangene Steuer.

Die Regelung geht auf einen Vorschlag der Sachverständigenkommission zurück, die als Folge der von ihr befürworteten Abschaffung des Durchlaufspendenverfahrens und der damit einhergehenden Berechtigung der Empfängerkörperschaft, Zuwendungsbestätigungen auszustellen, die Einführung eines Haftungstatbestandes vorsah.[285] Für einen Steuerausfall aufgrund falscher Spendenbescheinigungen oder durch Fehlverwendung von Spenden wollte sie denjenigen haften lassen, in dessen Sphäre das Fehlverhalten stattgefunden hat.[286]

Der Gesetzentwurf der Bundesregierung[287] enthielt keinen Haftungstatbestand. Erst der Bundesrat[288] hat den Vorschlag der Sachverständigenkommission aufgegriffen und sich in seiner Stellungnahme für einen Haftungstatbestand ausgesprochen, den auch der Finanzausschuss[289] in seiner Beschlussempfehlung befürwortete. Dieser Empfehlung hat sich der Gesetzgeber schließlich angeschlossen und die sog. Spendenhaftung normiert. Die Zuwendungsempfänger müssen nach den amtlich vorgeschriebenen Vordrucken in den Zuwendungsbestätigungen auf diese Haftung hinweisen.[290]

II. Ausstellerhaftung

Nach der 1. Alternative der jeweiligen Haftungsregelung (§ 10b Abs. 4 S. 2 1. Alt. EStG, § 9 Abs. 3 S. 2 1. Alt. KStG, § 9 Nr. 5 S. 9 1. Alt. GewStG) haftet

---

[285] Gutachten, S. 272 f.
[286] Gutachten, S. 264 f, 273.
[287] BT-Drs. 11/4176; vgl. auch BT-Drs. 11/4305, S. 2.
[288] BT-Drs. 11/4176, S. 16 f Tz. 6.
[289] BT-Drs. 11/5582, S. 2, 10, 32.
[290] BMF v. 18.11.1999 BStBl. I 1999, 979 f; BMF v. 02.06.2000 BStBl. I 2000, 592 Tz. 14; *Miessl*, SteuerStud 2000, 273 (274); *Geserich*, Stiftung & Sponsoring, Rote Seiten 3/2001, 1 (5); a. A. *Myßen*, NWB Fach 3, 10979 (10992).

derjenige, der vorsätzlich oder grob fahrlässig eine unrichtige Bestätigung ausstellt.[291]

1. Ausstellen einer unrichtigen Bestätigung

a) Unrichtige Bestätigung

Die Ausstellerhaftung setzt voraus, dass eine unrichtige Bestätigung ausgestellt wurde.[292] Die gemeinnützigen Körperschaften haben gemäß § 63 AO ihre tatsächliche Geschäftsführung auf die ausschließliche und unmittelbare Erfüllung ihrer steuerbegünstigten satzungsmäßigen Zwecke zu richten (sog. materielle Satzungsmäßigkeit). Dabei muss sich die Geschäftsführung an die Rechtsordnung halten, so dass die Körperschaft insbesondere auch keine unrichtigen Zuwendungsbestätigungen ausstellen darf.[293] Die Körperschaft weicht somit von ihrer Satzung ab, wenn sie unrichtige Zuwendungsbestätigungen ausstellt. Zweifelhaft erscheint jedoch, ob sie aufgrund der unrichtigen Zuwendungsbestätigungen befürchten muss, dass ihr die Gemeinnützigkeit versagt wird.

Nicht jede irrtümlich falsch ausgestellte Zuwendungsbestätigung führt zur Versagung der Gemeinnützigkeit.[294] Werden jedoch vorsätzlich missbräuchlich unrichtige Bestätigungen, auch sog. Gefälligkeitsbestätigungen ausgestellt, droht der Körperschaft der Verlust der Steuerbegünstigung.[295] Nutzt sie gezielt ihre Berechtigung zur Ausstellung von Zuwendungsbestätigungen aus, um bewusst einen ungerechtfertigten Spendenabzug zu ermöglichen, überlagert diese gemeinwohlschädliche Geschäftsführung die eigentliche gemeinnützige Zielsetzung derart, dass der Körperschaft insbesondere bei mehrfachen Verstößen gegen § 63 AO die Gemeinnützigkeit versagt werden kann.

---

291 Im Steuerrecht finden sich verschiedene Regelungen über das Ausstellen unrichtiger Bestätigungen: § 45a Abs. 7 EStG, § 14 Abs. 3 UStG, §§ 44 Abs. 6, 45 Abs. 4 KStG a. F.

292 Zum Begriff der „unrichtigen Bestätigung" vgl. bereits S. 73 ff.

293 Vgl. BFH v. 29.08.1984 I R 215/81 BStBl. II 1985, 106; BFH v. 03.12.1996 I R 67/95 BStBl. II 1997, 474; *Tipke* in: Tipke/Kruse, § 63 AO Tz. 1.

294 Vgl. *Schauhoff* in: Schauhoff (Hrsg.), § 8 Rz. 28.

295 BFH v. 03.12.1996 I R 67/95 BStBl. II 1997, 474 (475 f); *Uterhark* in: Schwarz, § 63 AO Rn. 2; *Schauhoff* in: Schauhoff (Hrsg.), § 8 Rz. 28, der ein methodisches Vorgehen verlangt; *Bischoff*, S. 99 Rn. 44; *Sauer/Luger*, S. 103; *Augsten*, DStR 2000, 621 (624); *Apitz*, StBp 2004, 89 (91); Anwendungserlass zur AO 1977, § 63 Tz. 2; a. A. *Tipke* in: Tipke/Kruse, § 63 AO Tz. 1.

aa) Vereinfachter Zuwendungsnachweis

Die Haftungsregelung kann dem Grunde nach nicht nur durch das Ausstellen einer unrichtigen förmlichen Zuwendungsbestätigung, sondern auch durch einen unrichtigen vereinfachten Zuwendungsnachweis im Sinne des § 50 Abs. 2 EStDV erfüllt sein. Weder die Gewährung des Vertrauensschutzes noch die Haftung sind auf die Fälle beschränkt, in denen unrichtige förmliche Zuwendungsbestätigungen ausgestellt wurden.[296]

Wie bereits herausgestellt wurde, ist der vereinfachte Zuwendungsnachweis nach § 50 Abs. 2 EStDV der Zuwendungsbestätigung gleichgestellt. Die Haftung wegen des Ausstellens einer unrichtigen Bestätigung droht folglich auch dann, wenn in einem vereinfachten Zuwendungsnachweis unzutreffende Angaben gemacht werden.

bb) Förmliche Zuwendungsbestätigung trotz Möglichkeit des vereinfachten Nachweises

Wie schon bei der Prüfung des Vertrauensschutzes festgestellt wurde, liegt eine unrichtige Zuwendungsbestätigung nur vor, wenn die für den Spendenabzug wesentlichen Angaben nicht der tatsächlichen Sach- und Rechtslage entsprechen oder unvollständig sind.[297] Die Wahl des Nachweismittels enthält jedoch keine für den Spendenabzug wesentlichen Angaben, so dass eine Körperschaft, die trotz der Möglichkeit des vereinfachten Zuwendungsnachweises nach § 50 Abs. 2 EStDV eine förmliche Zuwendungsbestätigung ausfertigt, keine unrichtige Bestätigung im Sinne des § 10b Abs. 4 S. 2 1. Alt. EStG ausstellt. Es ist folglich zwischen der Wahl des Nachweismittels und den inhaltlichen Angaben in der Zuwendungsbestätigung zu unterscheiden. Demnach muss die Körperschaft, die die Zuwendung erhalten hat, eine Inanspruchnahme als Haftungsschuldner nicht bereits deshalb befürchten, weil sie auf die Vereinfachungsmöglichkeit des § 50 Abs. 2 EStDV verzichtet.

cc) „Zweitbestätigung“

Wie bereits dargestellt, liegt eine „Zweitbestätigung“ immer dann vor, wenn eine Zuwendung an eine Durchlaufstelle oder einen Dachverband geleistet und an

---

[296] A. A. wohl *Kirchhof* in: Kirchhof/Söhn/Mellinghoff, § 10b EStG Rn. A 335, anders dagegen in § 10b EStG Rn. E 19.

[297] Vgl. S. 73 ff.

den Letztempfänger weitergeleitet wird und sowohl der Erstempfänger als auch der Letztempfänger eine Zuwendungsbestätigung ausstellen.[298] Die Bestätigung durch den Letztempfänger ist unrichtig, da er in der Zuwendungsbestätigung den (unmittelbaren) Empfang der Zuwendung vom Zuwendenden bescheinigt, obwohl er die Zuwendung über den Erstempfänger erhalten hat. Die Bestätigung ist also hinsichtlich der Angabe des Zuwendenden unrichtig. In der Regel weiß der Zuwendende, dass er nur eine Zuwendung geleistet und diese nicht direkt dem Letztempfänger zugewendet hat. Mangels Vertrauensschutzes ist der Spendenabzug beim Steuerpflichtigen zu versagen.

Tatbestandlich ist die Ausstellerhaftung erfüllt, da die begünstigte Empfängerkörperschaft im Rahmen ihrer internen Organisation sicherzustellen hat, dass keine Zweitbestätigungen ausgestellt werden. Damit kann ihr ein Organisationsverschulden vorgeworfen werden. Es bleibt jedoch die Frage zu klären, ob die Spendenhaftung unter systematischen Gesichtspunkten eingreifen kann, wenn dem Zuwendenden kein Vertrauensschutz gewährt wird.[299]

dd) Überschreiten der zeitlichen Grenzen

Die Auffassung von *Augsten*[300], die Ausstellerhaftung könne auch dann eintreten, wenn die Empfängerkörperschaft Zuwendungsbestätigungen ausstellt, obwohl die Geltungsdauer des Freistellungsbescheids oder der vorläufigen Bescheinigung nach Auffassung der Finanzverwaltung bereits abgelaufen ist, überzeugt dagegen nicht, obwohl sie den Hinweisen in den Freistellungsbescheiden und vorläufigen Bescheinigungen entspricht. Allein das Überschreiten der zeitlichen Grenzen, die durch das Schreiben des Bundesfinanzministeriums eingeführt wurden, lässt die Bestätigung nicht unrichtig werden.[301] Um den Zuwendenden in seinem Vertrauen auf die Steuerbegünstigung des Zuwendungsempfängers zu schützen, genügt es, von einer unrichtigen Bestätigung in den Fällen auszugehen, in denen der Zuwendungsempfänger tatsächlich nicht gemeinnützig war. Diese Beurteilung erfolgt jedoch nicht fiktiv durch eine formale Anknüpfung an das Ausstellungsdatum des Freistellungsbescheids oder der vorläufigen Bescheinigung.

---

[298] Vgl. zu den Landessportbünden OFD München v. 19.07.2000 DStR 2000, 1349.
[299] Zu dem Verhältnis von Vertrauensschutz und Haftung vgl. S. 179 ff.
[300] *Augsten*, DStR 2000, 621 (624).
[301] Vgl. dazu bereits die Ausführungen insb. auf S. 85 ff.

ee) Überhöhter Zuwendungsbetrag

Die Unrichtigkeit einer Zuwendungsbestätigung kann auf der Angabe eines überhöhten Zuwendungsbetrags beruhen. Zuwendungsempfänger, die Sachzuwendungen aus einem Privatvermögen empfangen haben, sollten diese besonders sorgfältig bewerten.[302] Nach § 50 Abs. 4 S. 2 EStDV müssen sich aus den Aufzeichnungen über den Erhalt der Sachzuwendung – wie beim Verzicht auf Aufwendungsersatz[303] – die Grundlagen für den vom Empfänger bestätigten Wert der Zuwendung ergeben.[304] Die Bewertung der Sachzuwendungen sollte anhand von Belegen (wie etwa Rechnung des Zuwendenden, schriftliche Erklärungen des Zuwendenden, Sachwertgutachten) nachvollziehbar sein. Dieses Vorgehen erscheint geboten, denn die Finanzverwaltung schließt bereits auf eine unzulässige Pauschalbewertung, wenn der Wert einer Sachzuwendung mit einem runden Betrag beziffert wird.[305] Insbesondere bei Kunstwerken ist deren Wert unter Berücksichtigung der unter Umständen schwierigen Verwertungsmöglichkeiten besonders vorsichtig zu ermitteln.[306]

ff) Überhöhter Abzugssatz

Die Unrichtigkeit einer Zuwendungsbestätigung kann des Weiteren auf der unzutreffenden Bestätigung eines Zwecks beruhen, der zum erhöhten Abzug in Höhe von 10 v. H. der steuerlichen Bemessungsgrundlage berechtigt. Verfolgt der Zuwendungsempfänger nach seiner Satzung und tatsächlichen Geschäftsführung unterschiedlich begünstigte Zwecke, so darf er den erhöht begünstigten Zweck nur dann bestätigen, wenn die Tätigkeit nach der tatsächlichen Geschäftsführung von den übrigen Tätigkeiten getrennt ist, die Trennung anhand

---

302 *Schleder*, Rn. 1506.

303 Dazu vgl. bereits oben Fn. 36.

304 Durch § 50 Abs. 4 EStDV wird zusätzlich zu den nach § 63 Abs. 3 AO bestehenden Aufzeichnungspflichten ein buchmäßiger Nachweis über die erhaltenen Zuwendungen verlangt. Die besondere Verpflichtung zur Aufzeichnung lässt sich mit der Abschaffung des Durchlaufspendenverfahrens und dem damit einhergehenden Verlust der Kontrollfunktion begründen; vgl. *Igl/Jachmann/Eichenhofer*, S. 136; *Kümpel*, FR 2000, 91 (93); *Ley*, KÖSDI 2000, 12658 (12662).

305 Vgl. BFH v. 23.05.1989 X R 17/85 BStBl. II 1989, 879; *Geserich*, Stiftung & Sponsoring, Rote Seiten 3/2001, 1 (6).

306 FG Berlin v. 14.11.1977 V 231/77 EFG 1978, 376; *Brandt* in: Herrmann/Heuer/Raupach, § 10b EStG Rn. 23.

entsprechender Aufzeichnungen nachprüfbar ist und die Zuwendung tatsächlich für den erhöht begünstigten Zweck verwendet wird.[307]

gg) Unzutreffende rechtliche Qualifizierungen

Die Unrichtigkeit der Zuwendungsbestätigung kann sich ferner aus unzutreffenden rechtlichen Qualifizierungen des Zuwendungsempfängers ergeben.[308] So muss der Empfänger unter anderem die ihm zugewendeten Mittel in der Zuwendungsbestätigung als Spende oder Mitgliedsbeitrag qualifizieren. Erhält der Zuwendende für seine Zuwendung eine Gegenleistung, liegt wegen der Entgeltlichkeit dieses Vorgangs keine Spende vor. Der Zuwendende kann sich jedoch auf den Vertrauensschutz berufen, sofern er gutgläubig war und nicht erkennen konnte, dass tatsächlich keine unentgeltliche Zuwendung vorlag.[309] Da die rechtliche Qualifizierung von der Vertrauensschutzregelung erfasst wird, ist es konsequent und vom Sinn und Zweck der Regelung gefordert, grundsätzlich den Aussteller der unrichtigen Bestätigung im Wege der Haftung in Anspruch zu nehmen.[310]

Von erheblicher Bedeutung für die Empfängerkörperschaft ist die Frage, ob die Ausstellerhaftung eingreift, wenn der Aussteller – in Übereinstimmung mit einem Freistellungsbescheid oder einer vorläufigen Bescheinigung – in der Bestätigung einen Verwendungszweck als steuerbegünstigt angegeben hat, der im Veranlagungsverfahren der Körperschaft zutreffend nicht als steuerbegünstigt anerkannt wird, obwohl weder die Satzung noch die tatsächliche Geschäftsführung hinsichtlich der Zwecksetzung der Körperschaft geändert wurden und die abweichende Beurteilung des verfolgten Zwecks allein auf einer geänderten rechtlichen Einschätzung durch die Finanzverwaltung beruht. Ähnlich stellt sich der Fall dar, dass die Körperschaft einen Zweck verfolgt, den das Finanzamt zunächst (im Freistellungsbescheid oder in einer vorläufigen Bescheinigung) als Zweck qualifiziert hat, der zu einem erhöhten Spendenabzug berechtigt, und ihn später im Veranlagungsverfahren zutreffend als Zweck einstuft, der nur dem normalen Spendenabzugsrahmen unterliegt.

Die Angaben in der Bestätigung sind unrichtig, da der Verwendungswille objektiv nicht auf den in der Bestätigung angegebenen (erhöht) steuerbegünstigten

---

[307] BMF v. 02.06.2000 BStBl. I 2000, 592.

[308] Vgl. dazu oben S. 76 f.

[309] Vgl. dazu bereits die Ausführungen auf S. 77 f.

[310] Vgl. BFH v. 12.08.1999 XI R 65/98 BStBl. II 2000, 65.

Zweck gerichtet war.[311] Damit kommt eine Ausstellerhaftung grundsätzlich in Betracht. Allerdings wird bei der Prüfung eines etwaigen Verschuldens zu berücksichtigen sein, inwieweit sich der Empfänger auf die ursprüngliche rechtliche Qualifizierung durch das Finanzamt verlassen durfte.[312] Des Weiteren wird zu klären sein, ob zugleich eine Fehlverwendung der zugewendeten Mittel im Sinne der Veranlasserhaftung vorliegt.[313] Ferner ist die Frage zu beantworten, ob die Haftung voraussetzt, dass die Angabe des erhöht begünstigten Verwendungszwecks zu einem konkreten Steuerausfall geführt hat.[314]

hh) Zweckwidrige Verwendung

Der Zuwendende darf auf die Richtigkeit der Zuwendungsbestätigung vertrauen. Wie bereits dargestellt wurde, ist der Vertrauensschutz zu gewähren, wenn die Bestätigung bereits bei der Ausstellung unrichtig war, weil der Zuwendungsempfänger einen Verwendungswillen bestätigt hat, ohne dass er die Zuwendung tatsächlich zu diesem Zweck verwenden wollte. Darüber hinaus ist der Vertrauensschutz auch zu gewähren, wenn die Zuwendungsbestätigung im Zeitpunkt der Ausstellung richtig war, da die Zuwendung zu einem steuerbegünstigten Zweck verwendet werden sollte, der Zuwendungsempfänger die Zuwendung jedoch anschließend abweichend von der Bestätigung zu einem nicht steuerbegünstigten Zweck verwendet hat.[315]

Zweifelhaft erscheint, ob in den Fällen, in denen zunächst richtige Bestätigungen ausgestellt wurden und die Zuwendungen anschließend nicht der Bestätigung entsprechend verwendet wurden, unrichtige Bestätigungen im Sinne des § 10b Abs. 4 S. 2 1. Alt. EStG vorliegen, die zu einer Ausstellerhaftung führen können.

Es könnte daran gedacht werden, die Zuwendungsbestätigungen als nachträglich unrichtig zu bezeichnen, wenn die Zuwendung abweichend von dem bestätigten Verwendungswillen verwendet wird, so dass grundsätzlich die Ausstellerhaftung in Betracht gezogen werden könnte.[316] Nach dieser Auffassung muss die Zuwendungsbestätigung nicht schon im Zeitpunkt der Ausstellung unrichtig sein.

---

311 Vgl. S. 78.
312 Vgl. dazu unten S. 120 f.
313 Vgl. dazu S. 125 ff.
314 Vgl. dazu S. 170 ff.
315 Vgl. zum Vertrauensschutz bereits S. 78 ff.
316 Vgl. *Kirchhof* in: Kirchhof/Söhn/Mellinghoff, § 10b EStG Rn. E 41; *Geserich*, Stiftung & Sponsoring, 3/2001, 1 (8); vgl. auch BFH v. 03.12.2001 XI B 84/01 BFH/NV 2002, 482.

Es genügt, wenn sie später, nämlich im Zeitpunkt der zweckwidrigen Verwendung, unrichtig wird. Dabei wird jedoch außer Acht gelassen, dass die Ausstellerhaftung im objektiven Tatbestand das Ausstellen einer unrichtigen Bestätigung voraussetzt, auf den sich der subjektive Tatbestand im Zeitpunkt der Ausstellung beziehen muss. Folglich müssen sowohl objektiver als auch subjektiver Tatbestand gleichzeitig vorliegen. Der Erklärungswert der Bestätigung im Hinblick auf die spätere Mittelverwendung muss also schon im Zeitpunkt der Ausstellung unrichtig sein. Dies ist nur der Fall, wenn bereits zu diesem Zeitpunkt eine zweckwidrige Verwendung geplant ist, da in der Zuwendungsbestätigung die beabsichtigte Verwendung bestätigt wird.[317] Dass der Verwendungswille bereits im objektiven Tatbestand der Ausstellerhaftung zu berücksichtigen ist, liegt daran, dass in der Zuwendungsbestätigung Angaben über den beabsichtigten Verwendungszweck und damit über die von der Empfängerkörperschaft geplante, zukünftige Mittelverwendung gemacht werden. Die Bestätigung kann demnach nur dann unrichtig sein, wenn der angegebene Zweck nicht gefördert werden soll. Soll die Zuwendung im Zeitpunkt der Ausstellung nach dem Willen des Zuwendungsempfängers entsprechend der Bestätigung verwendet werden, weicht der Erklärungswert der Bestätigung nicht von der tatsächlichen Sachlage ab. Ein Fehlverhalten des Zuwendungsempfängers, für das er nach der Gesetzesbegründung haften müsste, ist im Zeitpunkt der Ausstellung der Bestätigung noch nicht gegeben. Erst die nachfolgende, tatsächliche Verwendung der Mittel kann zu einem unberechtigten Steuerausfall führen, da die Mittel dann nicht für steuerbegünstigte Zwecke verwendet werden. Diese nachträgliche zweckwidrige Mittelverwendung wird sodann von der Veranlasserhaftung erfasst.[318] Ein kumulatives Eingreifen von Aussteller- und Veranlasserhaftung ist damit ausgeschlossen.[319]

Zudem ist der Begriff der nachträglich unrichtig gewordenen Bestätigung entbehrlich. Auch *Kirchhof*[320] und *Geserich*[321] lehnen im Ergebnis eine Aussteller-

---

[317] In der Praxis wird die abweichende Verwendungsabsicht allerdings nur unter Schwierigkeiten anhand von Indizien zu beweisen sein. Beweise, die den abweichenden Willen des Zuwendungsempfängers belegen können, wird es nur in Einzelfällen geben.

[318] Vgl. dazu unten S. 125 ff.

[319] Für den Vorrang der Aussteller- vor der Veranlasserhaftung vgl. *Hüttemann*, Stiftung & Sponsoring, Rote Seiten 1/2002, 1 (7); a. A. *Kirchhof* in: Kirchhof/Söhn/Mellinghoff, § 10b EStG Rn. E 41; *Gierlich*, FR 1991, 518 (521); *Geserich*, Stiftung & Sponsoring, Rote Seiten 3/2001, 1 (8).

[320] *Kirchhof* in: Kirchhof/Söhn/Mellinghoff, § 10b EStG Rn. E 41.

[321] *Geserich*, Stiftung & Sponsoring, Rote Seiten 3/2001, 1 (8).

haftung ab, wenn der Zuwendungsempfänger im Zeitpunkt der Ausstellung eine Verwendung der Mittel zu steuerbegünstigten Zwecken beabsichtigte. Allerdings verneinen sie das Verschulden und nicht bereits den objektiven Tatbestand der Ausstellerhaftung. Nach dem Sinn und Zweck der Haftungsregelung ist eine derart extensive Auslegung der unrichtigen Bestätigung nicht geboten. Ist die Bestätigung ursprünglich unrichtig, da der bestätigte Verwendungszweck nicht der tatsächlichen Verwendungsabsicht entspricht, greift die Ausstellerhaftung ein. Wird die Zuwendung entgegen dem ursprünglichen Verwendungswillen verwendet, kann die Empfängerkörperschaft im Wege der Veranlasserhaftung zur Kompensation des Steuerausfalls herangezogen werden.[322] Der objektive Tatbestand der Ausstellerhaftung ist demnach nur erfüllt, wenn der Zuwendungsempfänger schon bei der Ausstellung der Bestätigung eine zweckwidrige Mittelverwendung beabsichtigt.

ii) Fehlende Steuerbefreiung des Zuwendungsempfängers

Fraglich ist, ob der objektive Tatbestand der Ausstellerhaftung verwirklicht ist, wenn das zuständige Finanzamt im Veranlagungsverfahren feststellt, dass die Körperschaft nicht gemeinnützig war.[323] Wie bereits bei dem Umfang des Vertrauensschutzes bei fehlender Steuerbefreiung des Zuwendungsempfängers dargelegt wurde, sind die Zuwendungsbestätigungen als unrichtig zu behandeln, wenn sie von einem Zuwendungsempfänger ausgestellt wurden, der in dem Veranlagungszeitraum, für den der Spendenabzug geltend gemacht wird, nicht begünstigt war.[324] Nur diese Auslegung führt zu sachgerechten Ergebnissen, da sie den Vertrauensschutz zugunsten des Zuwendenden begründet, der darauf vertraut, seine Zuwendung an einen gemeinnützigen Zuwendungsempfänger geleistet zu haben. Anderenfalls liefe die Regelung in vielen Fällen leer, in denen der Gesetzgeber Vertrauensschutz gewähren wollte.

Zweifelhaft erscheint jedoch, ob diese Wertung auch für die Ausstellerhaftung zutrifft, so dass eine unrichtige Bestätigung auch immer dann anzunehmen ist,

---

[322] Insbesondere zur verschuldensunabhängigen Veranlasserhaftung vgl. unten S. 100 ff.

[323] *Isensee* und *Knobbe-Keuk* erwähnen im Sondervotum ausdrücklich, dass die Haftung auch dann eingreifen soll, wenn die Voraussetzungen für die Spendenberechtigung rückwirkend wegfallen, vgl. Gutachten, S. 477. Auch hier stellt sich die Frage, ob zugleich der Tatbestand der Veranlasserhaftung erfüllt ist, vgl. S. 125 ff.

[324] Vgl. S. 53 ff; *Kirchhof* in: Kirchhof/Söhn/Mellinghoff, § 10b Rn. E 17; *Gierlich*, FR 1991, 518 (520).

wenn die Gemeinnützigkeit rückwirkend versagt wird.[325] Statt dessen könnte bei der Ausstellerhaftung danach zu differenzieren sein, ob die Gemeinnützigkeit versagt wurde, weil von Beginn an der satzungsmäßig verfolgte Zweck unzutreffend als steuerbegünstigter Zweck angesehen wurde oder die Empfängerkörperschaft während des Veranlagungszeitraums ihre Satzung oder tatsächliche Geschäftsführung steuerschädlich geändert hat. Im ersten Fall liegt bereits im Zeitpunkt der Ausstellung eine unrichtige Bestätigung im Sinne der Ausstellerhaftung vor. Im zweiten Fall wird die Gemeinnützigkeit rückwirkend versagt, da die Empfängerkörperschaft entgegen §§ 60 Abs. 2, 63 Abs. 2 AO nicht während des gesamten Veranlagungszeitraums die Voraussetzungen der Gemeinnützigkeit erfüllt hat.

Ähnlich wie bei der Bestätigung des Verwendungszwecks kann sich die Angabe zum steuerbegünstigten Status des Zuwendungsempfängers nur auf eine vorläufige Aussage beziehen. Weder die endgültige tatsächliche Verwendung der Mittel kann im Zeitpunkt der Ausstellung bestätigt werden, noch kann der Zuwendungsempfänger endgültige Aussagen über seine Steuerbefreiung treffen, da die Feststellung der Gemeinnützigkeit wegen der Anforderungen der §§ 60 Abs. 2, 63 Abs. 2 AO erst nach Ablauf des Veranlagungszeitraums erfolgen kann. Insofern bestätigt der Zuwendungsempfänger lediglich, dass er in der Vergangenheit als gemeinnützig anerkannt war bzw. vorläufig zum Empfang von steuerbegünstigten Zuwendungen berechtigt ist. Über den Veranlagungszeitraum, in dem die Zuwendung geleistet wird, trifft er keine Aussagen über seine Gemeinnützigkeit. Allein aus Gründen des Vertrauensschutzes wird der Erklärungswert der Bestätigung über den Wortlaut hinaus darauf erstreckt, dass der Zuwendungsempfänger in dem jeweiligen Veranlagungszeitraum zum Empfängerkreis des § 49 EStDV zählt.

Nimmt der Zuwendungsempfänger irrtümlich an, er werde für den betroffenen Veranlagungszeitraum als gemeinnützig anerkannt, da der von ihm verfolgte Zweck steuerbegünstigt sei, hat er eine unrichtige Bestätigung ausgestellt. Der Verwendungswille richtet sich darauf, die satzungsmäßigen Zwecke zu fördern. Da diese Zwecke jedoch nicht steuerbegünstigt sind, richtet sich sein Wille – entgegen den Angaben in der Bestätigung – nicht auf die Förderung eines steuerbegünstigten Zwecks. Der objektive Tatbestand der Ausstellerhaftung liegt

---

[325] Vgl. BFH v. 03.12.2001 XI B 84/01 BFH/NV 2002, 482.

damit vor.[326] Wird die Gemeinnützigkeit im Veranlagungsverfahren aber versagt, weil die Empfängerkörperschaft während des Veranlagungsverfahrens zweckgebundene Mittel zweckwidrig verwendet hat, liegt eine unrichtige Bestätigung nur dann vor, wenn bereits im Zeitpunkt der Ausstellung eine von der Bestätigung abweichende Verwendung geplant war. Beruht die Mittelverwendung dagegen auf einem erst später gefassten Entschluss, liegt keine unrichtige Bestätigung vor.[327] Wird die Gemeinnützigkeit versagt, weil nicht zweckgebundene Mittel steuerschädlich verwendet wurden, liegt ebenfalls keine unrichtige Bestätigung im Sinne der Ausstellerhaftung vor, da sich in der Zuwendungsbestätigung keine Angaben über nicht zweckgebundene Mittel finden. Somit kann nicht generell davon ausgegangen werden, dass durch die Versagung der Gemeinnützigkeit sämtliche Zuwendungsbestätigungen, die in dem Veranlagungszeitraum ausgestellt wurden, unrichtig sind. Es ist zwischen den verschiedenen Gründen, die zur Versagung der Gemeinnützigkeit führen, zu differenzieren. Eine generelle Aussage, dass durch die rückwirkende Versagung der Gemeinnützigkeit der Tatbestand der Ausstellerhaftung erfüllt wird, ist nicht möglich.

b) Aussteller

Nach § 10b Abs. 4 S. 2 EStG „haftet, wer ... eine unrichtige Bestätigung ausstellt". Aussteller und Haftungsschuldner könnte sowohl die Körperschaft sein, die die Zuwendung erhält, als auch derjenige, der die Zuwendungsbestätigung tatsächlich ausfertigt. Handelt es sich um eine Durchlaufspende, könnten zudem die Durchlaufstelle und deren Bedienstete als Haftungsschuldner in Betracht kommen.

aa) Meinungsstand

(1) Direktspende

Die Meinungen im Schrifttum gehen weit auseinander. Handelt es sich um eine Direktspende, so wird zum Teil die Meinung vertreten, dass Normadressat die tatsächlich handelnde natürliche Person ist, die die Bestätigung angefertigt

---

[326] Es wird der Empfängerkörperschaft jedoch regelmäßig kein Verschulden vorgeworfen werden können, wenn sie sich bei der Qualifizierung ihres satzungsmäßigen Zwecks als steuerbegünstigt an die Einschätzung durch die Finanzverwaltung in einem Freistellungsbescheid oder in einer vorläufigen Bescheinigung gehalten hat. Vgl. dazu im einzelnen S. 120 ff.

[327] Dazu vgl. bereits die Ausführungen zur zweckwidrigen Verwendung auf S. 104 ff.

hat.[328] Im Verein ist dies in der Regel der Vereinskassierer oder das zuständige Vorstandsmitglied.[329]

Überwiegend findet sich die Auffassung, grundsätzlich sei sowohl die Körperschaft als auch der für die Ausstellung der Zuwendungsbestätigung zuständige Vertreter möglicher Haftungsschuldner nach § 10b Abs. 4 S. 2 1. Alt. EStG. Unterschieden wird dabei in der Reihenfolge der Haftung. Einige Autoren[330] wollen beide Personenkreise gleichrangig haften lassen und die Entscheidung dem Finanzamt im Rahmen des Auswahlermessens überlassen. Die überwiegende Meinung[331] will dagegen nur die Empfängerkörperschaft als Haftungsschuldner heranziehen, solange die natürliche Person in Ausführung der ihr zustehenden Verrichtungen gehandelt hat. Überschreitet sie allerdings die ihr eingeräumten Befugnisse, soll eine originäre Haftung der natürlichen Person nach § 10b Abs. 4 S. 2 EStG begründet sein. Ein Teil der Autoren, die als Haftungsschuldner im Sinne der Ausstellerhaftung lediglich die Empfängerkörperschaft ansehen, leitet die Haftung der natürlichen Person aus den allgemeinen Haftungsnormen der Abgabenordnung her und begründet so die Gesamtschuldnerschaft von natürlicher Person und Empfängerkörperschaft.[332] Schließlich ist vorgeschlagen worden, grundsätzlich die Empfängerkörperschaft als Aussteller haften zu lassen und die natürliche Person lediglich dann als Haftungsschuldner in Anspruch zu

---

328 *Lindberg* in: Frotscher, § 10b EStG Rn. 85; *Güroff* in: Glanegger/Güroff, § 9 Nr. 5 GewStG Rn. 17; *Gosch* in: Blümich, § 9 GewStG Rn. 265; *Olgemöller* in: Streck, § 9 KStG Rn. 18; *Nacke*, Rn. 363; *Halaczinsky*, Rn. 381; *Wallenhorst*, DB 1991, 1410 (1411), anders dagegen *ders.* in DStZ 2003, 531 (534); *Jansen*, DStR 1990, 61 (66); *Märkle/Alber*, BB 1990, Beil. 2, 1 (12); *Neufang*, INF 1990, 155 (160).

329 *Märkle/Alber*, BB 1990, Beil. 2, 1 (12).

330 *Heinicke* in: Schmidt, § 10b EStG Rn. 52; *Buchna*, S. 355; *Schauhoff* in: Schauhoff (Hrsg.), § 6 Rz. 49; *Schleder*, Rn. 1565; *Dorner*, StB 1997, 470 (476/477); *Gierlich*, FR 1991, 518 (519); *Wolsztynski/Hüsgen*, BB 2000, 1809 (1815f).

331 *Hofmeister* in: Blümich, § 10b EStG Rn. 80; *Hildesheim* in: Bordewin/Brandt, § 10b EStG Rn. 153; *Brandt* in: Herrmann/Heuer/Raupach, § 10b EStG Rn. 182; *Kirchhof* in: Kirchhof/Söhn/Mellinghoff, § 10b EStG Rn. E 48; *Kirchhof* in: Kirchhof (Hrsg.), § 10b EStG Rn. 108; *Schneider/Krammer* in: Littmann/Bitz/Pust, § 10b EStG Rn. 276; *Jost* in: Dötsch/Eversberg/Jost/Witt, § 9 KStG Rn. 139; *Igl/Jachmann/Eichenhofer*, S. 142; *Reuber*, S. 122/3; *Thiel/Eversberg*, DB 1990, 395 (399); *Gierlich*, FR 1991, 519 (521); *Teufel*, FR 1993, 772 (774); *Myßen*, INF 2000, 385 (386); *Hüttemann*, Stiftung & Sponsoring, Rote Seiten 1/2002, 1 (9); OFD Frankfurt v. 27.05.1994, DB 1994, 1900; so wohl auch *Korn*, KÖSDI 1990, 8099 (8112).

332 *Schneider/Krammer* in: Littmann/Bitz/Pust, § 10b EStG Rn. 276; *Thiel/Eversberg*, DB 1990, 395 (399); *Teufel*, FR 1993, 772 (774).

nehmen, wenn der Haftungsanspruch wegen Vermögenslosigkeit bei der Körperschaft nicht zu realisieren ist.[333]

Die finanzgerichtliche Rechtsprechung musste bislang zu der Frage des Ausstellers bei einer Direktspende nicht Stellung nehmen. In dem sog. Schulgeld-Urteil[334] brauchte der Bundesfinanzhof diese Frage nicht zu entscheiden. Die Revision konnte er an das Schleswig-Holsteinische Finanzgericht zurückverweisen, da es unzutreffend davon ausgegangen war, dass die in der Zuwendungsbestätigung getroffenen rechtlichen Qualifizierungen nicht vom Vertrauensschutz erfasst werden. Das Finanzgericht hatte die Frage nach dem Aussteller unbeantwortet lassen können, da es bereits das Vorliegen einer „unrichtigen Bestätigung" verneint hatte.[335]

(2) Durchlaufspende

Die Bestimmung des Ausstellers ist bei der Durchlaufspende ähnlich umstritten wie bei der Direktspende.

Das Finanzgericht München[336] hatte zu der Frage Stellung zu nehmen, ob eine Gemeinde als Haftungsschuldner für das Ausstellen unrichtiger Zuwendungsbestätigungen in Anspruch genommen werden kann. Es hat die Haftung unter Heranziehung des Art. 34 GG als Überleitungsnorm bejaht. Zugleich sprach es sich damit für die ausschließliche Haftung der Anstellungskörperschaft aus und verneinte eine persönliche Haftung der Gemeindebediensteten. Der Bundesfinanzhof[337] hat diese Entscheidung bestätigt. Er ist jedoch nicht explizit auf die Frage eingegangen, ob sich die Haftung der Anstellungskörperschaft nicht bereits direkt aus § 10b Abs. 4 S. 2 1. Alt. EStG herleiten lässt.

Für die alleinige Haftung der Durchlaufstelle sprechen sich auch die Mehrheit des Schrifttums und die Finanzverwaltung aus. Dabei wird die Haftung teilweise[338] direkt auf § 10b Abs. 4 S. 2 1. Alt. EStG gestützt und teilweise[339] über Art.

---

[333] *Kümpel*, S. 95; *Neufang*, INF 1990, 54 (58).
[334] BFH v. 12.08.1999 XI R 65/98 BStBl. II 2000, 65.
[335] Schleswig-Holsteinisches Finanzgericht v. 19.03.1998 I 184/95 EFG 1998, 1197.
[336] FG München v. 16.07.1996 16 K 3638/94 EFG 1997, 322 (323).
[337] BFH v. 24.04.2002 XI R 123/96 BStBl. II 2003, 128.
[338] *Thiel/Eversberg*, DB 1990, 395 (399); *Korn*, KÖSDI 1990, 8099 (8112); *Myßen*, INF 2000, 385 (386); *Oppermann/Peter*, DStZ 1998, 424 (426 f).

34 GG begründet. Einige Autoren[340] ziehen sowohl die Durchlaufstelle als auch deren Bedienstete als potentielle Haftungsschuldner in Betracht, beschränken aber die Inanspruchnahme der Bediensteten unter Berufung auf § 32 AO auf die Fälle, in denen die Diensthandlung mit Strafe bedroht ist. Schließlich wird die gleichrangige Haftung von Durchlaufstelle, Amtsträger, Empfängerkörperschaft und ihren Bediensteten für möglich gehalten.[341]

bb) Stellungnahme

(1) Aussteller bei einer Direktspende

(a) Entstehungsgeschichte

Im Sondervotum der Sachverständigenkommission wird ausgeführt, es bestehe Konsens in der Kommission, dass eine Körperschaft dem Finanzamt gegenüber für die Richtigkeit der Spendenquittungen, die sie ausstelle, hafte.[342] Die Kommission sah damit die Empfängerkörperschaft als Aussteller und potentiellen Haftungsschuldner an. Wieso *Wallenhorst*[343] meint, die Sachverständigenkommission sei „wie selbstverständlich" von der Haftung der natürlichen Person ausgegangen, bleibt unverständlich.

Der Bundesrat[344] wollte ausdrücklich den „Spendenempfänger" haften lassen. Empfänger der Zuwendung ist im Regelfall die juristische Person des öffentlichen Rechts oder die Körperschaft im Sinne des § 5 Abs. 1 Nr. 9 KStG. Nach der Entstehungsgeschichte der Norm sollte demnach die Empfängerkörperschaft, nicht aber eine natürliche Person als Aussteller zur Haftung herangezogen werden.

---

339 *Heinicke* in: Schmidt, § 10b EStG Rn. 52; *Brandt* in: Herrmann/Heuer/Raupach, § 10b EStG Rn. 182; *Kirchhof* in: Kirchhof/Söhn/Mellinghoff, § 10b EStG Rn. E 46; *Jost* in: Dötsch/Eversberg/Jost/Witt, § 9 KStG Rn. 139; *Geserich*, Stiftung & Sponsoring, Rote Seiten 3/2001, 1 (9); wohl auch *Märkle/Alber*, BB 1990, Beil. 2, 1 (12); OFD Frankfurt DB 1994, 1900 (1901).

340 *Schneider/Krammer* in: Littmann/Bitz/Pust, § 10b EStG Rn. 277; *Oppermann/Peter*, DStZ 1998, 424 (427); *Gierlich*, FR 1990, 518 (521); ähnl. *Neufang*, INF 1990, 155 (160).

341 *Schauhoff* in: Schauhoff (Hrsg.), § 6 Rz. 49; *Dorner*, StB 1997, 470 (477).

342 Gutachten, S. 476.

343 *Wallenhorst*, DB 1991, 1410 (1411); diff. *ders.*, DStZ 2003, 531 (533).

344 BT-Drs. 11/4176, S. 17.

(b) Der Wortlaut der Ausstellerhaftung

Nach dem Wortlaut des § 10b Abs. 4 S. 2 1. Alt. EStG haftet, „wer ... ausstellt". Als Aussteller wird nach allgemeinem Sprachgebrauch sowohl der tatsächlich Handelnde, der das Schriftstück unterschreibt, als auch die Person angesehen, für die er handelt.[345] Nach dem Wortlaut der Haftungsvorschrift kommt damit die natürliche Person ebenso wie die Empfängerkörperschaft als Aussteller in Betracht.

(c) Systematische Auslegung

Das Gesetz verlangt vorsätzliches oder grob fahrlässiges Verhalten, also ein Fehlverhalten einer natürlichen Person. Damit könnte der Schluss nahe liegen, nur eine natürliche Person könne Haftungsschuldner sein. Die Haftungsregelung findet sich jedoch nicht nur im Einkommensteuergesetz, sondern auch im Körperschaftsteuergesetz, das sich an Körperschaften richtet.[346] Es könnten demnach beide, die Körperschaft und die natürliche Person, als Aussteller anzusehen sein.

Allerdings dürfen nach § 50 Abs. 1 EStDV Zuwendungen nur dann als Sonderausgaben abgezogen werden, wenn der Empfänger eine Zuwendungsbestätigung ausgestellt hat. Die Befugnis zum Ausstellen einer Zuwendungsbestätigung besitzt, wer zum Empfang spendenbegünstigter Zuwendungen berechtigt ist (§ 48 EStDV). Zum Empfang derartiger Zuwendungen ist nach § 49 EStDV nur eine juristische Person des öffentlichen Rechts, eine öffentliche Dienststelle oder eine gemeinnützige Körperschaft berechtigt. Eine natürliche Person kann indessen kein Zuwendungsempfänger und demgemäß kein Aussteller sein. Damit spricht die systematische Auslegung für die Haftung der Empfängerkörperschaft und gegen eine Haftung der natürlichen Person. Dieses Verständnis liegt auch den amtlichen Vordrucken für die Zuwendungsbestätigungen zugrunde, in denen als Aussteller der jeweilige Zuwendungsempfänger bezeichnet wird und nicht die für ihn handelnde Person.

Würde man die Person als Haftungsschuldner ansehen, die die Bestätigung tatsächlich ausgefertigt hat, wäre bei maschinell erstellten Zuwendungsbestätigungen kein Verantwortlicher und damit kein Haftungsschuldner feststellbar.[347]

---

[345] Vgl. *Gierlich*, FR 1991, 518 (519).

[346] Ähnlich *Gierlich*, FR 1991, 518 (519).

[347] Zur Zulässigkeit maschinell erstellter Zuwendungsbestätigungen ohne eigenhändige Unterschrift vgl. R 111 Abs. 5 EStR 1999 sowie BMF v. 02.06.2000 BStBl. I 2000, 592.

Durch maschinelles Ausstellen der Zuwendungsbestätigungen könnten die Zuwendungsempfänger die Haftungsregelung umgehen und das Haftungsrisiko erheblich reduzieren, ohne dass eine derartige Umgehungsmöglichkeit vom Gesetzgeber gewollt sein kann.

Unter systematischen Gesichtspunkten ist überdies der Wortlaut der Haftungsvorschrift des § 69 AO zu berücksichtigen. Anders als in § 69 AO heißt es in § 10b Abs. 4 S. 2 EStG nicht, dass derjenige haftet, der für den Zuwendungsempfänger handelt. Es wird vielmehr eine unmittelbare Haftung des Zuwendungsempfängers selbst als Aussteller begründet.

Dieses Auslegungsergebnis entspricht der Auffassung des Bundesfinanzhofs, soweit es um die Beurteilung des Ausstellers im Umsatzsteuerrecht geht.[348] Der Bundesfinanzhof lehnt es ab, den Aussteller einer Rechnung anhand der Unterschrift auf dem Abrechnungspapier zu bestimmen. Aussteller sei vielmehr der Verantwortliche, dem die Unterschrift nach allgemeinen Vorschriften zuzurechnen sei. Dieses Rechtsverständnis teilt auch die Finanzverwaltung, die als Aussteller der Zuwendungsbestätigungen nicht den Landessportbund, sondern den tatsächlich begünstigten Verein ansieht, da dieser die Ausstellung der Bestätigungen im Rahmen eines Auftragsverhältnisses auf den Landessportbund übertragen hat.[349]

Dieses Auslegungsergebnis stimmt mit der im Strafrecht geltenden „Geistigkeitstheorie“[350] überein, nach der Aussteller derjenige ist, von dem die Erklärung geistig herrührt. Es lässt sich ebenso mit der im Zivilrecht geltenden Organtheorie vereinbaren.[351] § 31 BGB rechnet dem Verein und allen juristischen Personen als haftungszuweisende Norm das Handeln seiner verfassungsmäßig berufenen Vertreter als eigenes Handeln zu.[352] Das Organ handelt nicht für die Körperschaft; sein Handeln ist das Handeln der Körperschaft.[353] Dabei umfasst die Haftung alle Funktionsträger und Bedienstete, denen die Körperschaft einen wichti-

---

[348] Vgl. nur BFH v. 04.03.1982 V R 107/79 BStBl. II 1982, 309; BFH v. 07.03.1996 V R 14/95 BStBl. II 1996, 491.

[349] OFD München v. 19.07.2000 DStR 2000, 1349.

[350] Vgl. nur *Cramer* in: Schönke/Schröder, § 267 StGB Rn. 55.

[351] Vgl. allgemein zur Organtheorie BGH v. 08.07.1986 VI ZR 47/85 BGHZ 98, 148 (151); *Weick* in: Staudinger, § 31 BGB Rn. 2 ff.

[352] BGH v. 12.01.1987 VI ZR 303/85 BGHZ 99, 298 (302).

[353] Vgl. nur Palandt-*Heinrichs*, § 26 BGB Rn. 1; *Kümpel*, DStR 2001, 152 (155).

gen Aufgabenbereich übertragen hat.[354] Die juristische Person haftet für die „in Ausführung der zustehenden Verrichtungen" begangenen Handlungen der natürlichen Person. Zwischen dem Aufgabenkreis des Organs und der (die Finanzverwaltung) schädigenden rechtsgeschäftlichen oder rein tatsächlichen Handlung muss ein sachlicher, nicht bloß ein zufälliger zeitlicher und örtlicher Zusammenhang bestehen.[355] Nicht erforderlich ist es dagegen, dass die Handlung durch die Vertretungsmacht des Organs gedeckt ist. § 31 BGB erstreckt sich insbesondere auch auf die Fälle, in denen das Organ seine Vertretungsmacht überschritten hat.[356] Allerdings darf sich das Organ nicht so weit von seinem Aufgabenkreis entfernt haben, dass es für einen Außenstehenden erkennbar außerhalb des allgemeinen Rahmens der ihm übertragenen Aufgaben gehandelt hat.[357]

Durch die Anwendung des § 31 BGB wird die persönliche Haftung der natürlichen Person grundsätzlich nicht ausgeschlossen.[358] Im Spendenhaftungsrecht ist jedoch – wie im Folgenden zu zeigen sein wird – keine Haftungsvorschrift einschlägig, über die die persönliche Haftung der handelnden Person begründet werden könnte.

(d) Sinn und Zweck der Regelung

Eine Beschränkung der Haftung auf die ausstellende Körperschaft lässt sich schließlich mit dem Sinn und Zweck der Haftungsregelung vereinbaren. Durch die Einführung der Spendenhaftung sollte das Risiko des Steuerausfalls vom Zuwendenden auf den Zuwendungsempfänger verlagert werden. Der Zuwendungsempfänger hat es zu verantworten, wenn die Bestätigung unrichtig ist. Kommen ihm die Vorteile der Zuwendung zugute, so hat er für ein etwaiges Fehlverhalten seiner Organe einzustehen. Insoweit greift der allgemeine Rechtsgedanke, dass niemand seine Rechtsposition durch Einschaltung eines Dritten

---

[354] Die Rspr. hat den Begriff des verfassungsmäßig berufenen Vertreters weit ausgelegt. Vgl. zusammenfassend BGH v. 30.10.1967 VII ZR 82/65 BGHZ 49, 19 (21); Palandt-*Heinrichs*, § 31 BGB Rn. 8; MünchKomm-*Reuter*, § 31 BGB Rn. 19; *Weick* in: Staudinger, § 31 BGB Rn. 29 ff.

[355] BGH v. 30.10.1967 VII ZR 82/65 BGHZ 49, 19 (23); BGH v. 08.07.1986 VI ZR 47/85 BGHZ 98, 148 (151); Palandt-*Heinrichs*, § 31 BGB Rn. 10; MünchKomm-*Reuter*, § 31 BGB Rn. 32.

[356] BFH v. 28.01.1993 V R 75/88 BStBl. II 1993, 357; BGH v. 08.07.1986 VI ZR 47/85 BGHZ 98, 148 (152); BGH v. 12.01.1987 VI ZR 303/85 BGHZ 99, 298 (300).

[357] BGH v. 08.07.1986 VI ZR 47/85 BGHZ 98, 148; BGH v. 12.01.1987 VI ZR 303/85 BGHZ 99, 298; Palandt-*Heinrichs*, § 31 BGB Rn. 10.

[358] MünchKomm-*Reuter*, § 31 BGB Rn. 43; *Weick* in: Staudinger, § 31 BGB Rn. 49.

zur Wahrnehmung seiner Interessen verbessern darf, ohne für dessen Fehlverhalten einstehen zu müssen.[359] Die Zuwendung kommt regelmäßig der Körperschaft zugute, nicht aber der tatsächlich handelnden Person. Etwas anderes gilt nur dann, wenn die tatsächlich handelnde Person lediglich vorgibt, für eine – unter Umständen nicht existierende – Körperschaft zu handeln. Hat sie die Zuwendung zu eigenen Gunsten vereinnahmt, so ist sie folgerichtig als Haftungsschuldner in Anspruch zu nehmen.

Unter fiskalischen Gesichtspunkten mag die Haftungsinanspruchnahme der ggf. finanziell besser gestellten Organe vorzugswürdig erscheinen. Die Ansicht von *Teufel*[360], die gemeinnützigen Körperschaften befänden sich häufig an der Grenze ihrer wirtschaftlichen Leistungsfähigkeit, da sie Mittel des ideellen Bereichs dem wirtschaftlichen Geschäftsbetrieb zuführten und sog. „Amateur-Sportler“ bezahlten, mag zutreffen. Dennoch rechtfertigen es derartige finanzielle Aspekte nicht, den Kreis möglicher Haftungsschuldner auf die natürlichen Personen auszudehnen, wie es das Finanzgericht Baden-Württemberg[361] für zutreffend erachtet. Angesichts der fehlenden Tilgungsmöglichkeiten des Vereins sah das Finanzgericht von dessen Inanspruchnahme ab und nahm die Vorstandsmitglieder als Haftungsschuldner in Anspruch. Selbst wenn die finanzielle Lage der gemeinnützigen Körperschaften gerade im Sportbereich angespannt ist, ist zu berücksichtigen, dass der Empfängerkörperschaft die Mittel tatsächlich zugeflossen sind und sie aus diesen Mitteln die Haftungssumme hätte bestreiten können. Dem handelnden Organ sind dagegen in der Regel keine eigenen wirtschaftlichen Vorteile zuteil geworden. Außerdem hätte der Verein die Haftungssumme eventuell durch die Möglichkeit einer Umlage auf sämtliche Vereinsmitglieder sicherstellen können.

Auch gesellschaftspolitisch ist die Inanspruchnahme der handelnden Organe nicht zu vertreten. Bereits unabhängig von einem möglichen Risiko, als Haftungsschuldner in Anspruch genommen zu werden, ist es für gemeinnützige Organisationen schwierig, Freiwillige zu finden, die sich den anstehenden Aufgaben (ehrenamtlich) aktiv widmen und Verantwortung übernehmen.[362] Dies mag unter anderem daran liegen, dass Möglichkeiten des Versicherungsschutzes zur

---

[359] Vgl. BFH v. 07.11.1990 X R 143/88 BStBl. II 1991, 325 (327); Palandt-*Heinrichs*, § 166 BGB Rn. 9, § 278 BGB Rn. 1.

[360] Vgl. *Teufel*, FR 1993, 772.

[361] FG Baden-Württemberg v. 14.07.1998 3 K 58/94 DStRE 1999, 295 (296), rkr.

[362] Vgl. BT-Drs. 14/8900, S. 318; *Neuhoff*, DB 1986, 880.

Abdeckung des Haftungsrisikos für die gemeinnützigen Körperschaften wie auch für ihre (ehrenamtlichen) Funktionsträger bislang nur unzureichend bestehen und die vorhandenen Möglichkeiten in Anbetracht der Versicherungsprämien nicht ausgeschöpft werden (können).[363] Von der Privathaftpflichtversicherung des Funktionsträgers werden in der Regel keine Schäden übernommen, die im Zusammenhang mit ehrenamtlichen Tätigkeiten eintreten. Von der Betriebshaftpflichtversicherung der gemeinnützigen Körperschaft werden nur Schäden Dritter abgedeckt, nicht aber die Schäden, die der Körperschaft – wie gerade im Fall der Spendenhaftung – selbst entstehen.[364]

(e) Keine Anwendung der §§ 69 ff AO

Eine Haftung des Organs nach den allgemeinen Haftungsvorschriften der §§ 69 ff AO ist aus den eben genannten Gründen ebenfalls. Es erscheint überdies fraglich, ob die allgemeinen Haftungsvorschriften überhaupt tatbestandlich erfüllt sind. Nach § 69 AO haftet der Vertreter für Steuern der Körperschaft, wenn er vorsätzlich oder grob fahrlässig seine Pflichten verletzt hat. § 69 AO bezieht sich auf Ansprüche aus dem Steuerschuldverhältnis gemäß § 37 AO. Dieses Steuerschuldverhältnis umfasst das Rechtsverhältnis zwischen dem Steuergläubiger und der von der natürlichen Person vertretenen Körperschaft. Im Fall der Spendenhaftung tritt der Steuerausfall aber nicht in diesem Verhältnis ein, sondern in dem Verhältnis zwischen Steuergläubiger und Zuwendendem.

Sinn und Zweck, systematische Erwägungen und Entstehungsgeschichte der speziellen spendenrechtlichen Haftungsregelung sprechen damit gegen die Anwendung der allgemeinen Haftungsvorschriften. Haftet die Körperschaft, wird ihr das Verschulden ihrer Organe und Erfüllungsgehilfen zugerechnet.[365] Eine zusätzliche Haftung der tatsächlich Handelnden ist nicht begründbar. § 10b Abs. 4 EStG ist grundsätzlich als abschließende Haftungsnorm anzusehen. Neben einer Haftung nach § 10b Abs. 4 EStG kann jedoch § 71 AO einschlägig sein, wenn die handelnde Person derart weit außerhalb des ihr zugewiesenen Aufga-

---

363 Vgl. dazu *Igl/Jachmann/Eichenhofer*, S. 560 f; *Menges*, Stiftung & Sponsoring, 1/2003, 15 ff.

364 Vgl. dazu *Menges*, Stiftung & Sponsoring, 1/2003, 15 (16) mit einem Formulierungsvorschlag für eine Haftungsbegrenzung zwischen der gemeinnützigen Körperschaft und ihren Funktionsträgern.

365 BFH v. 17.02.1989 III R 35/85 BStBl. II 1990, 263.

benbereichs gehandelt hat, dass ihr Handeln nicht mehr der Empfängerkörperschaft zugerechnet werden kann.[366]

Nicht zutreffend sind damit die Ausführungen von *Heinicke*[367], der davon spricht, dass die Haftung generell zwei Personenkreise, nämlich den Zuwendungsempfänger und den Aussteller der Zuwendungsbestätigung, trifft. Grundsätzlich sind diese beiden Personen identisch. Selbst in dem Fall, dass derjenige, der nur vorgibt, für eine gemeinnützige Körperschaft zu handeln, und die Zuwendung selbst vereinnahmt, liegt Personenidentität von Empfänger und Aussteller vor. Lediglich dann, wenn die handelnde Person bei Ausstellen der Zuwendungsbestätigung nicht (mehr) für die Körperschaft zurechenbar handelt, sind Empfänger und Aussteller verschiedene Personen. Kann das Verhalten der handelnden Person der Körperschaft aber nicht zugerechnet werden, so ist die Empfängerkörperschaft nicht als Haftungsschuldner in Anspruch zu nehmen. Vielmehr haftet allein die natürliche Person originär nach § 10b Abs. 4 S. 2 1. Alt. EStG. Damit gibt es auch in diesem Fall entgegen der Ansicht von *Heinicke* keine zwei Personenkreise, die zur Haftung herangezogen werden könnten.

(f) Rückgriffsmöglichkeiten im Innenverhältnis

Der Körperschaft bleibt es grundsätzlich unbenommen, ihr Organ im Innenverhältnis zur Verantwortung zu ziehen und Rückgriff zu nehmen. Die Rückgriffsmöglichkeiten bestimmen sich nach dem jeweiligen Rechtsverhältnis, das der Tätigkeit der handelnden Person zugrunde liegt.[368] Dabei sind die Grundsätze der sog. privilegierten Arbeitnehmerhaftung[369] auch auf das Verhältnis von gemeinnützigen Körperschaften und ihren Beschäftigen, in Ausnahmefällen sogar bei ehrenamtlich Tätigen anwendbar.[370] Nach diesen Grundsätzen kann die Kör-

---

366 So auch *Buchna*, S. 356.

367 *Heinicke* in: Schmidt, § 10b EStG Rn. 52.

368 *Kirchhof* in: Kirchhof/Söhn/Mellinghoff, § 10b EStG Rn. E 46; *Geserich*, Stiftung & Sponsoring, Rote Seiten 3/2001, 1 (11).

369 Vgl. Palandt-*Putzo*, § 611 BGB Rn. 152 ff.

370 BGH v. 05.12.1983 II ZR 252/82 BGHZ 89, 153 (156 ff); *Weick* in: Staudinger, § 25 BGB Rn. 25; Palandt-*Heinrichs*, § 27 BGB Rn. 4c mit der Einschränkung, dass die arbeitsrechtliche Haftungsmilderung bei Vorstandsmitgliedern im Verein nur eingreift, wenn sie die Stellung einer arbeitnehmerähnlichen Person haben; so auch *Geserich*, Stiftung & Sponsoring, Rote Seiten 3/2001, 1 (11); *Igl/Jachmann/Eichenhofer*, S. 560 f.

perschaft bei grober Fahrlässigkeit ihres (ehrenamtlichen) Organs den ihr durch die Spendenhaftung entstandenen Schaden ggf. nur anteilig geltend machen.[371]

Falls der Haftungsbescheid[372] vollstreckt wird, kann und muss die Finanzverwaltung etwaige Rückgriffsansprüche der gemeinnützigen Körperschaft gemäß §§ 309, 314 AO pfänden und einziehen. Dies hat zur Folge, dass die verantwortliche Person entweder direkt von der Finanzverwaltung zur Zahlung herangezogen wird oder die Empfängerkörperschaft die Haftungsschuld begleicht, so dass die Pfändungsverfügung aufgehoben[373] wird, und die Körperschaft sodann im Innenverhältnis Rückgriff nehmen kann.

(2) Aussteller bei einer Durchlaufspende

Handelt es sich um eine Durchlaufspende, so ist (Erst-)Empfänger der Zuwendung eine öffentliche Durchlaufstelle, die die Zuwendungsbestätigung anfertigt. Der finanzielle Vorteil kommt aber nicht der Durchlaufstelle, sondern dem Letztempfänger zugute. Das Argument, dass derjenige für einen etwaigen Steuerausfall aufkommen soll, dem die Zuwendung letztlich zufließt, könnte die Haftung des Letztempfängers, nicht aber die der Durchlaufstelle begründen. Dabei bliebe jedoch unberücksichtigt, dass ein etwaiges Fehlverhalten grundsätzlich in der Sphäre der Durchlaufstelle und nicht in der des Letztempfängers stattgefunden hat, wenn eine unrichtige Bestätigung ausgestellt wurde. Hat die Durchlaufstelle die ihr obliegenden haushalts- und aufsichtsrechtlichen Prüfungspflichten verletzt und nicht erkannt, dass der Letztempfänger nicht zu dem berechtigten Empfängerkreis zählt, so liegt es in ihrem Risikobereich, für einen daraus resultierenden Steuerausfall einzustehen. Die Abgrenzung der Haftungsbereiche nach Risikosphären führt damit zu einer Risikozuweisung zu Lasten der Durchlaufstelle.

Außerdem ist die Durchlaufstelle nach den dargelegten systematischen Erwägungen als Aussteller im Sinne der Ausstellerhaftung anzusehen. Ein Rückgriff auf den nicht einschlägigen Art. 34 GG ist nicht möglich und auch nicht nötig. Wie *Oppermann/Peter*[374] zutreffend begründet haben, wird der Fall der Durch-

---

[371] Vgl. BGH v. 05.12.1983 II ZR 252/82 BGHZ 89, 153; BAG v. 02.10.1989 8 AZR 276/88 NJW 1990, 468; LG Bonn v. 10.04.1995 10 O 390/94 NJW-RR 1995, 1435; Palandt-*Heinrichs*, § 27 BGB Rn. 4c; *Igl/Jachmann/Eichenhofer*, S. 561; *Geserich*, Stiftung & Sponsoring, Rote Seiten 3/2001, 1 (11).

[372] Zur Geltendmachung des Haftungsanspruchs durch Haftungsbescheid vgl. S. 186 ff.

[373] *Brockmeyer* in: Klein, § 309 AO Rn. 35.

[374] *Oppermann/Peter*, DStZ 1998, 424 (427).

laufspende vom Regelungsgehalt des Art. 34 GG nicht erfasst. Art. 34 GG setzt voraus, dass eine drittbezogene Amtspflicht verletzt wird. Eine Amtspflicht kann grundsätzlich auch gegenüber einer juristischen Person des öffentlichen Rechts als Drittem bestehen.[375] Dafür muss die geschädigte Person des öffentlichen Rechts dem Beamten, dem die Pflichtverletzung vorgeworfen wird, wie ein Bürger dem Staat gegenüberstehen. Typisch für dieses Verhältnis ist die Verfolgung widerstreitender Interessen von Geschädigtem und schädigender Körperschaft.[376] An einem derartigen Verhältnis, das die Drittbezogenheit der Pflichtverletzung begründet, fehlt es aber, wenn beide Körperschaften gemeinsam eine Aufgabe wahrnehmen.[377] Die von der Durchlaufstelle bzw. von ihren Bediensteten verletzten Amtspflichten bestehen gegenüber der Finanzverwaltung, die zugleich Geschädigte ist. Diese Amtspflichten sind jedoch nicht drittbezogen, da die Gemeinde und die Finanzverwaltung im Spendenrecht eine gemeinsame Aufgabe, nämlich die Sicherstellung eines ordnungsgemäßen Spendenabzugs, wahrnehmen.[378] Mangels Drittbezogenheit der Amtspflichtverletzung scheidet eine Anwendung des Art. 34 GG aus. Die originäre Haftung des Bediensteten ist auch ohne Anwendung des Art. 34 GG nach den oben dargelegten Erwägungen ausgeschlossen, es sei denn, es liegt wenn eine strafbare Amtshandlung vor (§ 32 AO). Nur dann haftet der Bedienstete originär nach § 10b Abs. 4 S. 2 1. Alt. EStG.

Darüber hinaus ist eine Haftung der juristischen Person des öffentlichen Rechts und der öffentlichen Dienststellen möglich, wenn sie die Zuwendungen nicht als Durchlaufstelle, sondern eine Direktspende zur eigenen Verwendung erhalten und als Zuwendungsempfänger unrichtige Bestätigungen ausstellen.

(3) Ergebnis

Zusammenfassend lässt sich feststellen, dass zwischen mehreren Fallkonstellationen zu differenzieren ist: Kann das Verhalten der natürlichen Person der Empfängerkörperschaft zugerechnet werden, kommt nur die Körperschaft als Haftungsschuldner in Betracht. Die Haftung der Körperschaft ist dagegen ausge-

---

375 *Jarass* in: Jarass/Pieroth, Art. 34 GG Rn. 13; *Papier* in: Maunz/Dürig, Art. 34 GG Rn. 208; *Dagtoglou* in: Bonner Kommentar, Art. 34 GG Rn. 150.

376 *Mangoldt/Klein/Starck*, Art. 34 GG Rn. 89.

377 Vgl. *Papier* in: Maunz/Dürig, Art. 34 GG Rn. 209; *Dagtoglou* in: Bonner Kommentar, Art. 34 GG Rn. 150; *Mangoldt/Klein/Starck*, Art. 34 GG Rn. 89; BGH v. 12.12.1991 III ZR 18/91 BGHZ 116, 312 (315); BGH v. 16.05.1983 III ZR 78/82 BGHZ 87, 253 (255).

378 *Oppermann/Peter*, DStZ 1998, 424 (427).

schlossen, wenn kein Organ der Körperschaft gehandelt hat oder wenn das Organ für Außenstehende erkennbar außerhalb des ihm zugewiesenen Aufgabenkreises tätig wurde. Hat das Organ für den Außenstehenden erkennbar außerhalb seines Aufgabenkreises gehandelt, so findet keine Zurechnung zu Lasten der Empfängerkörperschaft statt. Der Zuwendende kann in diesem Fall nicht als gutgläubig angesehen werden, weil er die Umstände erkannt oder fahrlässig nicht erkannt hat. Er genießt wegen Bösgläubigkeit keinen Vertrauensschutz nach § 10b Abs. 4 S. 1 EStG, so dass der Spendenabzug zu versagen bzw. rückgängig zu machen ist, wenn das Finanzamt die Bösgläubigkeit nachweisen kann. Ob die Bösgläubigkeit des Zuwendenden den Haftungsschuldner entlasten kann, ist bei der Frage zu klären, ob die Haftungsschuld nur in Abhängigkeit von der Gewährung des Vertrauensschutzes begründet wird.[379] War das Fehlverhalten der natürlichen Person der Körperschaft nicht zuzurechnen und für den Zuwendenden nicht erkennbar, haftet die natürliche Person, die die Zuwendungsbestätigung angefertigt hat. Auch Durchlaufstellen können als Haftungsschuldner in Betracht kommen. Ihre Bediensteten können originär nach § 10b Abs. 4 S. 2 1. Alt. EStG als Aussteller in Anspruch genommen werden, wenn sie mit dem Ausstellen der unrichtigen Bestätigung eine strafbare Amtshandlung vorgenommen haben.

2. Verschulden

Die Ausstellerhaftung greift nur ein, wenn der Aussteller der unrichtigen Bestätigung vorsätzlich oder grob fahrlässig gehandelt hat. Es gelten die zu § 173 Abs. 1 Nr. 2 AO entwickelten Grundsätze und damit der subjektive Fahrlässigkeitsbegriff.[380]

a) Unzutreffende rechtliche Qualifizierungen

Zweifelhaft erscheint das Verschulden in den Fällen, in denen das Finanzamt für vergangene Veranlagungszeiträume die Satzung der Körperschaft als mit den Gemeinnützigkeitsvorschriften vereinbar beurteilt hat und einen Freistellungsbescheid bzw. eine vorläufige Bescheinigung ausgestellt hat und bei der nachfolgenden Veranlagung aufgrund einer geänderten, aber nunmehr zutreffenden rechtlichen Beurteilung bei unveränderter Sachlage feststellt, dass die Satzung

---

[379] Dazu unten S. 175 ff.
[380] Vgl. nur *Kirchhof* in: Kirchhof (Hrsg.), § 10b EStG Rn. 109; *Geserich*, Stiftung & Sponsoring, Rote Seiten 3/2001, 1 (9); *Wallenhorst*, DStZ 2003, 531 (532).

nicht den Gemeinnützigkeitsanforderungen entspricht, weil der Satzungszweck kein steuerbegünstigter Zweck im Sinne des § 51 S. 1 AO ist.[381] Nach Ansicht der Rechtsprechung[382] ist das Finanzamt nicht aufgrund des Gebots von Treu und Glauben verpflichtet, an der einmal getroffenen Beurteilung des Gemeinnützigkeitsstatus festzuhalten. Freistellungsbescheide und vorläufige Bescheinigungen sollen demnach keinen Vertrauensschutz zugunsten der Körperschaft begründen können.

Wie bereits dargelegt wurde, hat die Körperschaft unrichtige Zuwendungsbestätigungen ausgestellt, da die Zuwendungen nicht zu dem in der Bestätigung angegebenen steuerbegünstigten Zweck verwendet wurden. Sämtliche Bestätigungen, die in dem Veranlagungszeitraum ausgestellt wurden, in dem die Körperschaft ihren Satzungszweck unzutreffend beurteilt hat, sind folglich unrichtig. Damit würde eine die gesamten Spendenmittel umfassende Haftung der Körperschaft ausgelöst, falls ein Schuldvorwurf gemacht werden könnte.[383]

Vorsatz oder grobe Fahrlässigkeit setzen voraus, dass dem Aussteller die Umstände bekannt oder infolge grober Fahrlässigkeit unbekannt waren, aufgrund derer der Satzungszweck als nicht steuerbegünstigt zu beurteilen ist.[384] Bei der Prüfung des Verschuldens ist zu bedenken, dass die Körperschaft aufgrund eines Freistellungsbescheides oder einer vorläufigen Bescheinigung berechtigt war, Zuwendungsbestätigungen auszustellen. Mit der ausdrücklichen Zustimmung des Finanzamtes zur Ausstellung von Zuwendungsbestätigungen entfällt damit der Schuldvorwurf, wenn trotz fehlender Gemeinnützigkeitsvoraussetzungen Zuwendungsbestätigungen ausgestellt werden.[385] Das Risiko, dass ein – häufig ehrenamtlich tätiges – Organ der Körperschaft sich bei der Beurteilung des gemeinnützigkeitsrechtlichen Status seiner Körperschaft an der vorangegangenen Entscheidung des Finanzamtes orientiert und deshalb den Satzungszweck der Körperschaft unzutreffend beurteilt, wird somit im Rahmen der Ausstellerhaftung dadurch gemildert, dass sie ein Verschulden in der Form des Vorsatzes oder der groben Fahrlässigkeit voraussetzt. Solange sich das Organ an der vo-

---

[381] Diese Problematik stellt sich nicht, wenn die Bindungswirkung der vorläufigen Bescheinigung anerkannt wird und das Finanzamt an seine frühere Auffassung gebunden ist. Vgl. dazu die Ausführungen oben insb. S. 58 f.

[382] BFH v. 05.08.1992 X R 165/88 BStBl. II 1992, 1048; FG Nürnberg v. 24.03.1998 I 260/94 EFG 1998, 975 (978); FG Hamburg v. 08.12.1997 II 98/95 EFG 1998, 916.

[383] So ausdrücklich *Schneider/Krammer* in: Littmann/Bitz/Pust, § 10b EStG Rn. 275.

[384] Vgl. FG München v. 16.07.1996 16 K 3638/94 EFG 1997, 322 (323).

[385] *Reiffs*, DB 1992, 243 (244).

rangegangenen Beurteilung des Finanzamtes orientiert und die Satzung nicht wesentlich geändert wird, handelt das Organ nicht schuldhaft. Etwas anderes gilt nur, wenn das Organ die Unrichtigkeit des Freistellungsbescheides bzw. der vorläufigen Bescheinigung kannte oder grob fahrlässig nicht kannte. In diesem Fall kann ihm auch der Schuldvorwurf im Sinne der Ausstellerhaftung gemacht werden.

Dieselben Erwägungen gelten, wenn der satzungsmäßig verfolgte Zweck vom Finanzamt zunächst als Zweck qualifiziert wurde, der dem erhöhten Spendenabzugsrahmen unterliegt, tatsächlich jedoch nur zu den nicht erhöht begünstigten Zwecken zählt. Auch wenn die Finanzverwaltung einen wirtschaftlichen Geschäftsbetrieb als Zweckbetrieb angesehen hat, statt insoweit eine partielle Steuerpflicht der Empfängerkörperschaft anzunehmen, kann der Empfängerkörperschaft kein Schuldvorwurf gemacht werden, wenn sie sich an den rechtlichen Wertungen des Finanzamtes orientiert hat.

b) Durchlaufspende

Mit der Annahme einer Durchlaufspende ist stets eine haushalts- und aufsichtsrechtliche Nachprüfungspflicht verbunden.[386] Ob der Amtsträger grob fahrlässig gehandelt hat, ist nach den zu § 173 Abs. 1 Nr. 2 AO entwickelten Grundsätzen zu entscheiden.[387] Der Amtsträger handelt schuldhaft, wenn er eine Zuwendungsbestätigung ausstellt, ohne sich die Steuerbegünstigung des Letztempfängers nachweisen zu lassen, denn damit verletzt er in ungewöhnlich hohem Maße und in nicht entschuldbarer Weise die ihm obliegenden haushalts- und aufsichtsrechtlichen Prüfungspflichten.[388] Wird hingegen eine Zuwendung vom Letztempfänger nicht zu dem bestätigten Zweck verwendet oder wird der Letztempfänger für den betroffenen Veranlagungszeitraum im Nachhinein nicht als gemeinnützig anerkannt, scheidet eine Ausstellerhaftung der Durchlaufstelle grundsätzlich aus. Die Durchlaufstelle haftet nur, wenn sie Kenntnis oder grob fahrlässige Unkenntnis von der späteren Fehlverwendung durch den Letztempfänger oder im Hinblick auf den Verlust der Gemeinnützigkeit hatte.[389]

---

[386] BFH v. 19.07.1978 I B 14/78 BStBl. II 1978, 598; BFH v. 18.07.1980 VI R 167/77 BStBl. II 1980, 52; *Myßen*, INF 2000, 385 (386).

[387] FG München v. 16.07.1996 EFG 1997, 322.

[388] Vgl. *Kirchhof* in: Kirchhof/Söhn/Mellinghoff, § 10b EStG Rn. E 49; *Buchna*, S. 357; *Thiel/Eversberg*, DB 1990, 395 (399); OFD Frankfurt v. 27.05.1994 DB 1994, 1900.

[389] Vgl. *Myßen*, INF 2000, 385 (386); OFD München v. 19.07.2000 DStR 2000, 1349.

c) Zeitpunkt des Verschuldens

Der Aussteller muss bei der Ausfertigung der Bestätigung in vorwerfbarer Weise handeln.[390] Ändert sich die Sach- und Rechtslage nach Ausstellung der Bestätigung, so handelte der Aussteller nur dann schuldhaft, wenn ihm bereits im Zeitpunkt der Ausstellung bekannt oder infolge grober Fahrlässigkeit unbekannt war, dass sich die Sach- und Rechtslage ändern wird.[391]

III. Veranlasserhaftung

Nach der 2. Alternative des § 10b Abs. 4 S. 2 EStG haftet, wer veranlasst, dass Zuwendungen nicht zu den in der Bestätigung angegebenen steuerbegünstigten Zwecken verwendet werden.

Vor der Einführung des gesetzlichen Vertrauensschutzes gewährte der Bundesfinanzhof in den Fällen der Fehlverwendung teilweise keinen Vertrauensschutz, sondern ließ eine Änderung der Steuerbescheide des Zuwendenden zu.[392] Folglich bestand insoweit kein Bedürfnis einer Haftung des Zuwendungsempfängers, um etwaige Steuerausfälle auszugleichen. Das Risiko der Fehlverwendung trug der Zuwendende, der lediglich versuchen konnte, den Zuwendungsempfänger zivilrechtlich in Rückgriff zu nehmen.

1. Verwendung zu nicht in der Bestätigung angegebenen steuerbegünstigten Zwecken

Die Veranlasserhaftung wird häufig verkürzt mit der Fehlverwendung der Mittel gleichgesetzt. Das Gesetz spricht dagegen davon, dass „Zuwendungen nicht zu den in der Bestätigung angegebenen steuerbegünstigten Zwecken verwendet werden". Demnach kann eine Fehlverwendung vorliegen, wenn mit den zugewendeten Mitteln Zwecke gefördert werden, die nicht steuerbegünstigt sind[393] oder die nicht in der Zuwendungsbestätigung genannt[394] wurden.

a) Verwendung zu nicht steuerbegünstigten Zwecken

Eine Fehlverwendung liegt immer dann vor, wenn die Körperschaft die ihr zugewendeten Mittel nicht zu den in §§ 52-54 AO, § 48 EStDV genannten Zwecken

---

[390] *Kirchhof* in: Kirchhof (Hrsg.), § 10b EStG Rn. 107.
[391] Ähnl. *Kirchhof* in: Kirchhof/Söhn/Mellinghoff, § 10b EStG Rn. E 49, 52.
[392] Vgl. die Nachweise aus der Rspr. vor Inkrafttreten des § 10b Abs. 4 EStG in Fn. 180.
[393] Vgl. dazu sogleich unter a).
[394] Vgl. dazu die Ausführungen auf S. 146 ff.

bzw. unter Verstoß gegen die §§ 55 ff AO verwendet. Kann dem Aussteller bereits im Zeitpunkt der Ausstellung der Zuwendungsbestätigung Vorsatz oder grobe Fahrlässigkeit im Hinblick auf die spätere steuerschädliche Verwendung vorgeworfen werden, ist die Bestätigung bereits im Zeitpunkt der Ausstellung unrichtig und die Ausstellerhaftung begründet.[395] Durch die nachfolgende zweckwidrige Verwendung der Zuwendung könnte der Tatbestand der verschuldensunabhängigen Veranlasserhaftung erfüllt sein, so dass es auf ein etwaiges Verschulden bei der Ausstellerhaftung nicht ankäme, um die Körperschaft haftungsweise in Anspruch nehmen zu können.

Ob ein derartiges kumulatives Eingreifen der Haftungsvorschriften angemessen ist, erscheint zweifelhaft, wenn zwar der objektive Tatbestand der Ausstellerhaftung erfüllt ist, eine Inanspruchnahme als Aussteller jedoch mangels Verschulden scheitert. In diesen Fällen käme dem Verschuldenserfordernis der Ausstellerhaftung keine Bedeutung zu, falls zugleich die Veranlasserhaftung erfüllt wäre. Insofern ist daran zu denken, die Ausstellerhaftung als abschließende Regelung für die Fälle anzusehen, in denen bereits im Zeitpunkt der Ausstellung unrichtige Bestätigungen vorliegen.[396]

b) Abweichende rechtliche Qualifizierung des satzungsmäßigen Zwecks und spätere Versagung der Gemeinnützigkeit

Die Frage, ob die Haftungsalternativen kumulativ eingreifen können, stellt sich insbesondere, wenn der in der Bestätigung genannte Zweck im Veranlagungsverfahren zutreffend abweichend beurteilt wird oder die Gemeinnützigkeit der Empfängerkörperschaft versagt wird. Zu beurteilen sind folgende Fallgestaltungen:

Fall 1:

Die Finanzbehörde qualifiziert im Veranlagungsverfahren den von der Körperschaft verfolgten Zweck nun zutreffend, aber abweichend von der Wertung im Freistellungsbescheid oder in einer vorläufigen Bescheinigung nicht mehr als steuerbegünstigt, obwohl die Körperschaft weder ihre tatsächliche Geschäftsführung noch ihre Satzung steuerschädlich geändert hat.[397] Wird der verfolgte

---

[395] Vgl. dazu bereits S. 104 f.

[396] Vgl. dazu bereits S. 104 ff. Zum Vorrang der Aussteller- vor der Veranlasserhaftung *Hüttemann*, Stiftung & Sponsoring, Rote Seiten 1/2002, 1.

[397] Zur Ausstellerhaftung vgl. S. 104 ff.

Zweck nicht mehr als steuerbegünstigt angesehen, kann die Körperschaft nicht als gemeinnützig anerkannt werden.

Fall 2:

Die Finanzbehörde qualifiziert den verfolgten Zweck im Veranlagungsverfahren zutreffend nicht mehr als erhöht steuerbegünstigt, obwohl die Körperschaft weder ihre tatsächliche Geschäftsführung noch ihre Satzung steuerschädlich geändert hat.

Fall 3:

Eine aufgrund einer vorläufigen Bescheinigung oder eines früheren Freistellungsbescheides als gemeinnützig anerkannte Körperschaft stellt Zuwendungsbestätigungen aus und verwendet die ihr zugewendeten Mittel entsprechend ihrer Satzung. Im späteren Veranlagungsverfahren der Körperschaft versagt das für sie zuständige Finanzamt – etwa wegen Zahlung überhöhter Vergütungen im Sinne des § 55 Abs. 1 Nr. 3 AO – die Anerkennung als gemeinnützig.

Fall 4:

Die Empfängerkörperschaft verwendet Spenden und Mitgliedsbeiträge, also zweckgebundene Mittel, teilweise nicht zu ihren satzungsmäßigen Zwecken. Im Veranlagungsverfahren wird ihr deshalb die Gemeinnützigkeit versagt und ein Körperschaftsteuerbescheid erlassen.

aa) Grundfragen zum Verhältnis von Aussteller- und Veranlasserhaftung

In den Fällen 1 und 2 stellt sich die Frage, ob die Empfängerkörperschaft bei einer unzutreffenden rechtlichen Qualifizierung ihres satzungsmäßigen Zwecks als Veranlasser einer Fehlverwendung in Anspruch genommen werden kann. Zugleich stellt sich in diesen Fällen die Frage, ob die Aussteller- und Veranlasserhaftung kumulativ eingreifen können. In dem Fall 1 – wie auch in den Fällen 3 und 4 – stellt sich zudem die Frage, ob die Mittelverwendung durch eine nicht steuerbegünstigte Körperschaft unabhängig von der konkreten Verwendung der zweckgebundenen Mittel eine haftungsbegründende Fehlverwendung darstellt.

Die Versagung der Gemeinnützigkeit kann darauf beruhen, dass die Finanzbehörde den satzungsmäßigen Zweck zutreffend nicht als steuerbegünstigt anerkennt (Fall 1), dass die Empfängerkörperschaft nicht zweckgebundene Mittel steuerschädlich verwendet (Fall 3) oder dass sie Spenden und Mitgliedsbeiträge zweckwidrig verwendet (Fall 4). Gerade in den Fällen 1 und 3 ist fraglich, ob die Veranlasserhaftung bereits durch die Tatsache begründet ist, dass die Empfängerkörperschaft nicht gemeinnützig ist, oder ob tatsächlich zugewendete Mittel nicht zu steuerbegünstigten Zwecken verwendet worden sein müssen. Sollte die Mittelverwendung durch eine nicht steuerbegünstigte Körperschaft stets eine Fehlverwendung darstellen, wären sämtliche Mittel, die der Körperschaft zugewendet wurden, unabhängig von ihrer tatsächlichen Verwendung als fehlverwendet anzusehen. Gleiches müsste für eine Körperschaft gelten, die zunächst – satzungsmäßig und nach ihrer tatsächlichen Geschäftsführung – gemeinnützig tätig war, dann aber ihre Satzung steuerschädlich geändert hat.

Im Schrifttum[398] wird teilweise davon gesprochen, dass die Steuerbefreiung der Körperschaft „rückwirkend wegfällt". Die Steuerbefreiung entfällt jedoch nicht rückwirkend, sondern hat tatsächlich von Beginn an nicht bestanden, wenn die Satzung nicht den gemeinnützigkeitsrechtlichen Anforderungen entsprach. Allein die Feststellung im Veranlagungsverfahren erfolgt nachträglich.[399] Die Zuwendungsbestätigungen waren somit bereits im Zeitpunkt ihrer Ausstellung unrichtig, da ein nicht steuerbegünstigter Zweck gefördert werden sollte. Etwas anderes gilt für den Fall, dass die mangelnde Gemeinnützigkeit auf einer geänderten Geschäftsführung oder einer Satzungsänderung beruht. Nach §§ 60 Abs. 2, 63 Abs. 2 AO wird die Steuerbefreiung nur dann ausgesprochen, wenn die Voraussetzungen bei der Veranlagung zur Körperschaft- und Gewerbesteuer während des gesamten Veranlagungszeitraums vorgelegen haben. Dieses zeitraumbezogene Erfordernis führt dazu, dass von der Gemeinnützigkeit der Körperschaft erst nach Ablauf des Veranlagungszeitraums gesprochen werden kann. Die Gemeinnützigkeit hat, wenn die Voraussetzungen der §§ 60 Abs. 2, 63 Abs. 2 AO nicht erfüllt sind, während des gesamten Veranlagungszeitraums nicht bestanden. In diesem Fall sind die Bestätigungen nur dann unrichtig, wenn der Empfängerkörperschaft vorgeworfen werden kann, ihr also bekannt oder grob fahrlässig unbekannt war, dass nach der Satzungsänderung der Satzungszweck nicht als steuerbegünstigt zu qualifizieren ist und die Zuwendungen diesem Zweck zugeführt werden.

Durch das subjektive Merkmal des Schuldvorwurfs wird bei der Ausstellerhaftung berücksichtigt, dass die rechtliche Qualifikation des verfolgten Zwecks und des Status der Körperschaft vielfach schwierig ist und die satzungsmäßigen Vertreter und Organe der Empfängerkörperschaften häufig rechtlich nicht vorgebil-

---

[398] Vgl. nur *Oppermann/Peter*, DStZ 1998, 424.
[399] Vgl. *Schauhoff*, DStJG 26 (2003), S. 136.

det sind. Eine unverhältnismäßige Ausweitung der Haftung wird somit vermieden.[400] Zweifelhaft erscheint deshalb, ob zugleich die verschuldensunabhängige Veranlasserhaftung begründet sein kann, wenn die Körperschaft ihre zweckgebundenen Mittel entsprechend den – unrichtigen – Zuwendungsbestätigungen für den irrtümlich als (erhöht) steuerbegünstigt angesehenen Zweck verwendet.

bb) Meinungsstand

Der Bundesfinanzhof[401] hat inzwischen zu der Frage Stellung genommen, ob eine Fehlverwendung immer schon dann anzunehmen ist, wenn die Empfängerkörperschaft im Zeitpunkt der Mittelverwendung nicht gemeinnützig ist. Er lehnt die Haftung der Körperschaft wegen Fehlverwendung der Mittel ab, wenn sie die Zuwendungen zwar zu dem in der Zuwendungsbestätigung angegebenen Zweck verwendet hat, selbst aber nicht als gemeinnützig anerkannt ist.[402] Allein maßgebend sei, dass sich die tatsächliche Verwendung mit dem in der Bestätigung angegebenen steuerbegünstigten Zweck deckt. In einem Aussetzungsverfahren[403] hatte er zuvor die Ansicht vertreten, dass der mögliche Wortsinn der Veranlasserhaftung „auch die Fälle erfasst, in denen die Spende für Zwecke verwendet wird, die mangels Gemeinnützigkeit des Zuwendungsempfängers nicht steuerbegünstigt sind", dass andererseits aber auch „das Unrichtigwerden einer Bestätigung wegen der rückwirkenden Aberkennung der Gemeinnützigkeit des Spendenempfängers als Fall der Unrichtigkeit der 1. Alternative zuzuordnen" sein könnte.

Die finanzgerichtliche Rechtsprechung war bislang nicht einheitlich. Das Hessische Finanzgericht[404] hat eine Fehlverwendung von Spendengeldern unabhängig von der konkreten Verwendung der Gelder immer dann angenommen, wenn die Körperschaft im Zeitpunkt der Verwendung nicht gemeinnützig ist. Dieser Auffassung ist das Finanzgericht München[405] zunächst gefolgt, das eine Fehlverwendung mangels Gemeinnützigkeit der Empfängerkörperschaft in einem Aussetzungsverfahren bejahte. Die dagegen eingelegte Beschwerde führte zur Aus-

---

[400] Ähnl. *Wolsztynski/Hüsgen*, BB 2000, 1809 (1815 f).

[401] BFH v. 10.09.2003 XI R 58/01 BStBl. II 2004, 352.

[402] So schon FG Münster v. 22.01.2001 9 K 1222/97 K, 9 K 1265/97 K EFG 2001, 613 als Vorinstanz.

[403] BFH v. 03.12.2001 XI B 86/01 BFH/NV 2002, 482 (483).

[404] Hess. FG v. 14.01.1998 4 K 2594/94 EFG 1998, 757 (758); Rev. verspätet begründet, BFH v. 16.12.1999 XI R 96/98 BFH/NV 2000, 740.

[405] FG München v. 22.03.2001 7 V 4476/00 EFG 2001, 838.

setzung der Vollziehung durch den Bundesfinanzhof.[406] Im Hauptsacheverfahren hat das Finanzgericht München jedoch inzwischen die Veranlasserhaftung abgelehnt.[407] Auch das Finanzgericht Baden-Württemberg[408] hat sich der Auffassung des Hessischen Finanzgerichts angeschlossen und in einem rechtskräftigen Urteil zur Höhe des Haftungsbetrags ausgeführt, die Haftung umfasse den Gesamtbetrag der zugewendeten Mittel. Durch die satzungswidrige Verwendung eines Teils der Gelder sei auch die Verwendung derjenigen Mittel, die für an sich begünstigungsfähige Tätigkeiten eingesetzt wurden, zu nicht steuerbegünstigten Zwecken veranlasst worden, weil alle Tätigkeiten des Vereins insgesamt nicht gemeinnützig sein konnten.

Anderer Ansicht sind das Finanzgericht Köln[409] und das Finanzgericht Münster.[410] Das Finanzgericht Köln[411] hatte über die Frage zu entscheiden, ob unangemessen hohe Ausgaben für die gewerbliche Mitgliederwerbung den Erlass von Spendenhaftungsbescheiden in Höhe der gesamten Aufwendungen für die gewerbliche Mitgliederwerbung rechtfertigen. Das Gericht betont, dass sich die Haftung ausschließlich auf die Höhe des zugewendeten und tatsächlich fehlverwendeten Betrags, hier der tatsächlich überhöhten Ausgaben für Mitgliederwerbung, beziehe.[412] Es hält damit eine konkrete Fehlverwendung der Mittel für erforderlich. Auch das Finanzgericht Münster[413] ist der Ansicht, dass allein die fehlende Gemeinnützigkeit der Empfängerkörperschaft keine Fehlverwendung begründet.

Die Meinungen im steuerrechtlichen Schrifttum sind ebenfalls nicht einheitlich. Zum einen wird die Auffassung vertreten, dass eine Mittelverwendung durch eine im Zeitpunkt der Mittelverwendung tatsächlich nicht gemeinnützige Kör-

---

[406] BFH v. 03.12.2001 XI B 86/01 BFH/NV 2002, 482.

[407] FG München v. 03.06.2003 6 K 3913/00 EFG 2003, 1258. Über die von der Finanzverwaltung eingelegte Revision wurde noch nicht entschieden (Az. XI R 41/03).

[408] FG Baden-Württemberg v. 14.07.1998 3 K 58/94 DStRE 1999, 295 (297), rkr.

[409] FG Köln v. 28.01.1998 6 V 6194/97 EFG 1998, 755.

[410] FG Münster v. 22.01.2001 9 K 1222/97 K, 9 K 1265/97 K EFG 2001, 613.

[411] FG Köln v. 28.01.1998 6 V 6194/97 EFG 1998, 755.

[412] FG Köln v. 28.01.1998 6 V 6194/97 EFG 1998, 755 (756). Der BFH musste im anschließenden Beschwerdeverfahren nicht ausdrücklich auf diese Frage eingehen, BFH v. 23.02.1999 XI B 128/98 BFH/NV 1999, 1055.

[413] FG Münster v. 22.01.2001 9 K 1222/97 K, 9 K 1265/97 K EFG 2001, 613.

perschaft vom Tatbestand der Veranlasserhaftung erfasst wird.[414] Das Haftungsrisiko der später aberkannten Gemeinnützigkeit trägt nach dieser Auffassung der Zuwendungsempfänger. Die Unzumutbarkeit dieses Haftungsrisikos könne über das Opportunitätsprinzip im Rahmen des Ermessens bei Erlass des Haftungsbescheides berücksichtigt werden.[415] Zum anderen wird die Auffassung vertreten, eine Fehlverwendung sei zu verneinen, wenn eine nicht steuerbegünstigte Körperschaft die zweckgebundenen Mittel satzungsmäßigen steuerbegünstigten Zwecken zuführt.[416]

cc) Stellungnahme

(1) Entstehungsgeschichte

Im Sondervotum haben die Kommissionsmitglieder *Isensee* und *Knobbe-Keuk* darauf hingewiesen, dass die Haftung auch bei Wegfall der Gemeinnützigkeit eintrete (§ 66a Abs. 1 S. 2 des Alternativentwurfs). Sie hatten folgende Haftungsregelung vorgeschlagen:

„Erteilt eine Körperschaft für eine Spende, die sie erhalten hat, eine unrichtige Bescheinigung über die steuerliche Abzugsfähigkeit, so haftet sie in Höhe des halben Spendenbetrags für den Steuerausfall. Das gleiche gilt, wenn die Voraussetzungen der Spendenberechtigung mit Wirkung für die Vergangenheit entfallen.“[417]

Diese Haftungsregelung ist vor dem Hintergrund zu sehen, dass die Sachverständigenkommission zur Feststellung der Gemeinnützigkeit einen Anerkennungsbescheid einführen wollte.[418] Dieser Anerkennungsbescheid könnte grundsätzlich nach §§ 172 ff AO geändert werden. In Betracht kommt dafür insbesondere eine Änderung nach § 172 Abs. 1 Nr. 2 c AO wegen Anwendung unlauterer Mittel und nach § 173 Abs. 1 Nr. 1 AO, wenn Tatsachen oder Beweismittel nachträglich bekannt werden, die zu einer höheren Steuer führen. Liegen diese

---

414 *Hildesheim* in: Bordewin/Brandt, § 10b EStG Rn. 154; *Hild* in: Korn, § 10b EStG Rn. 54; *Kümpel*, S. 94; *Igl/Jachmann/Eichenhofer*, S. 143; *Wallenhorst*, DB 1991, 1410 (1412); *Myßen*, INF 2000, 385 (387).

415 *Wallenhorst*, DB 1991, 1410 (1412); anders dagegen *ders.*, DStZ 2003, 531 (532f).

416 *Kirchhof* in: Kirchhof/Söhn/Mellinghoff, § 10b EStG Rn. E 52; *Buchna*, S. 355; *Schauhoff* in: Schauhoff (Hrsg.), § 6 Rz. 49; *Gierlich*, FR 1991, 518 (520 f); *Wallenhorst*, DStZ 2003, 531 (533).

417 Gutachten, S. 476.

418 So auch *Mittelsteiner*, DStR 1988, 471 (474).

Änderungsvoraussetzungen vor, so erscheint auch die Haftung der Empfängerkörperschaft bei Versagung der Gemeinnützigkeit bzw. bei einer abweichenden Beurteilung des satzungsmäßig verfolgten Zwecks konsequent. Da die Vorschriften jedoch – jedenfalls in § 172 Abs. 1 Nr. 2 c AO – ein Verschulden voraussetzen, kann die Konzeption von *Isensee* und *Knobbe-Keuk* zur Begründung der – verschuldensunabhängigen – Veranlasserhaftung bei einer abweichenden rechtlichen Qualifizierung von Satzungszweck und Gemeinnützigkeitsstatus nicht herangezogen werden. Sie gibt damit keinen Aufschluss über das Verhältnis der beiden Haftungsalternativen zueinander.

Der Finanzausschuss sah ausdrücklich eine Haftung in Höhe von „40 v. H. des zugewendeten *und zweckentfremdeten* Betrags“[419] vor. Dennoch lautet der vom Finanzausschuss empfohlene und schließlich verabschiedete Gesetzestext „40 vom Hundert des zugewendeten Betrags“.[420] Der Finanzausschuss ging offenbar davon aus, dass der ausdrückliche Zusatz „und zweckentfremdet“ nicht erforderlich sei und die gekürzte Fassung nicht zu einer inhaltlichen Änderung führe. Nach der Entstehungsgeschichte der Norm und dem Willen des Gesetzgebers sollte somit lediglich für den tatsächlich zweckwidrig verwendeten Betrag gehaftet werden. Dies spricht gegen eine Haftung der Empfängerkörperschaft im Fall 3, da sie die zweckgebundenen Mittel zu ihren satzungsmäßigen Zwecken verwendet hat. Im Fall 4 müsste die Körperschaft eine Haftung nur in Höhe der Mittel befürchten, die zweckwidrig verwendet wurden, nicht jedoch für sämtliche Mittel, die ihr in dem betroffenen Veranlagungszeitraum zugewendet wurden. Damit ist aber noch nicht geklärt, ob eine Fehlverwendung in den Fällen 1 und 2 anzunehmen ist, wenn der satzungsmäßig verfolgte Zweck rechtlich unzutreffend qualifiziert wurde.

(2) Wortlaut

Der Wortlaut der Haftungsregelung sieht eine Fehlverwendung vor, wenn die Zuwendungen nicht zu den in der Bestätigung genannten Zwecken verwendet werden. Demnach droht die Haftung bereits dann, wenn die Empfängerkörperschaft die ihr zugewendeten Mittel zwar so verwendet, wie es in der Satzung niedergelegt ist, der Zweck, der durch die Verwendung gefördert werden soll, aber nicht in der Bestätigung genannt ist, weil er rechtlich unzutreffend qualifiziert wurde. Wird der Zweck in den Fällen 1 und 2 im Nachhinein nicht als (er-

---

419 BT-Drs. 11/5582, S. 26.
420 BT-Drs. 11/5582, S. 10.

höht) begünstigt anerkannt, so ist der tatsächlich geförderte Zweck bereits im Zeitpunkt der Verwendung nicht (erhöht) steuerbegünstigt gewesen und folglich auch nicht in der Bestätigung angegeben. Die Mittel wurden somit einem nicht in der Bestätigung angegebenen Zweck zugeführt.[421] Der objektive Tatbestand der Ausstellerhaftung ist erfüllt.[422] Aufgrund der Abweichung von der Bestätigung liegt dem Wortlaut nach eine Fehlverwendung vor, so dass die Aussteller- und Veranlasserhaftung kumulativ eingreifen könnten, wenn der mit den Zuwendungen geförderte Zweck unzutreffend qualifiziert wurde. Während die Ausstellerhaftung ein Verschulden voraussetzt, das die Haftung der Empfängerkörperschaft ausschließt, wenn sie weder vorsätzlich noch grob fahrlässig den verfolgten Zweck unzutreffend qualifiziert hat, müsste die Empfängerkörperschaft bei wortlautgemäßem Verständnis der Veranlasserhaftung die Inanspruchnahme wegen Fehlverwendung stets befürchten.

Im Fall 3 wurde die Gemeinnützigkeit versagt, ohne dass der mit den Zuwendungen tatsächlich geförderte Zweck abweichend beurteilt wurde. Eine Abweichung vom Wortlaut der Bestätigung liegt damit eigentlich nicht vor, denn der Status der Empfängerkörperschaft ist kein ausdrücklich normiertes Tatbestandsmerkmal. In der Haftungsregelung heißt es nicht:

„... wer veranlasst, dass Zuwendungen nicht zu den in der Bestätigung angegebenen steuerbegünstigten Zwecken *oder von einer nicht steuerbegünstigten Körperschaft* verwendet werden, haftet ...“

Eine weite Auslegung in dem Sinne, dass eine Fehlverwendung unabhängig von der konkreten Mittelverwendung anzunehmen ist, wenn die Körperschaft nicht gemeinnützig war, ließe sich begründen, wenn die Steuerbefreiung der Körperschaft notwendiges Merkmal der steuerbegünstigten Zwecke ist. Ein derartiges Verständnis der steuerbegünstigten Zwecke lässt sich dem Wortlaut jedoch nicht entnehmen.[423]

---

421 Das gleiche gilt, wenn eine Körperschaft nach ihrer Satzung mehrere steuerbegünstigte Zwecke verfolgt, einen bestätigt, aber einen anderen Zweck tatsächlich fördert. Vgl. dazu die Ausführungen auf S. 104 ff und auf S. 145 ff.

422 Vgl. oben S. 106 ff.

423 So jetzt auch BFH v. 10.09.2003 XI R 58/01 BStBl. II 2004, 352 (353), und *Wallenhorst*, DStZ 2003, 531 (533).

(3) Systematische Erwägungen

(a) Differenzierung zwischen steuerbegünstigtem Zweck und Status der Empfängerkörperschaft

Gegen die generelle Haftung einer nicht gemeinnützigen Körperschaft spricht außerdem, dass in § 48 EStDV die Voraussetzungen für die steuerbegünstigten Zwecke geregelt werden, während in § 49 EStDV die Anforderungen an den Zuwendungsempfänger normiert sind. Die flankierenden Regelungen differenzieren demnach zwischen den steuerbegünstigten Zwecken einerseits und dem Status des Zuwendungsempfängers andererseits. Die Steuerbegünstigung des Empfängers ist nicht notwendiger Bestandteil der steuerbegünstigten Zwecke, die in § 51 S. 1 AO aufgezählt werden. Der Begriff des Zwecks einer Zuwendung umfasst somit nicht zugleich die rechtliche Organisationsform des Zuwendungsempfängers.[424] Auch nach den amtlichen Vordrucken für die Zuwendungsbestätigungen sind getrennte Angaben über den Verwendungszweck und den Status des Zuwendungsempfängers zu machen. Eine weite Auslegung, die die Steuerbefreiung des Zuwendungsempfängers als notwendiges Tatbestandsmerkmal der steuerbegünstigten Zwecke qualifizieren will, würde die differenzierenden gesetzlichen Regelungen außer Acht lassen.[425]

Eine Körperschaft, die „nur“ deshalb nicht als gemeinnützig anerkannt wird, weil sie Mittel, die weder Spenden noch Mitgliedsbeiträge sind, steuerschädlich verwendet hat, die zweckgebundenen Mittel jedoch zu – abstrakt – steuerbegünstigten Zwecken verwendet hat (Fall 3), erfüllt demnach nicht den Tatbestand der Veranlasserhaftung. Auch eine Ausstellerhaftung kommt nicht in Betracht, da in der Bestätigung keine Angaben über die Verwendung nicht zweckgebundener Mittel, sondern nur über die Verwendung zweckgebundener Zuwendungen gemacht werden.

Diese Auslegung ermöglicht bereits auf Tatbestandsebene eine inhaltliche Begrenzung der Veranlasserhaftung. Die von *Wallenhorst*[426] vorgeschlagene Berücksichtigung des Verschuldens im Rahmen der Ermessensentscheidung bei rückwirkender Versagung der Gemeinnützigkeit ist dadurch entbehrlich. Für die Verwaltungspraxis wie auch für die Zuwendungsempfänger hat die tatbestandli-

---

[424] So ausdrücklich *Offczors*, S. 122.
[425] Ähnl. *Gierlich*, FR 1991, 518 (520).
[426] *Wallenhorst*, DB 1991, 1410 (1413).

che Konkretisierung des Haftungstatbestandes den Vorteil, dass die Grenzen der Haftung klar definiert sind. Es entfällt das Risiko, dass sie im Wege des Opportunitätsprinzips in jedem Einzelfall unterschiedlich ausfallen können. Den Zuwendungsempfängern gibt diese Auslegung Planungs- und Rechtssicherheit. Zugleich entbindet sie die Finanzverwaltung von arbeitsintensiven und häufig konfliktanfälligen Ermessenserwägungen.[427]

Dieselben Ergebnisse werden erzielt, wenn die vorläufige Bescheinigung als Verwaltungsakt eingeordnet wird und ihr so die rechtliche Bindungswirkung zugesprochen wird. Die in der Zuwendungsbestätigung anzugebenden Zwecke könnten im Nachhinein nicht mehr durch eine abweichende rechtliche Beurteilung der Finanzverwaltung als nicht (erhöht) steuerbegünstigt qualifiziert werden, denn die Bescheinigung würde als Verwaltungsakt nach § 124 AO mit der Bekanntgabe wirksam. Für eine Änderung bedürfte es einer tatbestandlich erfüllten Änderungsnorm. Die in der Satzung niedergelegten Zwecke würden damit grundsätzlich verbindlich als (erhöht) steuerbegünstigt anerkannt und eine Veranlasserhaftung drohte bei rechtlichen Fehlbeurteilungen nicht mehr.

(b) Keine Fehlverwendung bei ursprünglich unrichtigen Bestätigungen

Gegen eine kumulative Anwendung der beiden Haftungsalternativen spricht auch die Systematik des § 10b Abs. 4 S. 2 EStG. Die Haftungsvorschriften unterscheiden zwischen der verschuldensabhängigen Ausstellerhaftung und der verschuldensunabhängigen Veranlasserhaftung. Dem Verschuldenserfordernis der Ausstellerhaftung käme in den oben genannten Fällen kein eigenständiger Regelungsgehalt zu, da zugleich die verschuldensunabhängige Veranlasserhaftung verwirklicht wäre.[428]

Einen eigenständigen Regelungsbereich erhält die Ausstellerhaftung dagegen, wenn die Veranlasserhaftung als Ergänzung der Ausstellerhaftung angesehen wird und immer, aber auch nur dann eingreift, wenn in der Zuwendungsbestätigung die satzungsmäßig verfolgten Zwecke rechtlich zutreffend als steuerbegünstigt bestätigt werden, die Zuwendungen jedoch – wie im Fall 4 – abweichend davon tatsächlich für nicht steuerbegünstigte Zwecke verwendet werden.

---

[427] Vgl. *Pump* in: Pump/Lohmeyer, § 5 AO Rn. 3.

[428] Zum Vorrang der Aussteller- vor der Veranlasserhaftung vgl. *Hüttemann*, Stiftung & Sponsoring, Rote Seiten 1/2002, 1. Vgl. auch BFH v. 10.09.2003 XI R 58/01 BStBl. II 2004, 352.

Folglich ist zwischen unzutreffenden rechtlichen Qualifizierungen durch die Empfängerkörperschaft und tatsächlichen Fehlverwendungen zu unterscheiden.

Die vorgeschlagene Abgrenzung führt dazu, dass in den Fällen, in denen bereits im Zeitpunkt der Ausstellung unrichtige Bestätigungen vorliegen, die Veranlasserhaftung ausgeschlossen ist. Wird also der verfolgte Zweck bzw. der Status der Körperschaft unzutreffend qualifiziert (Fall 1 und 2), liegt von Beginn an eine unrichtige Bestätigung vor, die nur vom Tatbestand der Ausstellerhaftung erfasst wird.[429] Der Anwendungsbereich der Veranlasserhaftung wird so auf die Fälle beschränkt, in denen zunächst richtige Bestätigungen ausgestellt wurden (Fall 3 und 4). Im Fall 3 scheitert die Veranlasserhaftung allerdings daran, dass allein die fehlende Gemeinnützigkeit der Empfängerkörperschaft aus systematischen Erwägungen keine zweckwidrige Verwendung begründet.

Wurde eine unrichtige Bestätigung ausgestellt, weil der von der Körperschaft tatsächlich verfolgte Zweck unzutreffend als steuerbegünstigt qualifiziert wurde, und wurden die Zuwendungen auf die in der Satzung genannte Art und Weise verwendet, setzt sich die zugrunde liegende fehlerhafte rechtliche Beurteilung in der tatsächlichen Verwendung der Mittel fort. Beim Ausstellen der unrichtigen Bestätigung kann die Körperschaft nur bei Vorsatz oder grober Fahrlässigkeit hinsichtlich der Beurteilung ihrer Steuerbegünstigung in Anspruch genommen werden. Systematisch ist es nicht zu rechtfertigen, wenn über die Veranlasserhaftung eine verschuldensunabhängige Haftung begründet wird, ohne dass ein zusätzliches Fehlverhalten der Körperschaft feststellbar ist. Das Verschuldenserfordernis der Ausstellerhaftung liefe bei einer extensiven Auslegung der Veranlasserhaftung praktisch leer. Ein eigenständiger Regelungsgehalt verbliebe ihr nur, wenn die Körperschaft tatsächlich keine Zuwendung erhalten hat. Eine spätere Verwendung und damit auch eine Fehlverwendung im Sinne der Veranlasserhaftung sind hier mangels zugewendeter Mittel ausgeschlossen, so dass lediglich die Haftung wegen des Ausstellens einer unrichtigen Bestätigung eingreifen kann. Aus systematischen Erwägungen ist die Veranlasserhaftung somit auf die Fallgestaltungen zu beschränken, in denen zunächst richtige Bestätigungen ausgestellt wurden, und der Entschluss zur zweckwidrigen Mittelverwendung erst nach der Ausstellung getroffen wurde.

---

[429] Dazu vgl. bereits S. 105.

(4) Sinn und Zweck

Diese enge Auslegung steht im Einklang mit der differenzierenden Rechtslage und dem das Gemeinnützigkeitsrecht legitimierenden Gedanken der Staatsentlastung. Nach dem Sinn und Zweck des Spendenabzugs soll das Gemeinwohl durch privaten finanziellen Einsatz gefördert werden. Diesen Zweck hat die Körperschaft – unabhängig von ihrem gemeinnützigkeitsrechtlichen Status – erfüllt. Die zugewendeten Mittel wurden gemeinnützigen Zwecken zugeführt, so dass der Fiskus und damit die Allgemeinheit im Bereich der Daseinsvorsorge tatsächlich entlastet wurden – auch wenn dies durch eine nicht steuerbegünstigte Körperschaft erfolgt ist. Darin kann sogar ein finanzieller Vorteil für den Steuergläubiger gesehen werden: Eine nicht steuerbegünstigte Körperschaft erbringt uneigennützig Leistungen zugunsten der Allgemeinheit, während ihr der Steuergläubiger die steuerlichen Vergünstigungen, die andere steuerbegünstigte Körperschaften erhalten, die ähnliche Leistungen erbringen, nicht zu gewähren braucht. Die Verwendung der Mittel zu steuerbegünstigten Zwecken durch eine nicht gemeinnützige Körperschaft erscheint damit als eine für den Steuergläubiger lukrative Möglichkeit, von den kostenintensiven Aufgaben der Daseinsvorsorge entlastet zu werden. Die Haftung einer derart „gemeinnützigen" Körperschaft würde dieser Gesamtwürdigung dagegen nicht gerecht.

Eine restriktive Auslegung der Veranlasserhaftung entspricht schließlich auch dem Normzweck, denjenigen haften zu lassen, in dessen Sphäre das Fehlverhalten aufgetreten ist. Die unrichtige Beurteilung des gemeinnützigkeitsrechtlichen Status der Körperschaft beruht auf einer unzutreffenden, wenn auch nicht endgültigen Einschätzung durch die Finanzbehörde. Dies könnte nach dem Normzweck und dem Willen des Gesetzgebers allenfalls die Haftung der Finanzbehörde, nicht aber die Haftung der Empfängerkörperschaft begründen. Verhalten sich die Empfängerkörperschaften entsprechend der vorangegangenen Entscheidung des Finanzamtes und in Übereinstimmung mit ihrer Satzung, so ist grundsätzlich kein Fehlverhalten der Körperschaft erkennbar, für das nach den Gesetzesmaterialien[430] gehaftet werden müsste. Wurde der verfolgte Zweck bzw. der gemeinnützigkeitsrechtliche Status der Körperschaft von Beginn an, also bereits im Zeitpunkt der Ausstellung der Zuwendungsbestätigung unrichtig qualifiziert, so stellt die anschließende Verwendung nur eine Fortführung der ursprünglich unrichtigen Bewertung dar (Fall 1 und 2).

---

430 Vgl. BT-Drs. 11/4176, S. 17.

Das Argument des Hessischen Finanzgerichts[431], den Zuwendungsempfängern würde die Möglichkeit eröffnet, zu Unrecht Zuwendungen zu erhalten und ihre Satzung so zu formulieren, dass sie zunächst als gemeinnützig anerkannt würden, überzeugt nicht. In diesem Fall droht den Zuwendungsempfängern wegen unrichtiger Bestätigungen die Ausstellerhaftung. Der Verwendungswille der Körperschaft bezieht sich dann nicht auf die Verwendung zu einem steuerbegünstigten Zweck. Ein Verschulden ist ebenfalls zu bejahen, wenn die Verantwortlichen ihre Satzung bereits mit dem Vorsatz des unberechtigten Spendenempfangs aufgestellt haben.

Richtig ist, dass eine enge Auslegung der Veranlasserhaftung zur Folge hat, dass das Steuerausfallrisiko nicht generell auf den Zuwendungsempfänger übertragen wird. Diese Konsequenz will das Hessische Finanzgericht nicht ziehen, indem es die Haftung des Zuwendungsempfängers befürwortet und nicht „praktisch eine weitere Spendenabzugsmöglichkeit eröffnen“ [432] will. Wie nach der bis 1989 geltenden Rechtslage trägt der Steuergläubiger und damit die Allgemeinheit das Ausfallrisiko, wenn das Finanzamt zugunsten des Zuwendenden einen Vertrauenstatbestand durch vorläufige Anerkennung der Gemeinnützigkeit gesetzt hat, der Zuwendende gutgläubig war, der Zuwendungsempfänger die zugewendeten Mittel zweckgemäß verwendet hat und hinsichtlich des Verlusts der Gemeinnützigkeit nicht bösgläubig war, so dass auch die Ausstellerhaftung nicht eingreift. Damit ist dem Anliegen des Gesetzgebers, das Steuerausfallrisiko vom Zuwendenden auf den Zuwendungsempfänger zu verlagern, Rechnung getragen. Eine Verlagerung des bis zur Einführung des gesetzlichen Vertrauenstatbestandes grundsätzlich vom Steuergläubiger zu tragenden Ausfallrisikos[433] auf den Zuwendenden oder auf den Zuwendungsempfänger war dagegen nicht bezweckt.

(5) Ergebnis

Zusammenfassend lässt sich feststellen, dass keine Fehlverwendung vorliegt, wenn die Mittelverwendung auf einer bereits ursprünglich unrichtigen Bestätigung beruht. Nur die zweckwidrigen Verwendungen, die auf einem nachträglich geänderten Verwendungswillen beruhen, können tatbestandlich eine Fehlverwendung im Sinne der Veranlasserhaftung darstellen, wobei jedoch zu bedenken ist, dass allein die nachträgliche Versagung der Gemeinnützigkeit noch nicht zu

---

[431] Hess. FG v. 14.01.1998 4 K 2594/94 EFG 1998, 757 (758).
[432] Hess. FG v. 14.01.1998 4 K 2594/94 EFG 1998, 757 (758).
[433] Vgl. dazu bereits die Ausführungen auf S. 66 ff.

einer Fehlverwendung führt, sondern die konkrete Verwendung der zweckgebundenen Mittel maßgeblich ist. Demnach lassen sich die vier Fallgestaltungen unterscheiden:

Fall 1:

Im Veranlagungsverfahren wird der Körperschaft die Gemeinnützigkeit versagt, da der von ihr satzungsmäßig verfolgte Zweck entgegen der Wertung im Freistellungsbescheid oder in der vorläufigen Bescheinigung, aber nunmehr zutreffend nicht als steuerbegünstigt qualifiziert wird. Die Körperschaft hat unrichtige Zuwendungsbestätigungen ausgestellt, die die Ausstellerhaftung begründen, sofern ihr bei der Ausstellung der Zuwendungsbestätigungen bekannt oder grob fahrlässig nicht bekannt war, dass der von ihr verfolgte Zweck nicht steuerbegünstigt ist. Da die Bestätigungen von Anfang an unrichtig waren, scheidet eine verschuldensunabhängige Veranlasserhaftung aus.

Fall 2:

Der von der Körperschaft verfolgte Zweck wird im Veranlagungsverfahren zutreffend als nicht erhöht steuerbegünstigt angesehen, während er im Freistellungsbescheid oder in der vorläufigen Bescheinigung dagegen irrtümlich als erhöht steuerbegünstigt qualifiziert wurde. Die ausgestellten Zuwendungsbestätigungen sind unrichtig und führen nur bei entsprechendem Verschulden zur Ausstellerhaftung. Da die Bestätigungen von Anfang an unrichtig waren, scheidet eine Veranlasserhaftung aus.

Fall 3:

Die Körperschaft hat die zugewendeten Mittel zu (abstrakt) steuerbegünstigten Zwecken verwendet. Im Veranlagungsverfahren wird ihr die Gemeinnützigkeit wegen steuerschädlicher Verwendung nicht zweckgebundener Mittel zutreffend versagt. Eine Ausstellerhaftung kommt nicht in Betracht, da die Körperschaft in der Bestätigung keine Aussagen über die Verwendung nicht zweckgebundener Mittel trifft und folglich auch keine unrichtigen Angaben macht. Über den gemeinnützigkeitsrechtlichen Status an sich werden ebenfalls keine Angaben gemacht. Lediglich der Vertrauensschutz bezieht sich auch darauf. Die Veranlasserhaftung ist ausgeschlossen, da die Zuwendungen zu (abstrakt) steuerbegünstigten Zwecken verwendet wurden. Allein die fehlende Gemeinnützigkeit begründet keine Fehlverwendung. Die Annahme einer generellen Ausstellerhaftung bei fehlender Gemeinnützigkeit im Zeitpunkt der Mittelverwendung ist weder systematisch noch teleologisch begründbar.

Fall 4:

Die Körperschaft verwendet zweckgebundene Mittel teilweise zweckwidrig, so dass ihr die Gemeinnützigkeit aberkannt wird. In dieser Konstellation kann die Veranlasserhaftung wegen der konkreten zweckwidrigen Mittelverwendung eingreifen, die nicht eine bloße Fortführung einer unzutreffenden rechtlichen Qualifizierung in der Zuwendungsbestätigung darstellt. Die Fehlverwendung erfasst jedoch nur die Mittel, die tatsächlich zweckwidrig verwendet wurden. Die anderen zweckgebundenen Mittel werden auch durch die rückwirkende Versagung der Gemeinnützigkeit nicht zu fehlverwendeten Mitteln umqualifiziert. Die Ausstellerhaftung ist ausgeschlossen, wenn eine zweckgemäße Verwendung im Zeitpunkt der Ausstellung der Bestätigung geplant war.

Vor der Einführung der gesetzlichen Vertrauens- und Haftungsregelung war bei fehlender Gemeinnützigkeit der Körperschaft, aber zweckgemäßer Verwendung der Mittel die Gewährung von Vertrauensschutz nicht generell ausgeschlossen.[434] Bei fehlender Gemeinnützigkeit und zweckwidriger Verwendung wurde dagegen der Vertrauensschutz versagt, da das Finanzamt keinen Vertrauenstatbestand hinsichtlich der Mittelverwendung gesetzt hatte.[435] Es trat kein Steuerausfall ein, da der Steuerbescheid des Spenders geändert wurde. Insoweit wurde nunmehr das Steuerausfallrisiko entsprechend dem Willen des Gesetzgebers auf den Zuwendungsempfänger verlagert, wenn die Mittel konkret fehlverwendet wurden, da das Fehlverhalten in der Sphäre des Zuwendungsempfängers stattgefunden hat.

Eine Fehlverwendung im Sinne der Veranlasserhaftung ist somit nur anzunehmen, wenn die Empfängerkörperschaft die ihr zugewendeten Mittel tatsächlich nicht zu den nach §§ 52 ff AO abstrakt steuerbegünstigten Zwecken verwendet, obwohl sie ihren satzungsmäßig verfolgten Zweck in der Zuwendungsbestätigung zutreffend qualifiziert hat. Ein kumulatives Eingreifen von Aussteller- und Veranlasserhaftung ist ausgeschlossen. Entweder liegt eine unrichtige Bestätigung im Sinne der Ausstellerhaftung vor oder die zweckwidrige Verwendung beruht auf einem Entschluss, der erst nach der Ausstellung der Bestätigung gefasst wurde, so dass die Veranlasserhaftung eingreifen kann. Mit dieser tatbestandlichen Abgrenzung der beiden Haftungsalternativen werden Wertungswidersprüche zwischen der verschuldensabhängigen Ausstellerhaftung und der

---

[434] Vgl. BFH v. 11.06.1997 X R 242/93 BStBl. II 1997, 612.
[435] Vgl. nur BFH v. 09.08.1989 I R 181/85 BStBl. II 1989, 990.

verschuldensunabhängigen Veranlasserhaftung vermieden. In welchen Konstellationen eine Fehlverwendung im Einzelnen angenommen werden kann, wird im Folgenden untersucht.[436]

c) Verstoß gegen die Anforderungen der §§ 55 ff AO

Unabhängig von der Beurteilung des gemeinnützigkeitsrechtlichen Status der Körperschaft kann eine Verwendung der zugewendeten Mittel zu nicht steuerbegünstigten Zwecken vorliegen, wenn der Zuwendungsempfänger gegen die Anforderungen der §§ 55 ff AO verstößt. Da diese Anforderungen nur für die Empfänger im Sinne des § 49 Nr. 2 EStDV gelten, scheidet eine Haftung juristischer Personen des öffentlichen Rechts und öffentlicher Dienststellen unter diesem Gesichtspunkt aus systematischen Erwägungen aus.

Ein Verstoß gegen die in den §§ 55 ff AO genannten Anforderungen liegt insbesondere dann vor, wenn die Körperschaft nicht selbstlos im Sinne des § 55 AO handelt. Das Gebot der Selbstlosigkeit verpflichtet die Körperschaft gemäß § 55 Abs. 1 Nr. 1 S. 1 AO vor allem dazu, ihre Mittel nur für satzungsmäßige Zwecke einzusetzen. Ähnliches fordert das Gebot der Ausschließlichkeit in § 56 AO.

aa) Verwendung der Mittel zur Verlustabdeckung

Die Zuwendungen müssen steuerbegünstigten satzungsmäßigen Zwecken zugeführt werden. Da weder die wirtschaftliche Betätigung noch die Vermögensverwaltung[437] als Zweck in die Satzung aufgenommen werden dürfen, könnte eine steuerschädliche Verwendung anzunehmen sein, wenn etwa die Körperschaft entgegen § 55 Abs. 1 Nr. 1 S. 1 AO die zugewendeten Mittel nicht in ihrem ideellen Bereich, sondern zum Verlustausgleich in einem wirtschaftlichen Geschäftsbetrieb verwendet.[438] Wirtschaftlich sinnvolle und angemessene Verwaltungs- und Werbeausgaben sind jedoch unschädlich.[439]

---

[436] Es handelt sich jedoch wegen der Vielzahl möglicher Fallgestaltungen um keine abschließende Aufzählung.

[437] Anwendungserlass zur AO 1977, § 59 Tz. 1; *Apitz*, StBp 2004, 89 (90)

[438] Vgl. ausführlich *Hüttemann*, S. 84 ff.

[439] Die Einzelheiten, insb. die Frage der Angemessenheit, sind umstritten, vgl. BFH v. 23.09.1998 I B 82/98 BStBl. II 2000, 320; BMF v. 15.05.2000 BStBl. I 2000, 814; Anwendungserlass zur AO 1977, § 55 Abs. 1 Nr. 1 Tz. 18-22; *Kirchhof* in: Kirchhof (Hrsg.), § 10b EStG Rn. 22; *Tipke* in: Tipke/Kruse, § 55 AO Tz. 8; *Schauhoff* in: Schauhoff (Hrsg.), § 8 Rz. 19; *Schleder*, Rn. 444, 445; *Schulz*, DStR 1999, 354; *Geserich*, DStR 2001, 604 (605 ff); kritisch zur prozentualen Obergrenze des AEAO im Bereich der Mitgliederwerbung *Hüttemann*, FR 2002, 1337 (1341).

Ebenso ist die Mittelverwendung in einem wirtschaftlichen Geschäftsbetrieb unschädlich, wenn eine Zuwendung ihrer Art nach nur im Rahmen eines wirtschaftlichen Geschäftsbetriebs genutzt werden kann.[440] Nach Ansicht des Bundesfinanzhofs[441] liegt außerdem kein Verstoß gegen das Mittelverwendungsgebot des § 55 Abs. 1 Nr. 1 S. 1 AO vor, wenn Mittel des ideellen Bereichs zum Ausgleich eines Verlustes im wirtschaftlichen Bereich verwendet werden, wenn dieser Verlust auf einer „Fehlkalkulation" beruht und die Körperschaft bis zum Ende des auf das Verlustentstehungsjahr folgenden Wirtschaftsjahres dem ideellen Bereich Mittel in entsprechender Höhe zuführt. Die Finanzverwaltung[442] will dagegen dann keine schädliche Verwendung annehmen, wenn „dem ideellen Bereich in den sechs vorangegangenen Jahren Gewinne des wirtschaftlichen Geschäftsbetriebs in mindestens gleicher Höhe zugeführt worden sind". Bei Anlaufverlusten soll ein Drei-Jahres-Zeitraum maßgebend sein. Entsprechendes soll für den Ausgleich von Verlusten der Vermögensverwaltung durch Mittel des ideellen Bereichs gelten.[443] Zudem soll die Möglichkeit bestehen, Verluste durch Darlehensaufnahme beliebig lange in die Zukunft vorzutragen.[444] Werden abweichend von diesen Grundsätzen Mittel aus dem ideellen Bereich dem Bereich der Vermögensverwaltung oder einem wirtschaftlichen Geschäftsbetrieb zugeführt, so verwendet die Körperschaft diese Mittel nicht zu satzungsmäßigen Zwecken, so dass eine konkrete haftungsbegründende Fehlverwendung vorliegt.

bb) Mittelverwendung bei irrtümlicher Annahme eines Zweckbetriebs

Verwendet die Empfängerkörperschaft Mittel in einem wirtschaftlichen Geschäftsbetrieb, den sie irrtümlich für einen Zweckbetrieb im Sinne der §§ 65-68 AO hält, stellt sich die Frage, ob sie die Mittel fehlverwendet hat. Die Finanzbehörde entscheidet darüber, ob ein wirtschaftlicher Geschäftsbetrieb die Voraussetzungen eines Zweckbetriebs erfüllt. Nur wenn dies der Fall ist, kann die Steu-

---

440 Vgl. FG Düsseldorf v. 05.02.1997 EFG 1997, 473; *Tipke* in: Tipke/Kruse, § 55 AO Tz. 9; *Buchna*, S. 367: wirtschaftlicher Geschäftsbetrieb als „Katalysator".

441 BFH v. 13.11.1996 I R 152/93 BStBl. II 1998, 711; vgl. auch *Apitz*, StBp 2004, 153 (154).

442 Anwendungserlass zur AO 1977, § 55 Abs. 1 Nr. 1 Tz. 4-8; so schon BMF v. 19.10.1998 BStBl. I 1998, 1423; kritisch *Hüttemann*, FR 2002, 1337 (1340f); vgl. auch *Schauhoff*, DStR 1998, 701; *Hofmeister*, DStJG 26 (2003), S. 172ff.

443 Anwendungserlass zur AO 1977, § 55 Abs. 1 Nr. 1 Tz. 9; OFD Hannover v. 29.07.1999 DStR 1999, 1565; ähnl. *Buchna*, S. 108; *Wallenhorst*, DB 1991, 1410 (1411); kritisch *Hüttemann*, FR 2002, 1337 (1341), der die Steuerbegünstigung erst versagen will, wenn die Körperschaft die verlustträchtigen wirtschaftlichen Tätigkeiten nicht einstellt.

444 Anwendungserlass zur AO 1977, § 55 Abs. 1 Nr. 1 Tz. 8

erbegünstigung der Körperschaft durch einen Freistellungsbescheid uneingeschränkt ausgesprochen werden. Handelt es sich dagegen um einen steuerpflichtigen wirtschaftlichen Geschäftsbetrieb, besteht insoweit eine partielle Steuerpflicht gemäß § 5 Abs. 1 Nr. 9 S. 2 KStG, § 64 AO. Die in diesem Betrieb entstandene Steuer ist in einem Körperschaftsteuer- und Gewerbesteuermessbescheid festzusetzen, der mit dem Hinweis erlassen wird, dass die Körperschaft im Übrigen steuerbefreit ist.[445] Wird keine Körperschaftsteuer festgesetzt (Freibetragsregelung des § 24 KStG oder kein Überschreiten der Gewichtigkeitsgrenze des § 64 Abs. 3 AO), wird ein Freistellungsbescheid erlassen, in dem die Finanzbehörde auf die dem Grunde nach bestehende partielle Steuerpflicht hinweist.

Bewertet die Finanzverwaltung den steuerpflichtigen wirtschaftlichen Geschäftsbetrieb unzutreffend als steuerbegünstigten Zweckbetrieb und orientiert sich die Empfängerkörperschaft an dieser Einschätzung des Finanzamtes, hat sie unrichtige Zuwendungsbestätigungen ausgestellt, wenn die Verwendung der Mittel in diesem vermeintlichen Zweckbetrieb erfolgen soll. Ein Verschulden wird ihr wegen der vorangegangenen Äußerungen der Finanzbehörde grundsätzlich nicht vorzuwerfen sein, so dass der subjektive Tatbestand der Ausstellerhaftung nicht erfüllt ist. Eine Veranlasserhaftung ist ausgeschlossen, da die Zuwendungsbestätigungen bereits ursprünglich unrichtig waren und sich die unzutreffende rechtliche Qualifizierung in der späteren Mittelverwendung lediglich fortgesetzt hat.

Die Frage nach der Veranlasserhaftung stellt sich jedoch in den Veranlagungszeiträumen, in denen eine wirtschaftliche Tätigkeit erst aufgenommen wird und eine Beurteilung durch das Finanzamt noch nicht erfolgt ist. Um das Risiko der Veranlasserhaftung zu reduzieren, ist den Empfängerkörperschaften zu empfehlen, zu der Frage nach der rechtlichen Bewertung einer wirtschaftlichen Tätigkeit eine verbindliche Auskunft des Finanzamtes einzuholen.[446]

---

[445] Vgl. nur *Bott* in: Schauhoff, § 7 Rn. 334.

[446] Vgl. allg. zur verbindlichen Auskunft BFH v. 04.08.1961 VI 269/60 S BStBl. III 1961, 562; BFH v. 13.12.1989 X R 208/87 BStBl. II 1990, 274; *Seer* in: Tipke/Kruse, Vor § 204 AO Tz. 15 ff; *Sauer* in: Beermann, Vor §§ 204-207 AO Rn. 17.1 ff; *Rüsken* in: Klein, § 204 AO Rn. 17 ff; *Tiedtke/Wälzholz*, DStZ 1998, 819 (821 ff); BMF v. 24.06.1987 BStBl. I 1987, 474.

cc) Keine zeitnahe Mittelverwendung

Gemäß § 55 Abs. 1 Nr. 5 S. 1 AO sind die zugewendeten Mittel von der gemeinnützigen Körperschaft grundsätzlich zeitnah für Satzungszwecke zu verwenden.[447] Der Mitteleinsatz für die satzungsmäßigen Zwecke hat bis zum Ablauf des auf den Mittelzufluss folgenden Kalender- oder Wirtschaftsjahres zu erfolgen (§ 55 Abs. 1 Nr. 5 S. 3 AO). Entscheidend ist dabei die verbindliche Mitteldisposition, während der tatsächliche Mittelabfluss später erfolgen darf.[448] Unter den Begriff der Mittel fallen sämtliche Vermögenswerte der Körperschaft, also auch die steuerbegünstigten Zuwendungen.[449] Eine Erleichterung für die Körperschaften sieht § 63 Abs. 4 AO vor. Danach kann die Finanzverwaltung der Körperschaft eine Frist zur Mittelverwendung setzen, statt ihr sogleich die Gemeinnützigkeit zu entziehen. Diese Frist wird regelmäßig zwei bis drei Jahre betragen.[450]

Ausnahmen von dem Gebot der zeitnahen Mittelverwendung finden sich etwa in § 58 Nr. 6, Nr. 7 AO, nach denen die Bildung von Rücklagen möglich ist. Für Stiftungen besteht zudem die Möglichkeit der Rücklagenbildung nach § 58 Nr. 12 AO. Einer Rücklage nach § 58 Nr. 6 AO können sämtliche Mittel, die zeitnah zu verwenden sind, also auch steuerbegünstigte Zuwendungen, zugeführt werden, wenn dies erforderlich ist, um die satzungsmäßigen Zwecke nachhaltig zu erfüllen. Dagegen dürfen freie Rücklagen nach § 58 Nr. 7a AO und Kapitalbeteiligungsrücklagen nach § 58 Nr. 7b AO nicht aus Spendenmitteln gebildet werden.

Stellt die Körperschaft Gelder in eine Rücklage ein, obwohl die Voraussetzungen dafür nicht erfüllt sind, verstößt sie durch die Vermehrung ihres Vermögens gegen die Grundsätze der Selbstlosigkeit (§ 55 AO) und Ausschließlichkeit (§ 56 AO). Zugleich ist dies ein Verstoß gegen den Grundsatz, dass die tatsächliche Geschäftsführung der Satzung entsprechen muss (§ 63 AO). Es fragt sich, ob darin eine Fehlverwendung im Sinne der Veranlasserhaftung liegt, oder ob

---

[447] Ausnahmen in § 58 Nr. 6, 7 a, b, 11 a-d, 12 AO.

[448] *Thiel*, DB 1992, 1900 (1901).

[449] Vgl. BFH v. 23.10.1991 I R 19/91 BStBl. II 1992, 62; *Kirchhof* in: Kirchhof/Söhn/Mellinghoff, § 10b EStG Rn. B 72; *Fischer* in: Hübschmann/Hepp/Spitaler, § 55 AO Rn. 8; *Scholz*, § 55 AO Rn. 7; *Tipke* in: Tipke/Kruse, § 55 AO Tz. 8; *Hüttemann*, S. 81; *Buchna*, S. 98; *Thiel*, DB 1992, 1900 (1901).

[450] *Buchna/Koopmann*, StBp 1998, 253 (260); OFD Frankfurt v. 04.03.1993 DStR 1993, 1144.

der gemeinnützigen Körperschaft zunächst entsprechend § 63 Abs. 4 AO eine Frist zur Mittelverwendung gesetzt werden kann, damit sie die Möglichkeit erhält, die Rücklage aufzulösen und die Mittel steuerbegünstigten Zwecken zuzuführen. Über § 63 Abs. 4 AO werden die Folgen von Verstößen gegen die Grenzen der Rücklagenbildung gemildert, und der Verstoß der Körperschaft gegen das Gebot der zeitnahen Mittelverwendung wird geheilt.[451]

Der Bundesfinanzhof[452] und das Finanzgericht Köln[453] haben eine Fehlverwendung im Sinne der Veranlasserhaftung bejaht, wenn Mittel einer Rücklage zugeführt werden, ohne dass eine Rücklagenbildung für die Erfüllung satzungsmäßiger Zwecke nach § 58 Nr. 6 AO erforderlich ist.

Sollte die Rücklage noch nicht aufgelöst sein, so ist vor der Inanspruchnahme eines Veranlassers zunächst im Rahmen der Ermessensausübung zu prüfen, ob der Körperschaft eine angemessene Frist zur Auflösung der Rücklage und zur Verwendung der Mittel zu steuerbegünstigten Zwecken zu setzen ist. Anderenfalls käme der Haftungsnorm bei sog. Verwendungsrückständen[454] Strafcharakter zu, obwohl sie lediglich unberechtigte Steuerausfälle kompensieren soll. Ein endgültiger unberechtigter Steuerausfall ist erst dann zu befürchten, wenn feststeht, dass die Mittel nicht zur Förderung steuerbegünstigter Zwecke verwendet wurden bzw. nicht mehr verwendet werden können. Solange die Möglichkeit zur zweckgerechten Verwendung besteht, liegt keine endgültige Fehlverwendung vor. Hat die Körperschaft jedoch in Kenntnis oder in grob fahrlässiger Unkenntnis des zeitnahen Mittelverwendungsgebots die Mittel in die Rücklage eingestellt, ist es regelmäßig ermessensgerecht, ihr keine Frist für die Auflösung der Rücklage zu setzen.[455] In diesem Fall besteht die Möglichkeit der sofortigen haftungsweisen Inanspruchnahme des Veranlassers.

In den genannten Entscheidungen des Bundesfinanzhofs und des Finanzgerichts Köln war die Möglichkeit bzw. Notwendigkeit einer vorherigen Fristsetzung nicht zu prüfen. Durch die Auflösung der Rücklage und die tatsächliche zweckwidrige Verausgabung der Gelder war eine Verwendung der angesammelten

---

451 *Gersch* in: Klein, § 63 AO Rn. 3.
452 BFH v. 23.02.1999 XI B 128/98 DStRE 1999, 623 (624).
453 FG Köln v. 27.01.1998 6 V 6023/97 EFG 1998, 756 (757); vgl. auch BFH v. 23.02.1999 XI B 130/98 DStRE 1999, 624.
454 *Schauhoff* in: Schauhoff (Hrsg.) § 8 Rz. 34; *Buchna*, S. 128.
455 *Tipke* in: Tipke/Kruse, § 63 AO Tz. 4; *Thiel*, DB 1991, 118 (126); *Thiel/Eversberg*, DB 1991, 118 (126); *Kümpel*, DStR 2001, 152 (153).

Mittel zu steuerbegünstigten Zwecken nicht mehr möglich. Allerdings kann der Auffassung nicht gefolgt werden, dass bereits die fehlerhafte Rücklagenbildung eine haftungsbegründende Fehlverwendung darstellt. Wird die Rücklage innerhalb der nach § 63 Abs. 4 AO gesetzten Frist aufgelöst und werden die Mittel zweckgemäß verwendet, liegt lediglich eine verspätete, aber dennoch zweckgemäße Verwendung vor, die nicht den Tatbestand der Veranlasserhaftung erfüllt. Somit hätte in den genannten Entscheidungen auf die tatsächliche Fehlverwendung durch die Verausgabung der Mittel, nicht aber auf die Rücklagenbildung abgestellt werden müssen.

dd) Zeitnahe Mittelverwendung trotz anders lautender Zweckbestimmung

Vom Gebot der zeitnahen Mittelverwendung sind nach § 58 Nr. 11 a-d AO[456] solche Zuwendungen ausgenommen, die nach der Zweckbestimmung des Zuwendenden nicht unmittelbar gemeinnützigen Zwecken, sondern dem Vermögen der Körperschaft zugeführt werden sollen. Für derartige Zuwendungen wird der Spendenabzug gewährt, da die Erträge der Vermögenssubstanz wiederum dem Mittelverwendungsgebot unterliegen (vorbehaltlich einer zulässigen Rücklagenbildung) und die Zuwendung damit im Ergebnis gemeinwohlgebunden ist.

Erhält die gemeinnützige Körperschaft eine Zuwendung zur Aufstockung ihres Vermögens im Sinne des § 58 Nr. 11 AO, so hat sie diese entsprechend der Weisung des Zuwendenden ihrem Vermögensstock zuzuführen. Verwendet die Körperschaft diese Zuwendung bereits kurzfristig für steuerbegünstigte Zwecke, fragt sich, ob eine Fehlverwendung im Sinne der Veranlasserhaftung vorliegt.

Nach dem Wortlaut der Haftungsvorschrift haftet, wer veranlasst, dass Zuwendungen nicht zu den in der Bestätigung angegebenen steuerbegünstigten Zwecken verwendet werden. Entsprechend den amtlichen Vordrucken für die Zuwendungsbestätigungen ist der zu fördernde Zweck anhand der Anlage 1 zu § 48 EStDV zu benennen. Angaben über die vom Zuwendenden gewollte Zuführung zum Vermögensstock sind grundsätzlich nicht erforderlich. Wird die Zuwendung für die in der Bestätigung genannten Zwecke tatsächlich verwendet, ist der Haftungstatbestand dem Wortlaut nach nicht erfüllt. Bereits das schließt die Haftung aus.

---

[456] Die Vorschrift wurde eingefügt durch Gesetz v. 14.07.2000, BGBl. I 2000, 1034, mit rückwirkender Geltung ab 01.01.2000. Eine entsprechende Regelung fand sich zuvor im Anwendungserlass zur AO 1977, § 55 Tz. 10.

Auch nach dem Sinn und Zweck der Regelung ist keine Haftung erforderlich. Die Mittel wurden steuerbegünstigten Zwecken zugeführt, so dass die Allgemeinheit gefördert wurde und die öffentlichen Kassen entlastet werden. Demgemäß hat der Bundesfinanzhof[457] in einem obiter dictum ausgeführt, dass die Abzugsfähigkeit der Zuwendung erhalten bleibt, wenn der Empfänger die Zuwendung zwar nicht für den vereinbarten, wohl aber für einen anderen begünstigten Zweck verwendet. Etwaige zivilrechtliche Ansprüche des Zuwendenden gegen den Zuwendungsempfänger haben auf die steuerrechtliche Haftung des Zuwendungsempfängers gegenüber dem Steuergläubiger keine Auswirkungen.

Erfolgt dagegen eine Zuwendung in den Vermögensstock einer Stiftung anlässlich ihrer Neugründung (§ 10b Abs. 1a EStG), so hat der Zuwendungsempfänger einen entsprechenden Hinweis in die Zuwendungsbestätigung aufzunehmen.[458] Bestätigt die Stiftung den Empfang und die Zuführung der Zuwendung in den Vermögensstock, so berechtigt dies den Empfänger zu einem zusätzlichen Spendenabzug nach § 10b Abs. 1a S. 1 EStG. Wird diese Zuwendung zeitnah verwendet, besteht die Gefahr eines unberechtigten Steuerausfalls. Das Argument, die Mittel seien gemeinnützig verwendet worden, kann eine Haftung nicht entfallen lassen, da § 10b Abs. 1a S. 1 EStG im Gegensatz zu den Fällen des § 58 Nr. 11 a-d AO einen erweiterten Spendenabzugsrahmen begründet. Obwohl die Zwecksetzung einer Zuwendung grundsätzlich nur das zivilrechtliche Verhältnis zwischen Zuwendendem und Zuwendungsempfänger berührt, ist in diesem Fall wegen der erheblich erweiterten Abzugsmöglichkeiten ein Verstoß gegen die Zwecksetzung zugleich von öffentlich-rechtlichem Belang. Damit droht einer Stiftung, die gegen eine derartige Zwecksetzung verstößt, die Inanspruchnahme wegen Fehlverwendung der Mittel.

d) Verwendung zu nicht in der Bestätigung angegebenen Zwecken

Nach dem Wortlaut der Haftungsnorm kann eine Fehlverwendung – wie bereits ausgeführt – auch dann angenommen werden, wenn Mittel zu steuerbegünstigten, aber nicht in der Zuwendungsbestätigung angeführten Zwecken verwendet werden. Das folgt aus § 10b Abs. 4 S. 2 2. Alt. EStG, der eine Haftung vorsieht, wenn die Zuwendungen „nicht zu den in der Bestätigung angegebenen steuerbegünstigten Zwecken" verwendet werden. Folgende Fallgestaltungen sind zu unterscheiden:

---

[457] BFH v. 19.03.1976 VI R 72/73 BStBl. II 1976, 338.
[458] BMF v. 07.12.2000 BStBl. I 2000, 1557.

Die Empfängerkörperschaft kann nach ihrer Satzung mehrere steuerbegünstigte Zwecke verfolgen. Sie bestätigt aber nur einen von ihnen in der Zuwendungsbestätigung, während sie den anderen mit der Verwendung der zugewendeten Mittel tatsächlich fördert.[459] Dabei können die Zwecke sowohl gleich als auch unterschiedlich hoch begünstigt sein. Zudem kann die Körperschaft die Mittel tatsächlich für einen steuerbegünstigten Zweck verwenden, den sie auch bestätigt hat, aber nach ihrer Satzung formell nicht verfolgt.[460] Schließlich kann die Körperschaft einen steuerbegünstigten Zweck fördern, den sie weder satzungsmäßig verfolgt noch in der Bestätigung genannt hat.[461]

aa) Steuerbegünstigte, satzungsmäßige, aber nicht bestätigte Zwecke

Bei einer engen, streng am Wortlaut des Gesetzes orientierten Auslegung ist eine Fehlverwendung schon dann zu bejahen, wenn eine Körperschaft nach ihrer Satzung mehrere steuerbegünstigte Zwecke fördert, in der Zuwendungsbestätigung einen Zweck angibt, die Zuwendung aber tatsächlich für einen anderen satzungsmäßigen steuerbegünstigten Zweck verwendet.[462] Die Zuwendung wird damit nicht zu dem bestätigten Zweck verwendet. Nach dieser Auslegung genügt es nicht, dass die Zuwendung im ideellen Bereich der Körperschaft verwendet wird.

Die Körperschaft hat mit einer derartigen Bestätigung grundsätzlich nicht den objektiven Tatbestand der Ausstellerhaftung erfüllt, wenn sie im Zeitpunkt der Ausstellung eine Verwendung zu dem in der Bestätigung angegebenen Zweck beabsichtigte. Da der objektive Tatbestand der Ausstellerhaftung nicht erfüllt ist, könnte die Veranlasserhaftung eingreifen.[463]

Es ist jedoch zu bedenken, dass die Haftungstatbestände eingeführt wurden, um Steuerausfälle zu kompensieren. Ein Steuerausfall kann nicht eintreten, wenn die Förderung des bestätigten und des tatsächlich geförderten Zwecks in identi-

---

[459] Vgl. dazu sogleich die Ausführungen unter aa).

[460] Diese Fallkonstellation ist von eher theoretischer Natur. Die Körperschaften müssen in der Bestätigung angeben, für welchen Zweck sie steuerbefreit sind und welchen Zweck sie mit der Zuwendung fördern. Eine Diskrepanz führt zur Versagung des Spendenabzugs. Demnach müsste die Körperschaft einen Zweck angeben, den sie offensichtlich nicht nach ihrer Satzung fördert.

[461] Vgl. dazu die Ausführungen auf S. 148 ff.

[462] Vgl. *Kirchhof* in: Kirchhof/Söhn/Mellinghoff, § 10b EStG Rn. E 51; *Thiel/Eversberg*, DB 1990, 395 (399); *Wallenhorst*, DB 1991, 1410 (1411); *Gierlich*, FR 1991, 518 (520); *Teufel*, FR 1993, 772 (773).

[463] Vgl. insb. S. 104, 134 f.

scher Höhe zum Spendenabzug berechtigt. Hätte der Zuwendungsempfänger eine Bestätigung über den tatsächlich geförderten Zweck ausgestellt, der nach der Satzung ebenfalls gefördert wird und spendenbegünstigt ist, wäre der Spendenabzug zu gewähren. Selbst wenn ein tatsächlicher Steuerausfall nicht Tatbestandsmerkmal des § 10b Abs. 4 S. 2 EStG sein sollte, so ist nach dem Normzweck, unberechtigte Steuerausfälle durch eine Haftungsnorm zu kompensieren, zumindest eine Gefährdung des Steueranspruchs dem Grunde nach als Voraussetzung für eine haftungsweise Inanspruchnahme zu fordern.[464] Berechtigen die satzungsmäßigen Zwecke in derselben Höhe zum Spendenabzug, so ist kein Grund für eine eng am Wortlaut ausgerichtete Auslegung ersichtlich.[465] Für die Finanzverwaltung ist allein relevant, ob die Zuwendung sich im Rahmen der gesetzlich begünstigten, satzungsmäßigen Zwecke der Körperschaft hält. Das Finanzamt hätte auch bei dem tatsächlich verwirklichten Lebenssachverhalt im Sinne des § 38 AO den Spendenabzug in derselben Höhe gewähren müssen. Eine Zweckentfremdung innerhalb der steuerbegünstigten Zwecke, die in gleicher Höhe zum Spendenabzug berechtigen, kann daher grundsätzlich nur zivilrechtliche, nicht aber steuerrechtliche Folgen auslösen.

Wie bereits erwähnt, hat der Bundesfinanzhof[466] demgemäß ausgeführt, die Abzugsfähigkeit einer Zuwendung bleibe erhalten, wenn der Empfänger die Spende zwar nicht für den vereinbarten, wohl aber für einen anderen steuerbegünstigten Zweck verwendet. Der Spendenabzug ist sogar dann zu gewähren, wenn der Zuwendende eine zweckwidrige Verwendung bestimmt hat, der Empfänger die Zuwendung aber zu seinen satzungsmäßigen steuerbegünstigten Zwecken verwendet hat.[467] Es kommt entscheidend darauf an, dass der Zuwendungsempfänger die Mittel verwendet, um die in § 10b Abs. 1 EStG genannten Zwecke zu fördern. Der Spendenabzug ist folglich materiell rechtmäßig, wenn der tatsächliche und der bestätigte Verwendungszweck in der Satzung niedergelegt sind.

Dies gilt insbesondere, wenn die Zuwendung zwar nicht für den vereinbarten gemeinnützigen, wohl aber für einen anderen gemeinnützigen Zweck verwendet wird. Es handelt sich um einen Sonderfall der identisch begünstigten Zwecke.

---

[464] Vgl. *Buchna*, S. 354.

[465] *Schneider/Krammer* in: Littmann/Bitz/Pust, § 10b EStG Rn. 280; *Kirchhof* in: Kirchhof/Söhn/Mellinghoff, § 10b EStG Rn. E 51; *Bott* in: Schauhoff (Hrsg.), § 9 Rz. 82; *Thiel/Eversberg*, DB 1990, 395 (399).

[466] BFH v. 19.03.1976 VI R 72/73 BStBl. II 1976, 338.

[467] *Brandt* in: Herrmann/Heuer/Raupach, § 10b EStG Rn. 34.

Ist etwa ein Verein wegen Förderung der Jugendhilfe (Anlage 1 zu § 48 Abs. 2 EStDV Abschnitt A Nr. 2) und wegen Förderung des Sports (Anlage 1 Abschnitt B Nr. 1) als gemeinnützig anerkannt, so richtet sich die Zuordnung zu den steuerbegünstigten Zwecken nach der Zweckbestimmung, die der Zuwendende vorgenommen hat.[468] Die Zuwendungen für die Jugendhilfe und für den Sport werden steuerlich gleich behandelt, so dass es keinen Unterschied macht, ob der Verein eine Zuwendungsbestätigung für die Förderung der Jugendhilfe oder des Sports ausstellt.[469]

Aus teleologischen Gesichtspunkten ist die Veranlasserhaftung – ähnlich wie die Ausstellerhaftung – zu verneinen, wenn die Körperschaft nach ihrer Satzung mehrere Zwecke verfolgt, einen Zweck bestätigt, jedoch einen anderen Zweck tatsächlich fördert und beide steuerbegünstigten Zwecke in derselben Höhe zum Spendenabzug berechtigen. Ein Steuerausfall kann in diesen Fällen nicht eintreten. Da die Haftung Steuerausfälle ausgleichen soll, ist es teleologisch geboten, ihren Anwendungsbereich auf die Fälle zu beschränken, in denen ein erhöht begünstigter Zweck bestätigt und tatsächlich ein nicht erhöht begünstigter Zweck gefördert wird.[470] Wegen des unterschiedlichen Spendenabzugsrahmens sind Steuerausfälle zu befürchten, so dass eine haftungsweise Inanspruchnahme grundsätzlich in Betracht kommt.

bb) Steuerbegünstigte, nicht satzungsmäßige und nicht bestätigte Zwecke

Neben der Fallkonstellation, dass steuerbegünstigte Zwecke gefördert werden, die zwar nicht bestätigt wurden, aber satzungsmäßig als Zweck verfolgt werden, ist auch der Fall denkbar, dass eine Körperschaft Mittel für einen steuerbegünstigten Zweck verwendet, der nicht bestätigt wurde und auch nicht den satzungsmäßigen Zwecken der Körperschaft entspricht.

Nach allgemeinen Gemeinnützigkeitsvorschriften kann eine gemeinnützige Einrichtung, die z. B. nach ihrer Satzung Jugendhilfe (Anlage 1 Abschnitt A Nr. 2) betreibt, tatsächlich aber allgemein den Sport (Anlage 1 Abschnitt B Nr. 1) fördert, die Steuervergünstigung nicht in Anspruch nehmen, obwohl beide Zwecke gemeinnützig und als besonders förderungswürdig anerkannt sind. Sie muss entweder ihre Aktivitäten entsprechend ihrer Satzung ausrichten oder die Sat-

---

[468] Vgl. das Beispiel bei *Thiel*, DB 2000, 392 (393).

[469] Ein Unterschied besteht allerdings darin, dass für Zwecke, die im Abschnitt B der Anlage 1 genannt sind, nur Spenden, nicht aber Mitgliedsbeiträge abzugsfähig sind.

[470] So auch *Buchna*, S. 354.

zung entsprechend ihren Aktivitäten abändern.[471] Bestätigt diese gemeinnützige Einrichtung nun, die Zuwendung werde entsprechend ihrer Satzung für Zwecke der Jugendhilfe verwendet, werden die Mittel damit zwar zu steuerbegünstigten, aber nicht zu satzungsmäßigen und auch nicht zu den bestätigten Zwecken verwendet. Damit stellt sich die Frage, ob die Körperschaft den Tatbestand der Veranlasserhaftung erfüllt hat.

In der Literatur findet sich die Auffassung, die Verwendung zu anderen gemeinnützigen Zwecken stelle eine Fehlverwendung im Sinne der Veranlasserhaftung dar.[472] Das Finanzgericht Köln[473] bejahte unter Berufung auf *Heinicke*[474] eine Fehlverwendung, wenn Mittel zu anderen als den begünstigten satzungsmäßigen Zwecken verwendet werden. Es verlangt damit, dass die Zuwendungen nur zu den steuerbegünstigten Zwecken verwendet werden, die auch satzungsmäßig verfolgt werden.

Gemäß § 59 letzter Hs. AO und § 63 Abs. 1 AO muss die tatsächliche Geschäftsführung darauf gerichtet sein, die satzungsmäßigen Zwecke zu verfolgen, damit eine Körperschaft als steuerbegünstigt anerkannt wird. Nach § 56 AO hat die gemeinnützige Körperschaft ihre Mittel ausschließlich und unmittelbar für satzungsmäßige Zwecke zu verwenden, es sei denn, die Voraussetzungen der §§ 58, 64-68 AO liegen vor. Die Förderung eines nicht satzungsmäßigen Zwecks verletzt das Gebot der Ausschließlichkeit, so dass die Körperschaft ihre Steuerbegünstigung verliert. Das gilt selbst dann, wenn der von ihr verfolgte Zweck ebenfalls steuerbegünstigt ist.[475] Will sie weitere steuerbegünstigte Zwecke fördern, ist eine Satzungsänderung erforderlich.[476] Wie *Tipke*[477] jedoch zutreffend betont, sind die formellen Vorschriften nicht um ihrer selbst willen geschaffen worden. Sie sollen dem materiellen Recht dienen und es nicht vereiteln. Über diesen Zweck dürfen formelle Vorschriften nicht hinausgehen, anderenfalls sind sie teleologisch zu reduzieren. Dieser Grundsatz ist auch bei der Haftung im Spendenrecht zu beachten.

---

471 Eine Ausnahme sieht das BMF mit Schreiben v. 02.09.2002 DStR 2002, 1574, bei Spenden zur Hilfe für die Opfer der Hochwasserkatastrophe 2002 vor.
472 *Heinicke* in: Schmidt, § 10b EStG Rn. 54; *Fischer* in: Hübschmann/Hepp/Spitaler, § 63 AO Rn. 2; *Mack*, DStR 1984, 187 (188).
473 FG Köln v. 27.01.1998 6 V 6023/97 EFG 1998, 756.
474 *Heinicke* in: Schmidt, 15. Aufl., § 10b EStG Rn. 54.
475 *Uterhark* in: Schwarz, § 56 AO Rn. 1.
476 Anwendungserlass zur AO 1977, § 56.
477 *Tipke* in: Tipke/Kruse, § 59 AO Tz. 1, 3.

Unstreitig liegt eine unrichtige Bestätigung vor, die die Ausstellerhaftung begründet, falls dem Aussteller im Zeitpunkt des Ausstellens bekannt oder grob fahrlässig nicht bekannt war, dass der tatsächlich geförderte Zweck nicht dem bestätigten Zweck entspricht. Regelmäßig wird in diesen Fällen die Empfängerkörperschaft den von ihr geförderten Zweck rechtlich unzutreffend qualifiziert haben, so dass die Bestätigung von Anfang an unrichtig war. Neben den grundlegenden Erwägungen, die gegen das kumulative Eingreifen beider Haftungsvorschriften bei ursprünglich unrichtigen Bestätigungen sprechen, kann zusätzlich der Normzweck zur Auslegung herangezogen werden. Nach Sinn und Zweck der Regelung des § 10b Abs. 4 S. 2 EStG ist dem Aspekt der Förderung steuerbegünstigter Zwecke entscheidendes Gewicht beizumessen. Die Möglichkeit des Spendenabzugs soll zu uneigennützigem Handeln anregen. Durch die Verwendung der zugewendeten Mittel zu steuerbegünstigten Zwecken wird die Allgemeinheit tatsächlich gefördert und die öffentliche Hand im Bereich der Daseinsvorsorge von ihren Aufgaben entlastet. Es gelten insofern dieselben Erwägungen, die auch gegen die Inanspruchnahme einer nicht gemeinnützigen Körperschaft sprechen, wenn sie tatsächlich steuerbegünstigte Zwecke fördert. Der Spendenabzug beim Zuwendenden ist damit unter teleologischen Gesichtspunkten gerechtfertigt. Es ist kein Steuerausfall eingetreten, der durch eine haftungsweise Inanspruchnahme auszugleichen wäre. Es handelt sich damit um Formalismus, wenn behauptet würde, es sei steuerschädlich, wenn eine Körperschaft sich zwar gemeinnützig verhält, ihre Tätigkeit aber nicht mit der Satzung übereinstimmt. *Tipke*[478] schlägt zutreffend vor, dass der Empfängerkörperschaft nicht die Gemeinnützigkeit entzogen werden sollte, wenn ihre tatsächliche Geschäftsführung zwar nicht der Satzung entspricht, dennoch aber die materiellen Voraussetzungen der Gemeinnützigkeit erfüllt, sondern die Änderung bzw. Anpassung der Satzung zu veranlassen ist.

Die hier vertretene Lösung hat zwar den Nachteil, dass die Empfängerkörperschaften nicht durch das Risiko der Spendenhaftung zur Beachtung ihrer Satzung angehalten werden. Das kann jedoch durch andere Maßnahmen erreicht werden wie etwa durch eine Außenprüfung gemäß § 193 AO, die auch bei ge-

---

[478] *Tipke* in: Tipke/Kruse, § 59 AO Tz. 1.

meinnützigen Körperschaften als potentiell Steuerpflichtigen zulässig ist.[479] Die Inanspruchnahme eines Haftungsschuldners kann dieser Nachteil hingegen nicht rechtfertigen.

e) Fehlverwendung bei vereinfachtem Zuwendungsnachweis

Problematisch erscheint, ob eine Fehlverwendung auch dann bejaht werden muss, wenn der Zuwendungsempfänger keine förmliche Zuwendungsbestätigung auszustellen brauchte, weil ein vereinfachter Zuwendungsnachweis ausreicht (§ 50 Abs. 2 EStDV).[480] Die Haftungsregelung des § 10b Abs. 4 S. 2 EStG knüpft die Haftung an die Abweichung von den in der Bestätigung angegebenen steuerbegünstigten Zwecken. Fehlverwendungen von Zuwendungen, für die keine förmliche Bestätigung ausgestellt werden muss, würden nach dem Wortlaut nicht erfasst.

Ein sachlicher Grund für eine derartige Unterscheidung im Haftungsrecht ist allerdings nicht ersichtlich. Der vereinfachte Zuwendungsnachweis tritt an die Stelle der förmlichen Bestätigung und begründet denselben Vertrauensschutz.[481] Es handelt sich um eine Verfahrensvereinfachung, die nicht zu einem weniger sorgfältigen Umgang mit den zugewendeten Mitteln ermächtigt. Vielmehr wird auf die förmliche, verwaltungsintensivere Bestätigung verzichtet, weil etwa im Fall der Katastrophenhilfe der Erfolg möglichst schnell sichergestellt werden soll. Die Hilfsorganisationen sollen schnell über finanzielle Mittel verfügen können. Weil dieser Zweck ein unbürokratisches Handeln erforderlich macht, sollen die personellen Kräfte der Hilfsorganisationen nicht durch das zeitaufwendigere Ausstellen von förmlichen Zuwendungsbestätigungen gebunden werden. Die Verfahrensvereinfachung dient allein dieser Unterstützung der verfolgten Zwecke. Werden diese Zwecke tatsächlich nicht gefördert, so entspricht es teleologischer Auslegung des Gesetzes, auch derartige Fehlverwendungen der Haftungsregelung zu unterwerfen.

Nur die formellen, nicht aber die materiellen Anforderungen werden in § 50 Abs. 2 EStDV gelockert. Durch die Gleichstellung des vereinfachten Zuwen-

---

479 Zur Zulässigkeit der Außenprüfung vgl. *Tipke* in: Tipke/Kruse, § 193 AO Tz. 17; *Schleder*, Rn. 1605; *Bischoff*, S. 71 Rn. 260; *Sauer/Luger*, S. 92; *Goerdeler*, FS Moxter, S. 739 f; *Reiffs*, StBp 1991, 205; *Teufel*, DB 1999, 874 (875); *Buchna/Koopmann*, StBp 1998, 225 (228); *Apitz*, StBp 2004, 89, 125, 153; Anwendungserlass zur AO 1977, § 193 Tz. 5.

480 Vgl. *Jost* in: Dötsch/Eversberg/Jost/Witt, § 9 KStG Rn. 138; *Gierlich*, FR 1991, 518 (519).

481 Zum Vertrauensschutz vgl. die Ausführungen auf S. 83 f.

dungsnachweises mit der förmlichen Zuwendungsbestätigung besteht für die Körperschaften, die sich des vereinfachten Nachweises bedienen (dürfen), aus systematischen Erwägungen und nach dem Normzweck dieselbe haftungsrechtliche Grundlage wie für die Körperschaften, die eine förmliche Bestätigung ausstellen müssen. Es handelt sich damit nicht um ein „redaktionelles Versehen" des Gesetzgebers.[482] Der Inhalt der Regelung erschließt sich aufgrund ihres systematischen Zusammenhangs und teleologischer Auslegung.

2. Nachweis der Fehlverwendung

Stimmen bestätigter Verwendungszweck und tatsächliche Verwendung der zugewendeten Mittel nicht überein, stellt sich die in der Praxis wichtige Frage, ob die Finanzbehörde die Fehlverwendung der Mittel konkret nachzuweisen hat, um einen Haftungsschuldner in Anspruch nehmen zu können, oder ob es ausreicht, wenn sie nachweist, dass von den gesamten zugewendeten Mitteln ein Teil fehlverwendet wurde und sie sodann von der Fehlverwendung sämtlicher Mittel ausgehen darf.

Im Schrifttum[483] wird die Ansicht vertreten, auf den konkreten Nachweis jeder einzelnen Fehlverwendung könne verzichtet werden, nur der Nachweis (mindestens) einer konkret fehlverwendeten Zuwendung sei erforderlich. Nicht ausreichen soll es dagegen, wenn lediglich feststeht, dass die Empfängerkörperschaft weniger Mittel für die in den Zuwendungsbestätigungen angegebenen Zwecke verwendet hat, als sie insgesamt bestätigt hat.[484] *Gierlich*[485] will auf einen konkreten Nachweis verzichten, da die einzelnen Spenden nicht zurückverfolgt werden könnten.

Das Finanzgericht Münster[486] hat in einer noch vor Einführung der gesetzlichen Vertrauensschutz- und Haftungsregelung ergangenen Entscheidung ausgeführt, die Finanzverwaltung könne in der Regel nicht nachvollziehen, wessen Zuwendung zu welchem Zweck verwendet wurde. Insbesondere mit der Überweisung der Zuwendung auf ein Konto des Zuwendungsempfängers sei es häufig nicht möglich, die verwendeten Mittel konkreten Steuerpflichtigen zuzuordnen. Re-

---

[482] Vgl. dagegen *Jost* in: Dötsch/Eversberg/Jost/Witt, § 9 KStG Rn. 138.
[483] *Gierlich*, FR 1991, 518 (520); ähnl. *Kirchhof* in: Kirchhof/Söhn/Mellinghoff, § 10b EStG Rn. E 42.
[484] *Gierlich*, FR 1991, 518 (520).
[485] *Gierlich*, FR 1991, 518 (520).
[486] FG Münster v. 07.05.1987 IV 2759/85 E EFG 1988, 17.

gelmäßig könne nur nachgewiesen werden, dass ein Teil der zugewendeten Gelder nicht satzungsmäßigen Zwecken zugeführt wurde, wenn insgesamt weniger Mittel steuerbegünstigten Zwecken zugewendet als bestätigt wurden. Die Haftung in Höhe der gesamten zugewendeten Mittel wird auch von einigen Finanzgerichten mit der Begründung befürwortet, dass der durch die Fehlverwendung einiger Mittel eintretende Verlust der Gemeinnützigkeit sämtliche Mittel als fehlverwendet erscheinen lasse.[487]

Entstehungsgeschichte und Sinn und Zweck der Regelung könnten gegen das Erfordernis sprechen, den Nachweis für die Fehlverwendung der konkreten Einzelzuwendungen zu erbringen, da der Gesetzgeber[488] die Finanzverwaltung von einer bislang nicht praktikablen Einzelfallprüfung entbinden wollte. Der Hinweis, der Gesetzgeber habe durch die Pauschalierung der Haftungshöhe Einzelfallermittlungen vermeiden wollen, gibt gleichwohl keinen Aufschluss über die Ermittlung der verwirklichten Haftungstatbestände dem Grunde nach.

Zudem haben die Zuwendungsempfänger im Gegensatz zu der Rechtslage, die der Entscheidung des Finanzgerichts Münster zugrunde lag, nunmehr nach § 50 Abs. 4 S. 1 EStDV die Vereinnahmung der Zuwendung und ihre zweckentsprechende Verwendung ordnungsgemäß aufzuzeichnen sowie ein Doppel der Zuwendungsbestätigung aufzubewahren. Eine Zuordnung der einzelnen Zuwendungen wird demnach durch die von den Zuwendungsempfängern vorzunehmenden Aufzeichnungen erleichtert und ihre Verwendung kann überprüft werden.[489] Eine Einzelfallprüfung ist damit nicht länger als unpraktikabel anzusehen.

Kommt die Empfängerkörperschaft ihren Aufzeichnungs- und Aufbewahrungspflichten nicht nach, so soll nach Ansicht der Finanzverwaltung bereits dieser Pflichtenverstoß zur Versagung der Gemeinnützigkeit führen können.[490] Sollten keine ausreichenden Unterlagen über die tatsächlichen Verwendungen von der Körperschaft angefertigt worden sein (oder sollte die Körperschaft diese Unterlagen nicht vorlegen), darf das Finanzamt jedenfalls zu Lasten der Körperschaft davon ausgehen, dass eine Fehlverwendung in Höhe des Differenzbetrags vor-

---

[487] Vgl. dazu bereits die Ausführungen auf S. 128 ff.

[488] BT-Drs. 11/4176, S. 17.

[489] Vgl. zu den Aufzeichnungspflichten und zur Mittelverwendungsrechnung *Thiel*, DB 1992, 1900 (1905 ff); *Buchna/Koopmann*, StBp 1998, 225 ff, 253 (256 ff).

[490] Anwendungserlass zur AO 1977, § 63 Tz. 2; so auch *Thiel*, DB 2000, 392 (394); zw. *Schauhoff* in: Schauhoff (Hrsg.), § 5 Rz. 47.

liegt, der sich aus der Gesamtsumme aller zugewendeten Mittel abzüglich der Mittel, die nachvollziehbar für steuerbegünstigte Zwecke verwendet wurden, errechnet.

Dieses Ergebnis lässt sich unter Berücksichtigung des in § 444 ZPO zum Ausdruck kommenden allgemeinen Rechtsgedankens herleiten, nach dem der Gegner einer beweisbelasteten Partei, der die Beweisführung arglistig oder auch fahrlässig vereitelt, sich nicht zu seinen Gunsten auf die Nichterweislichkeit der Tatsachen berufen darf.[491] Ebenso wie der in § 418 ZPO zum Ausdruck kommende Rechtsgedanke ist auch der in § 444 ZPO normierte Grundsatz als allgemeiner Rechtsgedanke im Steuerrecht anwendbar, auch wenn in § 82 FGO nicht ausdrücklich auf §§ 415-444 ZPO Bezug genommen wird.[492] Im Steuerrecht ergeben sich trotz des Grundsatzes der Amtsermittlung keine Besonderheiten. In der höchstrichterlichen Rechtsprechung[493] wird die Beweislast (Feststellungslast) in Einzelfällen abweichend von dem Grundsatz, dass die Finanzbehörden die Tatsachen nachweisen müssen, die zur Geltendmachung eines Steueranspruchs berechtigen, nach der Beweisnähe verteilt. Dadurch entsteht demjenigen, der die Beweisführung vereitelt, aus seinem Verhalten kein Vorteil.

Zusammenfassend kann festgestellt werden, dass die Finanzämter den Nachweis der Fehlverwendung in jedem einzelnen Fall erbringen müssen, um die Haftungssumme betragsmäßig bestimmen zu können. Etwas anderes gilt nur, wenn die Beweisführung durch den Zuwendungsempfänger vereitelt wird.

3. Veranlasser

Wie bei der Ausstellerhaftung gehen die Meinungen über die Person des Haftungsschuldners auch bei der Veranlasserhaftung auseinander.

---

[491] Vgl. BVerwG v. 26.04.1960 II C 68/58 BVerwGE 10, 270; OLG Frankfurt v. 19.09.1979 14 U 159/75 NJW 1980, 2758; *Tipke/Lang*, § 21 Rn. 217.

[492] Über § 155 FGO ist § 444 ZPO im Finanzgerichtsprozess anwendbar, vgl. *Seer* in: Tipke/Kruse, § 96 FGO Tz. 32.

[493] BFH v. 15.07.1986 VII R 145/85 BStBl. II 1986, 857; BFH v. 19.06.1985 I R 109/82 BFH/NV 1986, 249 (250); BFH v. 09.09.1986 VIII R 100/83 BFH/NV 1987, 105.

a) Meinungsstand

Im Schrifttum wird vereinzelt[494] allein die natürliche Person als Veranlasser und möglicher Haftungsschuldner angesehen. Einige Autoren[495] befürworten dagegen die alleinige Haftung der Empfängerkörperschaft, wenn sich die für sie handelnde Person im Rahmen ihrer Befugnisse gehalten hat und das haftungsauslösende Verhalten der Körperschaft zuzurechnen ist.

Die vorherrschende Meinung im Schrifttum[496], in der Finanzverwaltung[497] und in der finanzgerichtlichen Rechtsprechung[498] sieht sowohl die natürliche Person als auch die Empfängerkörperschaft als Normadressaten der Veranlasserhaftung an. Sie spricht sich für eine gleichrangige Haftung als Gesamtschuldner aus und will die Entscheidung, welcher Gesamtschuldner in Anspruch genommen werden soll, der Finanzverwaltung im Rahmen ihres Auswahlermessens überlassen.

Der Bundesfinanzhof[499] hat sich in den Parallelverfahren eines Vereins und seines Vorsitzenden für die grundsätzliche Haftung beider Kläger ausgesprochen. Die Inanspruchnahme der Körperschaft hielt er für „regelmäßig ermessensgerecht“. Zur Haftung des Vereinsvorsitzenden führte er aus, es unterliege keinem Zweifel, dass die Geltendmachung des öffentlich-rechtlichen Haftungsanspruchs nach § 10b Abs. 4 S. 2 EStG nicht durch § 31 BGB eingeschränkt werde.[500] Das Finanzgericht Köln[501] als Vorinstanz hatte zur Inanspruchnahme des Vereinsvor-

---

494 *Lindberg* in: Frotscher, § 10b EStG Rn. 85; *Hofmeister* in: Blümich, § 10b EStG Rn. 80; *Wallenhorst*, DB 1990, 1410 (1411); *Jansen*, DStR 1990, 61 (66); *Märkle/Alber*, BB 1990, Beil. 2, 1 (12).

495 *Brandt* in: Herrmann/Heuer/Raupach, § 10b EStG Rn. 183; *Buchna*, S. 355; *Teufel*, FR 1991, 772 (774); *Wallenhorst*, DStZ 2003, 531 (534).

496 *Kirchhof* in: Kirchhof/Söhn/Mellinghoff, § 10b EStG Rn. E 55, E 57; *Kirchhof* in: Kirchhof (Hrsg.), § 10b EStG Rn. 112; *Heinicke* in: Schmidt, § 10b EStG Rn. 52; *Hildesheim* in: Bordewin/Brandt, § 10b EStG Rn. 157; *Schneider/Krammer* in: Littmann/Bitz/Pust, § 10b EStG Rn. 281; *Bott* in: Schauhoff (Hrsg.), § 9 Rz. 83; *Schleder*, Rn. 1565; *Nacke*, Rn. 364; *Gierlich*, FR 1991, 518 (520); *Wolsztynski/Hüsgen*, BB 2000, 1809 (1815f); *Myßen*, INF 2000, 385 (387); *Korn*, KÖSDI 1990, 8099 (8112); *Thiel/Eversberg*, DB 1990, 395 (399).

497 OFD Frankfurt v. 27.05.1994 DB 1994, 1900.

498 FG Köln v. 28.01.1998 6 V 6194/97 EFG 1998, 755; FG Köln v. 27.01.1998 6 V 6023/97 EFG 1998, 756 (757); Hess. FG v. 14.01.1998 4 K 2594/94 EFG 1998, 757 (759); FG Baden-Württemberg v. 14.07.1998 3 K 58/94 DStRE 1999, 295 (297), rkr.

499 BFH v. 23.02.1999 XI B 128/99 DStRE 1999, 623 (624); BFH v. 23.02.1999 XI B 130/98 DStRE 1999, 624 (625).

500 BFH v. 23.02.1999 XI B 130/98 DStRE 1999, 624 (625).

501 FG Köln v. 27.01.1998 6 V 6023/97 EFG 1998, 756.

sitzenden entschieden, einer Begründung der Ermessensentscheidung des Finanzamts, den alleinvertretungsberechtigten geschäftsführenden Vorsitzenden neben dem Verein in Anspruch zu nehmen, habe es nicht bedurft.

Handelt es sich bei der Zuwendung um eine Durchlaufspende, so ist die Frage nach dem in Anspruch zu nehmenden Haftungsschuldner ebenfalls umstritten. Während die Finanzverwaltung[502] die alleinige Haftung des Letztempfängers, also der privatrechtlichen Körperschaft befürwortet, wird im Schrifttum[503] auch die Haftung der Durchlaufstelle sowie die Haftung der Bediensteten in Erwägung gezogen. Teilweise[504] wird die Haftung der Bediensteten lediglich bei vorsätzlichem Verhalten für möglich gehalten. Im Gegensatz zur Frage der Ausstellerhaftung einer Durchlaufstelle liegt für die Veranlasserhaftung noch keine finanzgerichtliche Rechtsprechung vor.

b) Stellungnahme

aa) Veranlasser bei einer Direktspende

Der Wortlaut „wer veranlasst, ...“ deutet auf die persönliche Aktivität einer natürlichen Person hin. Bei einer (vorrangigen) Haftung der natürlichen Person würde der Tatbestand des Veranlassens jedoch allein nach dem äußeren Vorgang definiert, ohne dass die rechtliche Verantwortlichkeit als Haftungsgrundlage für den Steuerausfall berücksichtigt würde.

Für die Inanspruchnahme der Körperschaft und der natürlichen Person spricht die Tatsache, dass mit mehreren Haftungsschuldnern die Haftungsmasse, auf die die Finanzverwaltung zugreifen kann, vergrößert wird und damit die Wahrscheinlichkeit steigt, den Steuerausfall im Haftungswege auszugleichen.[505] Im Ergebnis läuft diese Auffassung darauf hinaus, dass bei einer schlechten finanziellen Lage der gemeinnützigen Körperschaften letztlich die natürlichen Personen als Haftungsschuldner in Anspruch genommen werden.

Mit diesem Argument, das allein die Chancen des Steuergläubigers zur Realisierung seines Haftungsanspruchs berücksichtigt, lässt sich die Haftung der natürli-

---

[502] OFD Frankfurt v. 24.05.1994 DB 1994, 1900; zustimmend *Kirchhof* in: Kirchhof/Söhn/Mellinghoff, § 10b EStG Rn. E 56; ähnl. *Graf*, DStZ 1990, 239 (241).

[503] *Oppermann/Peter*, DStZ 1998, 424 (428); *Thiel/Eversberg*, DB 1990, 395 (399); ähnl. *Buchna*, S. 356 f.

[504] *Oppermann/Peter*, DStZ 1998, 424 (428).

[505] Vgl. bereits die Ausführungen zur wirtschaftlichen Leistungsfähigkeit der gemeinnützigen Körperschaften und ihrer Organe auf S. 115.

chen Person jedoch nicht begründen. Auch bei dieser Sichtweise bliebe unberücksichtigt, dass die Organisationsverantwortlichkeit für die Fehlverwendung die Empfängerkörperschaft trifft und ihr ein etwaiger finanzieller Vorteil aus den fehlverwendeten Zuwendungen verbleibt. Wie bereits zur Ausstellerhaftung vorgeschlagen wurde, könnte sie außerdem versuchen, bei schlechter Finanzlage die Haftungssumme im Wege einer Mitgliederumlage aufzubringen.

Überdies bezog sich der Wille des Gesetzgebers nicht auf die Haftung der natürlichen Person. In der Entstehungsgeschichte der Haftungsnorm wurde stets ausdrücklich erwähnt, der Zuwendungsempfänger solle für den Steuerausfall aufkommen, der durch ein Fehlverhalten in seiner Risikosphäre entstanden ist. Dies entspricht den Überlegungen der Sachverständigenkommission, auf die die Einführung des Haftungstatbestandes zurückzuführen ist. Insofern kann der Ansicht des Finanzgerichts Köln[506] nicht gefolgt werden. Das Finanzgericht hat zutreffend festgestellt, dass das Handeln des Organs kein Handeln *für* die Körperschaft ist, sondern ein Handeln *der* Körperschaft. Dennoch will es die tatsächlich handelnde natürliche Person als Haftungsschuldner in Anspruch nehmen. Solange aber das Verhalten der natürlichen Person der Körperschaft zugerechnet werden kann, war die natürliche Person lediglich in ihrer Funktion als Organ tätig und hat die Körperschaft handlungsfähig gemacht.

Auch die weitere Argumentation des Finanzgerichts, aus der Entstehungsgeschichte der Norm ließe sich keine Antwort auf die Frage nach dem Veranlasser herleiten, ist unzutreffend. So wird in der Stellungnahme des Bundesrates[507] als Veranlasser „regelmäßig der Spendenempfänger" angesehen. Das ist die Körperschaft, der die Mittel zugewendet werden. Diese Formulierung wird auch nicht etwa, wie das Finanzgericht meint, „unscharf", wenn der Bundesrat ausführt, „..., der – soweit er unmittelbar selbst spendenempfangsberechtigt ist – die Spendenbestätigung ausstellt bzw. der allein über die tatsächliche Verwendung der Spenden entscheidet". Mit dieser Formulierung ist der Spendenempfänger gemeint, dessen Handeln haftungsbegründend wirkt. Er – der Spendenempfänger – selbst ist spendenempfangsberechtigt.[508] Er stellt die Bestätigung aus, da das Handeln der natürlichen Person sein Handeln ist, und er entscheidet über die tatsächliche Verwendung der Mittel (in welchem Entscheidungsorgan auch im-

[506] FG Köln v. 14.01.1998 6 V 6026/97 EFG 1998, 753 (754).
[507] BT-Drs. 11/4176, S. 17.
[508] Die konditionale Konjunktion bezieht sich auf die Fälle der damals zwingend vorgesehenen Durchlaufspenden.

mer) und veranlasst damit (durch welches ausführende Organ auch immer) die (Fehl-)Verwendung. Schließlich wird in der Beschlussempfehlung des Finanzausschusses[509] ebenfalls der Spendenempfänger als Haftungsschuldner genannt.

Das Finanzgericht hatte offenbar selbst Zweifel an der Überzeugungskraft seiner Argumentation, wenn es hilfsweise auf die Erwägung zurückgreift, die historische Auslegung dürfe jedenfalls nicht allein zu einer den Gesetzeswortlaut einschränkenden Interpretation führen. Richtig ist, dass nach der Rechtsprechung des Bundesverfassungsgerichts[510] unabhängig vom Willen des historischen Gesetzgebers vorrangig auf die im Gesetz objektiv zum Ausdruck kommende, ihm immanente Teleologie abzustellen ist. Jedoch sprechen gerade auch teleologische Aspekte – in Übereinstimmung mit der historischen und systematischen Auslegung – für eine ausschließliche Haftung der Empfängerkörperschaft, solange das Handeln der natürlichen Person als Handeln des Zuwendungsempfängers zu qualifizieren ist. Dementsprechend kann der Hinweis auf die Rechtsprechung des Bundesverfassungsgerichts nicht zu einer Änderung der hier vorgeschlagenen Lösung führen.

Wie bereits bei der Ausstellerhaftung dargelegt wurde, sprechen systematische Unterschiede zwischen der Spendenhaftung und der in § 69 AO normierten Haftung des Vertreters gegen die Haftung der natürlichen Person. Zudem normiert § 69 AO für die natürliche Person eine verschuldensabhängige Haftung, die der verschuldensunabhängigen Veranlasserhaftung widerspricht und damit nicht mit den allgemeinen Haftungsgrundsätzen für natürliche Personen vereinbar ist.[511]

Schließlich steht die Entscheidung des Bundesfinanzhofs[512], in der er die Haftung des Vorstandsvorsitzenden eines Vereins für möglich hält, im Widerspruch zu seiner Rechtsprechung im Umsatzsteuerrecht zur Frage nach dem Aussteller von Rechnungen.[513] Wie bei der Frage nach dem Aussteller einer Bescheinigung ist bei der Frage nach dem Veranlasser einer Mittelverwendung zu klären, auf wessen Entscheidung die ausführende Handlung letztlich beruht. Ist die Handlung der ausführenden Person einer anderen juristischen Person zuzurechnen, so ist gemäß § 31 BGB die Handlung der ausführenden Person als Handlung der

---

[509] BT-Drs. 11/5582, S. 26.
[510] BVerfG v. 11.06.1980 1 PBvU 1/79 BVerfGE 54, 277.
[511] Vgl. *Igl/Jachmann/Eichenhofer*, S. 143; *Oppermann/Peter*, DStZ 1998, 424 (426).
[512] BFH v. 23.02.1999 XI B 130/98 BFH/NV 1999, 1089.
[513] Vgl. nur BFH v. 04.03.1982 V R 107/79 BStBl. II 1982, 309; BFH v. 07.03.1996 V R 14/95 BStBl. II 1996, 491.

Körperschaft zu werten, der die Person als Organ angehört. Damit veranlasst die Empfängerkörperschaft selbst die zweckwidrige Verwendung. Folglich steht § 31 BGB – entgegen der Ansicht des Bundesfinanzhofs[514] – einer haftungsweisen Inanspruchnahme der natürlichen Person als Haftungsschuldner aus systematischen Erwägungen entgegen.[515]

Entsprechend den Erwägungen zur Person des Haftungsschuldners bei der Ausstellerhaftung ist somit auch bei der Veranlasserhaftung der Zuwendungsempfänger als Haftungsschuldner anzusehen, solange sich die handelnde Person nicht derart weit von ihrem Aufgabenkreis entfernt, dass es für einen außenstehenden Dritten erkennbar ist. Es ist kein sachlicher Grund erkennbar, warum die Person des Haftungsschuldners bei der Veranlasserhaftung anders zu bestimmen sein sollte als die Person des Haftungsschuldners bei der Ausstellerhaftung. Wie beim Ausstellen einer unrichtigen Bestätigung darf auch beim Veranlassen der Fehlverwendung einer Zuwendung nicht lediglich auf den letzten Akt der Verwirklichung des Tatbestandsmerkmals abgestellt werden. Die natürliche Person ist lediglich ausführendes Organ des Zuwendungsempfängers. Die Verantwortlichkeit für die Fehlverwendung liegt beim Zuwendungsempfänger, solange ihm das Verhalten der natürlichen Person zuzurechnen ist.

Die Haftung des Zuwendungsempfängers ist andererseits ausgeschlossen, wenn sich die handelnde Person außerhalb ihres Aufgabenkreises bewegt und dies für einen Außenstehenden Dritten erkennbar ist.[516] Die originäre Haftung der natürlichen Person wird dann begründet, wenn sie nur vorgibt, für eine (nicht) existierende Körperschaft zu handeln, ohne tatsächlich eine mit Aufgaben der Körperschaft betraute Funktion innezuhaben. In diesem Fall ist es sachlich gerechtfertigt, allein die natürliche Person unter Berücksichtigung des Rechtsgedankens, der in § 179 BGB zum Ausdruck kommt, haften zu lassen.

bb) Veranlasser bei einer Durchlaufspende

Handelt es sich um eine Durchlaufspende, so ist zu berücksichtigen, dass die Durchlaufstelle verpflichtet ist, vor der Weiterleitung der Spendengelder zu prüfen, ob die begünstigte Körperschaft als gemeinnützig anerkannt ist. Darüber hinaus soll die Durchlaufstelle prüfen, ob die Verwendung der Spenden für steu-

---

[514] BFH v. 23.02.1999 XI B 130/98 BFH/NV 1999, 1089.

[515] Im Ergebnis so auch *Teufel*, FR 1993, 772 (774).

[516] Zum Verhältnis von Vertrauensschutz und Haftung vgl. S. 154 ff.

erbegünstigte Zwecke sichergestellt ist.[517] Die abschließende steuerliche Überprüfung der Empfängerkörperschaft in materieller Hinsicht ist jedoch ausschließlich Angelegenheit der Finanzverwaltung.

Die Haftung soll Spendenausfälle ausgleichen, die durch ein Fehlverhalten entstanden sind. Ist objektiv kein Fehlverhalten, also keine Pflichtverletzung, erkennbar, so scheidet eine haftungsweise Inanspruchnahme bereits tatbestandlich aus, denn den Steueranspruch kann nur ein Verhalten gefährden, das im Zeitpunkt der Handlung tatsächlich bestehende Rechtspflichten verletzt.[518] Eine Pflichtverletzung der Durchlaufstelle ist damit zwingende Voraussetzung zur Erfüllung des Haftungstatbestandes.

Vor der Weiterleitung der Gelder hat die Durchlaufstelle zu prüfen, ob für den Letztempfänger ein Freistellungsbescheid bzw. eine vorläufige Bescheinigung vorliegt. Soweit sie darüber hinaus prüfen soll, dass die Verwendung der Zuwendungen für steuerbegünstigte Zwecke sichergestellt ist, kann daraus keine Verpflichtung entnommen werden, die konkrete Verwendung der Zuwendungen im Einzelnen zu überwachen. Lediglich im Zeitpunkt der Weiterleitung muss die ordnungsgemäße Verwendung der Gelder sichergestellt sein. Bei Vorliegen eines Freistellungsbescheides bzw. einer vorläufigen Bescheinigung darf die Durchlaufstelle grundsätzlich davon ausgehen, dass die Empfängerkörperschaft die Zuwendungen ordnungsgemäß verwenden wird.[519]

Wie der Bundesfinanzhof[520] in einer zollrechtlichen Entscheidung festgestellt hat, veranlasst derjenige etwas, der „die Tatherrschaft innehat". Da die Durchlaufstelle auf die spätere Verwendung der Zuwendung regelmäßig keinen Einfluss hat und damit die Tatherrschaft nicht innehat, kann sie ebenso wenig wie ihre Bediensteten als Veranlasser in Betracht kommen. Mangels einer Pflicht, die spätere zweckgemäße Verwendung der Mittel sicherzustellen, kann der Durchlaufstelle folglich weder eine Pflichtverletzung durch positives Tun noch durch Unterlassen vorgeworfen werden. Die Durchlaufstelle ist lediglich verpflichtet, zu prüfen, ob im Zeitpunkt der Weiterleitung der Zuwendung eine

---

[517] R 111 Abs. 3 S. 6 EStR 1999.
[518] FG Baden-Württemberg v. 25.04.2001 3 K 132/98 EFG 2001, 1084.
[519] Vgl. *Graf*, DStZ 1990, 239 (241).
[520] BFH v. 08.05.1990 VII R 130-131/87 BFHE 161, 266.

zweckgemäße Verwendung sichergestellt ist; sie muss sie nicht selbst sicherstellen.[521]

Der Ansicht von *Oppermann/Peter*[522], die Veranlasserhaftung sei immer dann erfüllt, wenn ein Bediensteter der Durchlaufstelle ordnungsgemäße Zuwendungsbestätigungen ausstellt, die Spendengelder jedoch bei der Empfängerkörperschaft zweckwidrig verwendet werden, kann somit nicht gefolgt werden. Wie das Finanzgericht Baden-Württemberg[523] insoweit zutreffend feststellt, ist zur Verwirklichung der Veranlasserhaftung eine „zurechenbare Handlung, die sich allein auf die Mittelverwendung als solche bezieht", erforderlich. Verwendet der Letztempfänger die Durchlaufspende zweckwidrig, liegt regelmäßig kein Handeln der Durchlaufstelle zugrunde, das gerade auf diese Mittelverwendung gerichtet war, da sie hinsichtlich der tatsächlichen Verwendung der Spendengelder nicht entscheidungsbefugt ist.

Im Gegensatz zur Ausstellerhaftung können Durchlaufstellen folglich grundsätzlich nicht Haftungsschuldner der Veranlasserhaftung sein. Das gleiche gilt für ihre Bediensteten. Eine Ausnahme besteht, wenn sie tatsächlich die konkrete Fehlverwendung bewirken, indem sie etwa auf diejenigen Einfluss nehmen, die satzungsmäßig in der Empfängerkörperschaft entscheidungsbefugt sind oder tatsächlich die Entscheidung zur zweckwidrigen Verwendung treffen. In diesen Ausnahmefällen ist eine Haftung der Durchlaufstelle oder ihrer Bediensteten, wenn sie eigenmächtig gehandelt haben, möglich.

Handelt es sich nicht um eine Durchlaufspende, sondern erhält die juristische Person des öffentlichen Rechts oder öffentliche Dienststelle die Zuwendung zur eigenen Verwendung, so können auch diese öffentlich-rechtlichen Zuwendungsempfänger im Falle der Fehlverwendung den Tatbestand der Veranlasserhaftung erfüllen.

4. Gefährdungshaftung

Nach § 10b Abs. 4 S. 2 2. Alt. EStG und § 9 Abs. 3 S. 2 2. Alt. KStG haftet, wer die Fehlverwendung veranlasst. Begründet allein die objektive Fehlverwendung

---

521 Vgl. dagegen BFH v. 07.07.1970 VII R 90/68 (n. v.): Der Mineralölverwender hat die tatsächliche Verwendung des Mineralöls sicherzustellen. Eine Pflichtverletzung kann bei ihm auch dann angenommen werden, wenn er die zweckwidrige Verwendung duldet bzw. sich nicht um die weitere Verwendung kümmert.

522 *Oppermann/Peter*, DStZ 1998, 424 (428).

523 FG Baden-Württemberg v. 14.07.1998 3 K 58/94 DStRE 1999, 295 (296).

der Zuwendung die Haftung, so handelt es sich um eine verschuldensunabhängige Gefährdungshaftung. Verschuldensunabhängige Gefährdungstatbestände sind dem Steuerrecht nicht fremd. Sie finden sich beispielsweise in § 44 Abs. 5, 6 KStG a. F., § 14 Abs. 3 UStG[524] und § 42d EStG. Die Frage, ob die Veranlasserhaftung tatsächlich eine verschuldensunabhängige Gefährdungshaftung darstellt, ist in Rechtsprechung und Schrifttum umstritten.

a) Meinungsstand

Die finanzgerichtliche Rechtsprechung[525] hält ein Verschulden des Veranlassers zur Begründung der Veranlasserhaftung nicht für erforderlich. Dennoch lassen die finanzgerichtlichen Entscheidungen erkennen, dass die Pflichtverletzungen des jeweiligen Verantwortlichen im Rahmen der Ermessensentscheidung berücksichtigt werden. Damit bleibt die subjektive Tatseite nicht vollständig unberücksichtigt.

So betont das Finanzgericht Baden-Württemberg[526], eine zurechenbare Handlung, die sich auf die Mittelverwendung als solche beziehe, reiche aus. Wegen der Ausgestaltung als Gefährdungshaftung müsse sich das Handlungsbewusstsein oder die sonstige Schuld des Haftungsschuldners nicht auf die rechtliche Beurteilung der von ihm veranlassten Verwendung der Geldmittel beziehen. Das Gericht führt weiter aus, dass sich das Finanzamt zur Begründung seiner Entscheidung zwar auf unterschiedliche Verschuldensgrade bezogen habe, obwohl es sich grundlegend auf eine Haftungsvorschrift gestützt habe, die ausdrücklich kein Verschulden voraussetze. Dabei handele es sich jedoch um eine unschädliche Bezeichnung der sachlich zutreffenden Erwägung, die Verantwortlichen hätten in jeweils unterschiedlichen Stufen der Verantwortung an der Fehlverwendung von Spenden mitgewirkt und eine Differenzierung nach dem „Anteil an der Verantwortung“ sei angemessen. Im Ergebnis wird damit das Verschulden der in Betracht gezogenen Haftungsschuldner im Rahmen des Auswahlermessens berücksichtigt.

---

[524] Dabei handelt es sich allerdings nicht um eine Haftungsvorschrift, vgl. BFH v. 28.01.1993 V R 75/88 BStBl. II 1993, 357; *Hundt-Eßwein* in: Offerhaus/Söhn/Lange, § 14 UStG Rn. 174.

[525] FG Baden-Württemberg v. 14.07.1998 3 K 58/94 DStRE 1999, 295, rkr.; Hess. FG v. 14.01.1998 4 K 2594/94 EFG 1998, 757 (758); FG Köln v. 14.01.1998 6 V 6026/97 EFG 1998, 753; FG Köln v. 27.01.1998 6 V 6023/97 EFG 1998, 756.

[526] FG Baden-Württemberg v. 14.07.1998 3 K 58/94 DStRE 1999, 295 (296), rkr.; so auch Hess. FG v. 14.01.1998 4 K 2594/94 EFG 1998, 757 (758).

In ähnlicher Weise berücksichtigt das Finanzgericht Köln[527] eine erhöhte Verantwortlichkeit der Vorstandsmitglieder als „tatsächlich Handelnde und damit unmittelbar Verantwortliche des Vereins“. Es weist darauf hin, dass die Ermessensentscheidung bei der Inanspruchnahme eines Vereinsvorsitzenden keiner weiteren Begründung bedürfe, da der Inanspruchgenommene als alleinvertretungsberechtigter geschäftsführender Vorsitzender im Rechtsverkehr auftrat.[528] Damit hat es die Verantwortlichkeit des in Anspruch genommenen Vereinsvorsitzenden als subjektives Merkmal im Rahmen der vom Finanzamt getroffenen Ermessensentscheidung gewürdigt. Im Parallelverfahren sieht es die Inanspruchnahme des stellvertretenden Vereinsvorsitzenden als nicht ausreichend begründet an, da keine Feststellungen zu seinem Anteil an der Verantwortung getroffen wurden.[529]

Der Bundesfinanzhof ist bislang nicht explizit auf die Frage eingegangen, ob es sich bei der Veranlasserhaftung um eine verschuldensunabhängige Gefährdungshaftung handelt. Er hat jedoch mittelbar seine Rechtsauffassung erkennen lassen, indem er seine Zweifel an der Rechtmäßigkeit der Haftungsbescheide nicht auch auf ein fehlendes Verschulden auf der Tatbestandsseite der Veranlasserhaftung stützte.[530] Hätte er ein Verschulden für erforderlich gehalten, so hätte er das mangelnde Verschulden als weiteren Grund für die Aussetzung der Vollziehung der Haftungsbescheide anführen können. Da dies nicht geschehen ist, ging er offenbar davon aus, dass die vom Finanzgericht getroffenen rechtlichen Wertungen zutreffend sind und es auf ein Verschulden des Veranlassers als subjektives Tatbestandsmerkmal nicht ankommt.

---

527 FG Köln v. 14.01.1998 6 V 6026/97 EFG 1998, 753.
528 FG Köln v. 27.01.1998 6 V 6023/97 EFG 1998, 756 (757).
529 FG Köln v. 14.01.1998 6 V 6026/97 EFG 1998, 753 (755).
530 BFH v. 23.02.1999 XI B 128/98 DStRE 1999, 623; BFH v. 23.02.1999 XI B 130/98 DStRE 1999, 624.

Nach überwiegender Ansicht im Schrifttum[531] ist die Veranlasserhaftung eine Gefährdungshaftung, die damit unabhängig vom Vorliegen eines konkreten Verschuldens eintritt. Es wird allerdings angemerkt, dass die grundsätzlich einschneidende Gefährdungshaftung abgemildert wird, indem vor Erlass des Haftungsbescheides nach § 191 AO geprüft werden muss, ob die Inanspruchnahme des Haftungsschuldners ermessensgerecht ist.[532] Dabei sei insbesondere auch der Grad des Verschuldens und damit die subjektive Tatseite zu berücksichtigen.[533]

Von einigen Autoren[534] wird die Gefährdungshaftung für Fehlverwendungen von Durchlaufspenden als unangemessen angesehen. Die unterschiedliche Ausgestaltung der Aussteller- und Veranlasserhaftung sei allein aus der Entstehungsgeschichte nachzuvollziehen. Sie beruhe darauf, dass die Sachverständigenkommission die Abschaffung des Durchlaufspendenverfahrens befürwortet habe. Werde das Durchlaufspendenverfahren beibehalten, sei ein Verschuldensgrad auch bei der Veranlasserhaftung erforderlich.[535]

Lediglich *Hofmeister*[536] und *Oppermann/Peter*[537] sind der Ansicht, auch die Veranlasserhaftung setze generell ein Verschulden voraus. *Hofmeister*[538] will den Veranlasser sogar nur bei vorsätzlichem Handeln haften lassen. Die Haftung treffe nur denjenigen, der bewusst und zielgerichtet eine der erteilten Bestätigung widersprechende Verwendung der zugewendeten Mittel veranlasst. *Oppermann/Peter*[539] sehen sowohl die natürliche Person als auch den Zuwendungs-

---

531 *Heinicke* in: Schmidt, § 10b EStG Rn. 55; *Kirchhof* in: Kirchhof (Hrsg.), § 10b EStG Rn. 110; *Kirchhof* in: Kirchhof/Söhn/Mellinghoff, § 10b EStG Rn. E 58; *Schneider/Krammer* in: Littmann/Bitz/Pust, § 10b EStG Rn. 280; *Hildesheim* in: Bordewin/Brandt, § 10b EStG Rn. 154; *Lindberg* in: Frotscher, § 10b EStG Rn. 106; *Brandt* in: Herrmann/Heuer/Raupach, § 10b EStG Rn. 183; *Buchna*, S. 353; *Bischoff*, S. 99 Rn. 48; *Nacke*, Rn. 363; *Bott* in: Schauhoff (Hrsg.), § 9 Rz. 82; *Kümpel*, S. 94; *Thiel/Eversberg*, DB 1990, 395 (399); *Gierlich*, FR 1991, 518 (521); *Oppermann/Peter*, DStZ 1998, 424 (425); *Teufel*, FR 1993, 772 (773); *Korn*, KÖSDI 1990, 8099 (8112); *Wallenhorst*, DB 1991, 1410 (1413); *Myßen*, INF 2000, 385 (387); *Schleder*, NWB Fach 2, 7903 (7920); *Hüttemann*, Stiftung & Sponsoring, Rote Seiten 1/2002, 1 (7).

532 *Thiel/Eversberg*, DB 1990, 395 (399); ähnl. *Boochs*, S. 122; Wallenhorst, DStZ 2003, 531 (533).

533 *Rüsken* in: Klein, § 191 AO Rn. 37; *Kruse* in: Tipke/Kruse, § 191 AO Tz. 53; vgl. auch *Heinicke* in: Schmidt, § 42d EStG Rn. 2, 5; *Wallenhorst*, DB 1991, 1410 (1413).

534 *Wallenhorst*, DB 1991, 1410 (1411); *Teufel*, FR 1993, 772.

535 *Teufel*, FR 1993, 772.

536 *Hofmeister* in: Blümich, § 10b EStG Rn. 81.

537 *Oppermann/Peter*, DStZ 1998, 424 (426).

538 *Hofmeister* in: Blümich, § 10b EStG Rn. 81.

539 *Oppermann/Peter*, DStZ 1998, 424 (426).

empfänger als Veranlasser an. Die Haftung der natürlichen Person trete jedoch in Anlehnung an § 69 AO nur bei Vorsatz oder grober Fahrlässigkeit ein. Bei leichter Fahrlässigkeit werde nur die Haftung der Körperschaft begründet.

b) Stellungnahme

aa) Der Wortlaut der Veranlasserhaftung

Der Wortlaut der Veranlasserhaftung im EStG und KStG deutet auf eine verschuldensunabhängige Haftungsregelung hin. Im Gegensatz zur Ausstellerhaftung wird bei der Veranlasserhaftung der Zusatz „vorsätzlich oder grob fahrlässig" nicht ausdrücklich aufgeführt. Jedoch könnte der Wortsinn des Verbs „veranlassen" auf ein zweckgerichtetes, wissentliches Handeln im Sinne von „bewusst herbeiführen" hindeuten. Andererseits kann unter „veranlassen" lediglich jede Form der Verursachung im Sinne einer bloßen Kausalität verstanden werden, ohne dass es eines zielgerichteten Verhaltens bedarf.

Nach Ansicht des Bundesfinanzhofs[540] ist unter „veranlassen" das Innehaben der Tatherrschaft zu verstehen. Die Tatherrschaft kann man innehaben, ohne zweckgerichtet zu handeln. Mangels eines eindeutigen Zusatzes der Verschuldensform kann nicht auf eine verschuldensabhängige Haftung geschlossen werden, so dass der Wortlaut für eine verschuldensunabhängige Haftung spricht.

Fraglich ist, ob eine unterschiedliche Ausgestaltung der beiden Haftungsalternativen auf sachliche Gründe zurückzuführen ist oder ob es sich um eine missglückte Haftungsvorschrift handelt, die aufgrund der Schnelligkeit des Gesetzgebungsverfahrens nicht exakt gefasst worden ist. Sollte dies der Fall sein, wäre sie teleologisch auf die Sachverhalte zu reduzieren, in denen ein Verschulden nachweisbar ist. In diesem Zusammenhang stellt sich ferner die Frage, ob eine Gefährdungshaftung dem verfassungsrechtlich verankerten Grundsatz der Verhältnismäßigkeit entspricht oder eine verfassungskonforme Reduktion der Norm erforderlich ist.

bb) Die Entstehungsgeschichte

Das Mehrheitsvotum der Sachverständigenkommission hat in § 48a Abs. 1 seines Entwurfs eine Haftungsregelung vorgeschlagen, die vom heutigen Wortlaut der Spendenhaftung nur unwesentlich abweicht:

---

[540] BFH v. 07.07.1970 VII R 90/68 (n. v.).

„Wer vorsätzlich oder grob fahrlässig eine unrichtige Spendenbescheinigung ausstellt oder wer veranlasst, dass Spenden nicht zu dem in der Spendenbescheinigung angegebenen Zweck verwendet werden, haftet für die den Steuerberechtigten aufgrund des Spendenabzugs entgangene Steuer."[541]

Die Kommissionsmitglieder *Isensee* und *Knobbe-Keuk* haben dagegen abweichend vom Mehrheitsvotum weder die Aussteller- noch die Veranlasserhaftung ausdrücklich von einem Verschulden abhängig gemacht.[542] Zu berücksichtigen ist, dass nach den Vorstellungen der Sachverständigenkommission die Spendenberechtigung der Körperschaft zuvor in einem Anerkennungsbescheid festgestellt worden wäre. Die Steuervergünstigung kann mit Wirkung für die Vergangenheit demnach insbesondere nur wegfallen, wenn eine Änderungsmöglichkeit nach §§ 172 ff AO vorliegt.[543] Die Gründe, die zu einer Änderung berechtigen, setzen teilweise ein Verschulden des Adressaten voraus (§ 172 Abs. 1 Nr. 2 c AO), teilweise ist eine Änderung von einem Verschulden unabhängig. Eine Haftung bei Wegfall der Steuervergünstigung wäre demnach letztlich in einigen Fällen auf ein Verschulden der Empfängerkörperschaft zurückzuführen. In einigen Fällen könnte die Haftung bei Wegfall der Steuervergünstigung allerdings auch ohne ein Verschulden eintreten. Unter Berücksichtigung des vorgeschlagenen Anerkennungsverfahrens sprechen die Haftungsregelungen der Sachverständigenkommission weder für eine generell verschuldensabhängige noch für eine generell verschuldensunabhängige (Veranlasser-)Haftung.

cc) Der systematische Vergleich

Unter systematischen Gesichtspunkten ist ein Vergleich zu der Haftungsvorschrift des § 9 Nr. 5 S. 9 GewStG zu ziehen. Der Wortlaut der gewerbesteuerlichen Haftungsnorm weicht von dem Wortlaut der Regelungen im EStG und KStG ab.[544] Während es in den Haftungsvorschriften des EStG und KStG heißt:

„Wer vorsätzlich oder grob fahrlässig ... ausstellt oder *wer* veranlasst, dass ...",

ist der Wortlaut im GewStG folgender:

„Wer vorsätzlich oder grob fahrlässig ... ausstellt oder veranlasst, dass ..."

---

[541] Gutachten, S. 273, 321.

[542] Vgl. Gutachten, S. 476 f.

[543] Es sei denn, der Anerkennungsbescheid wurde unter dem Vorbehalt der Nachprüfung nach § 164 AO oder vorläufig nach § 165 AO erteilt.

[544] Vgl. *Hofmeister* in: Blümich, § 9 KStG Rn. 188i; *Güroff* in: Glanegger/Güroff, § 9 Nr. 5 GewStG Rn. 19.

Durch den Satzbau, der im GewStG gewählt wurde, wird die Verschuldensform der Ausstellerhaftung auch für die Veranlasserhaftung zur Voraussetzung. Damit stellt sich die Frage, ob die gewerbesteuerliche Regelung den Willen des Gesetzgebers zutreffend wiedergibt oder es sich bei der abweichenden Regelung um ein „legislatorisches Missgeschick“ [545] handelt.

§ 9 Nr. 5 S. 8 GewStG ordnet die entsprechende Geltung des § 10b Abs. 4 S. 1 EStG, also der Vertrauensschutzregelung, an. Satz 9 regelt sodann die Haftung im Gewerbesteuerrecht eigenständig. Dabei wird auf das zweite „wer“ verzichtet. Aus Vereinfachungsgründen hätte der Gesetzgeber die entsprechende Anwendung des § 10b Abs. 4 EStG in vollem Umfang anordnen können, wenn er keine inhaltliche Änderung gegenüber der im EStG geltenden Regelung beabsichtigt hätte. Dennoch kann nicht ausgeschlossen werden, dass es sich bei der abweichenden Fassung der gewerbesteuerlichen Haftungsnorm um ein Versehen handelt, zumal den Gesetzesmaterialien keine Anhaltspunkte darüber entnommen werden können, dass eine abweichende Regelung bezweckt wurde.[546] Der Vergleich zu § 9 Nr. 5 S. 9 GewStG lässt damit keine Rückschlüsse auf die Ausgestaltung der Veranlasserhaftung im EStG und KStG zu.

Nach dem im Strafrecht geltenden Grundsatz ist die Verhängung einer Strafe ohne Verschulden nicht zulässig. Grundsätzlich ist vorsätzliches Begehen einer Straftat erforderlich, es sei denn, es wird ausdrücklich auch fahrlässiges Verhalten unter Strafe gestellt (§ 15 StGB). Andererseits handelt es sich bei den Haftungsnormen des Steuerrechts gerade nicht um straf- oder bußgeldähnliche Normen, sondern um Normen mit Schadensersatzcharakter, die grundsätzlich ohne Verschulden zum Ersatz verpflichten können. Das spricht gegen die Anwendung strafrechtlicher Prinzipien.

Ein Vergleich mit den bereits erwähnten steuerrechtlichen Vorschriften, die eine Gefährdungshaftung begründen, gibt keinen Aufschluss über ein mögliches Verschuldenserfordernis. § 44 Abs. 5, 6 KStG a. F. sah eine Gefährdungshaftung bei Ausstellen einer unrichtigen Bescheinigung durch eine ausschüttende Körperschaft vor, die jedoch entfiel, wenn der Aussteller seinen Berichtigungspflichten nachkam. Diese Haftungsregelung entspricht damit im Wesentlichen der Ausgestaltung der Ausstellerhaftung im Spendenrecht. Für die Veranlasserhaftung lässt sich daraus nichts ableiten.

---

[545] Vgl. *Güroff* in: Glanegger/Güroff, § 9 Nr. 5 GewStG Rn. 19.

[546] Vgl. BT-Drs. 11/7833, S. 9; BT-Drs. 12/1506, S. 178.

Auch bei § 14 Abs. 3 UStG handelt es sich um einen Gefährdungstatbestand wegen des unrichtigen Ausstellens einer Rechnung. Schon deshalb kann er nicht zur Auslegung der Veranlasserhaftung herangezogen werden. Im Übrigen begründet § 14 Abs. 3 UStG nach dem eindeutigen Wortlaut („schuldet") keine Haftungs-, sondern eine Steuerschuld.[547]

dd) Sinn und Zweck der Norm

Dem Wortlaut der spendenrechtlichen Haftungsvorschriften entsprechend handelt es sich bei der Veranlasserhaftung im Einkommen- und Körperschaftsteuerrecht um eine verschuldensunabhängige Gefährdungshaftung. Diese wortlautgemäße Auslegung ist mit dem Sinn und Zweck der Norm vereinbar. Hat sich der Zuwendungsempfänger bei der Verwendung der Mittel an die ihm erteilte vorläufige Bescheinigung bzw. an die Beurteilung im Freistellungsbescheid gehalten und dennoch (wie sich im Nachhinein herausstellt) die Mittel fehlverwendet, so ist es nicht erforderlich, in die Veranlasserhaftung ein Verschuldenserfordernis hineinzulesen, um mögliche Härten dieses – regelmäßig entschuldbaren – Rechtsirrtums abzumildern. Wie bereits dargestellt wurde, ist der Tatbestand der Veranlasserhaftung aus teleologischen und systematischen Erwägungen nicht erfüllt, wenn sich die Fehlverwendung als bloße Folge einer zuvor ausgestellten unrichtigen Zuwendungsbestätigung darstellt und damit eine ursprünglich unrichtige Zuwendungsbestätigung vorliegt, die vom objektiven Tatbestand der Ausstellerhaftung erfasst wird.[548]

Folglich greift die Gefährdungshaftung tatbestandlich ohnehin nur ein, wenn die Fehlverwendung nicht auf einer rechtlich unzutreffenden Qualifizierung der verfolgten Zwecke beruht, also wenn Mittel für Zwecke verwendet werden, die weder objektiv steuerbegünstigt sind noch durch eine Äußerung des Finanzamts als steuerbegünstigt qualifiziert wurden. In diesem Fall liegt das Fehlverhalten in der Sphäre der Empfängerkörperschaft, so dass sie für etwaige Steuerausfälle nach dem Zweck der Haftungsregelung in Anspruch genommen werden kann. Auch der Fall, dass Mittel einem wirtschaftlichen Geschäftsbetrieb zugeführt werden, der von der Finanzverwaltung zunächst als steuerbegünstigter Zweckbetrieb qualifiziert wurde, begründet folglich keine Veranlasserhaftung. Es liegt eine unrichtige Bestätigung im Sinne der Ausstellerhaftung vor, die mangels

---

547 Unklar dagegen *Radeisen* in: Vogel/Schwarz, § 14 UStG Rn. 319 „Gefährdungshaftung", „Haftungsvorschrift", Rn. 323 „schuldet".

548 Vgl. zur Abgrenzung der beiden Haftungsalternativen S. 117 ff.

Verschulden nicht zur Haftung führt. Die Körperschaft durfte sich auf die Angaben im Freistellungsbescheid bzw. in der vorläufigen Bescheinigung über die Qualifizierung des wirtschaftlichen Geschäftsbetriebs als Zweckbetrieb verlassen. Führt sie Mittel diesem wirtschaftlichen Geschäftsbetrieb zu, ohne dass die Voraussetzungen eines Zweckbetriebs vorliegen, setzt sich die bei der Ausstellung bereits vorhandene unzutreffende rechtliche Qualifizierung fort. Die Bestätigung ist demnach von Beginn an unrichtig. Bei von Beginn an unrichtigen Bestätigungen ist die Anwendung der Veranlasserhaftung jedoch ausgeschlossen. Damit ist der Anwendungsbereich der Veranlasserhaftung im Wesentlichen auf die Fälle beschränkt, in denen die Mittel offensichtlich nicht gemeinwohlgebunden verwendet werden. In der Vielzahl dieser Fälle ist die Inanspruchnahme des Veranlassers angemessen. Sollte die Gefährdungshaftung in Ausnahmefällen zu unangemessenen Ergebnissen führen, können diese besonderen Umstände innerhalb der Ermessensentscheidung berücksichtigt werden.

Die im Schrifttum[549] diskutierten Beispiele des Diebes und des Behördenmitarbeiters, die Spendengelder entwenden, ohne zu wissen, dass es sich um Spendengelder handelt, lassen sich mit der vorgeschlagenen Auslegung der Veranlasserhaftung vereinbaren. Der Dieb hat durch das Entwenden und spätere Verwenden die zweckwidrige Verwendung der Spendengelder veranlasst. Die Fehlverwendung beruht auf einer bewussten, verantwortlichen und dem Dieb zurechenbaren Handlung. Das Handlungsbewusstsein oder die sonstige Schuld des Diebes braucht sich weder auf die Herkunft der Mittel noch auf die rechtlichen Folgen ihrer Verwendung zu beziehen. Ein objektives Fehlverhalten, das hier in dem Verstoß gegen die Rechtsordnung liegt, reicht aus. Ähnliche Erwägungen gelten, wenn ein Behördenmitarbeiter Spendengelder veruntreut, ohne die Herkunft und den Verwendungszweck der Gelder als Spendengelder zu kennen.[550] Die Gelder werden nicht gemeinnützig verwendet, so dass ein Steuerausfall eintritt, der im Haftungswege zu kompensieren ist. Zu bedenken ist, dass es sich bei der Spendenhaftung nicht um eine Strafnorm handelt, so dass auch keine Sanktion für ein – schuldhaftes – Fehlverhalten verhängt wird. Vielmehr sollen durch die Spendenhaftung unberechtigte Steuerausfälle kompensiert werden. Der Ge-

[549] Vgl. *Brandt* in: Herrmann/Heuer/Raupach, § 10b EStG Rn. 183; *Hofmeister* in: Blümich, § 10b EStG Rn. 81; *Hildesheim* in: Bordewin/Brandt, § 10b EStG Rn. 156.

[550] Das sind wohl eher theoretische Beispiele. Relevanter ist die Unterschlagung bzw. Veruntreuung durch Personen, die den Verwendungszweck der Gelder kennen; zu weiteren strafrechtlichen Aspekten *Weynand*, INF 2002, 214.

setzgeber bezweckte die Inanspruchnahme desjenigen, in dessen Sphäre ein Fehlverhalten aufgetreten ist. Das Entwenden und das Veruntreuen der Gelder stellen Fehlverhalten dar, die der Empfängerkörperschaft nicht zugerechnet werden können. Haftungsschuldner ist demnach der Dieb bzw. der Mitarbeiter. Sollte die Haftungsinanspruchnahme im Einzelfall zu unverhältnismäßigen Härten führen, bliebe deren Berücksichtigung der Ermessensentscheidung vorbehalten.

ee) Keine verfassungsrechtlichen Bedenken

Verfassungsrechtliche Bedenken gegen die Gefährdungshaftung bestehen nicht. Da die Veranlasserhaftung nach den gefundenen Auslegungsergebnissen lediglich auf einen beschränkten Bereich der zweckwidrigen Mittelverwendung Anwendung findet, in dem regelmäßig die Fehlverwendung der Mittel offensichtlich ist oder strafbare Handlungen vorliegen, stellt die Regelung insbesondere keinen Verstoß gegen das aus dem Rechtsstaatsprinzip des Art. 20 Abs. 3 GG ableitbare Übermaßverbot dar. Damit ist festzustellen, dass die Veranlasserhaftung im EStG und KStG im Unterschied zur Ausstellerhaftung und zur Veranlasserhaftung im GewStG verschuldensunabhängig ausgestaltet ist und keiner verfassungskonformen Reduktion bedarf.

IV. Umfang der Haftung

Nachdem die Voraussetzungen für die Spendenhaftung dargelegt wurden, fragt sich, wie und in welcher Höhe der Haftende in Anspruch genommen werden kann.

1. Haftung für die „entgangene" Steuer

Die Haftungsnormen des § 10b Abs. 4 S. 2 EStG, § 9 Abs. 3 S. 2 KStG und § 9 Nr. 5 S. 9 GewStG ordnen die Haftung für die „entgangene" Steuer an. Damit fragt sich, ob ein Steuerausfall Tatbestandsmerkmal für die Erfüllung des Haftungstatbestandes ist oder ob es auf einen konkreten Steuerausfall nicht ankommt.

Ein Steuerausfall tritt nicht ein, wenn der Zuwendende die Zuwendungsbestätigung nicht zum Zwecke des Spendenabzugs mit seiner Steuererklärung einreicht oder der Spendenabzug zu keiner Steuerersparnis führt. Ein Steuerausfall ist auch insoweit (noch) nicht eingetreten, wie der Zuwendende einer Großspende von der Möglichkeit des mehrjährigen Spendenvortrags Gebrauch macht.

a) Meinungsstand

Nach Ansicht der Finanzverwaltung[551] soll die Haftungsschuld unabhängig davon entstehen, ob ein Steuerausfall beim Zuwendenden eingetreten ist. Diese Ansicht teilt das Finanzgericht München.[552] Dagegen stellt das Finanzgericht Schleswig-Holstein[553] in Frage, ob ein Steuerausfall dem Grunde nach Tatbestandsmerkmal für die Haftung nach § 10b Abs. 4 EStG sei. Es konnte die Frage jedoch offen lassen. Auch der Bundesfinanzhof[554] musste diese Frage im anschließenden Revisionsverfahren nicht klären, da er die Revision aus anderen Gründen als begründet ansah.

Im Schrifttum wird die Frage, ob ein Steuerausfall durch den Spendenabzug tatsächlich eingetreten sein muss, kontrovers beurteilt. Zum Teil[555] wird vertreten, die Haftung greife nur ein, wenn ein Steuerausfall tatsächlich eingetreten ist. Die fehlende steuerliche Auswirkung beim Zuwendenden kann demzufolge den in Erwägung gezogenen Haftungsschuldner von der Haftung entlasten. Zum Teil[556] wird auf Einzelfallermittlungen verzichtet, so dass die Auswirkungen beim Steuerpflichtigen zwangsläufig ohne Bedeutung für die Haftungsfrage bleiben.

b) Stellungnahme

Der Wortlaut „haftet für die entgangene Steuer“ deutet darauf hin, dass es für Haftung entscheidend sein könnte, ob der Finanzverwaltung tatsächlich Steuern entgehen. § 10b Abs. 4 S. 2 EStG darf jedoch nicht isoliert betrachtet werden, sondern muss im Regelungszusammenhang mit Satz 3 gelesen werden. Danach ist „diese“, d. h. die entgangene Steuer, mit 40 vom Hundert des zugewendeten

---

551 OFD Frankfurt v. 27.05.1994 DB 1994, 1900 (1901); OFD München v. 19.07.2000 DStR 2000, 1349.

552 FG München v. 16.07.1996 16 K 3638/94 EFG 1997, 322.

553 FG Schleswig-Holstein v. 19.03.1998 I 184/95 EFG 1998, 1198.

554 BFH v. 12.08.1999 XI R 65/98 BStBl. II 2000, 65.

555 *Heinicke* in: Schmidt, § 10b EStG Rn. 56; *Brandt* in: Herrmann/Heuer/Raupach, § 10b EStG Rn. 184; *Olgemöller* in: Streck, § 9 KStG Rn. 18; *Frotscher* in: Frotscher/Maas, § 9 KStG Rn. 55; *Märkle*, S. 279; wohl auch *Sauer*, NJW 1990, 1028 (1029).

556 *Kirchhof* in: Kirchhof/Söhn/Mellinghoff, § 10b EStG Rn. E 72, E 73; *Stäuber* in: Lenski/Steinberg, § 9 Nr. 5 GewStG Anm. 20; *Bott* in: Schauhoff (Hrsg.), § 9 Rz. 84; *Buchna*, S. 353; *Boochs*, S. 120; *Thiel/Eversberg*, DB 1990, 395 (399); *Rupp*, BWGZ 1990, 474 (477); *Gierlich*, FR 1991, 518 (520f); *Oppermann/Peter*, DStZ 1998, 424 (429); *Geserich*, Stiftung & Sponsoring, Rote Seiten 3/2001, 1 (10); *Wallenhorst*, DStZ 2003, 531 (532); vgl. *Myßen*, INF 2000, 385 (387 f) für den Fall der „Zweitbestätigung“ und einen etwaigen Amtshaftungsanspruch des Letztempfängers gegen die Durchlaufstelle.

Betrags anzusetzen. Diese Pauschalierung der Haftungsschuld spricht gegen die im Einzelfall beim Zuwendenden anzustellenden Ermittlungen eines Steuerausfalls sowohl dem Grunde als auch der Höhe nach.[557]

Die Vermeidung von verwaltungsintensiven Einzelfallermittlungen als Zweck der Pauschalierung wird durch die Entstehungsgeschichte der Norm belegt. Bereits das Gutachten der Sachverständigenkommission sah im Mehrheitsvotum[558] eine Pauschalierung der Haftung vor, wollte jedoch genauere Ermittlungen im Einzelfall zulassen. *Isensee* und *Knobbe-Keuk*[559] wollten sich dagegen aus Gründen der Verfahrensvereinfachung nicht auf „genauere Ermittlungen nach Ermessen des Finanzamtes oder auf genauere Berechnungen“ einlassen. In Anlehnung an das Sondervotum griff der Bundesrat die Haftungsregelung auf und wollte die einzelfallbezogene Ermittlung der entgangenen Steuer im Interesse der Verwaltungspraktikabilität unterlassen.[560] Die Bundesregierung[561] befürchtete hingegen, dass die Haftungsregelung zu Ungerechtigkeiten führen werde, denn der Steuersatz, mit dem sich der Spendenabzug beim Zuwendenden ausgewirkt habe, entspreche regelmäßig nicht dem für die Haftung festgesetzten Prozentsatz. Mit diesem Argument setzte sich der Finanzausschuss[562] inhaltlich nicht auseinander. Er empfahl stattdessen den Ansatz der entgangenen Steuer mit einem „durchschnittlichen Einheitssatz“ von 40 v. H. und schloss sich durch Bezugnahme auf die Stellungnahme des Bundesrates der Auffassung an, Einzelfallermittlungen sollten aus Gründen der Verwaltungspraktikabilität unterbleiben. Der Bundestag ist dieser Beschlussempfehlung gefolgt. Entsprechend dieser Empfehlung wurde die Haftung normiert. Nach dem Willen des Gesetzgebers sind die Finanzbehörden folglich nicht verpflichtet, beim Zuwendenden Ermittlungen darüber anzustellen, ob tatsächlich ein Steuerausfall eingetreten ist. Im Gegensatz dazu muss die Finanzbehörde jedoch – wie bereits dargelegt – den Nachweis jeder unrichtigen Bestätigung und jeder Mittelfehlverwendung führen. Diese Beschränkung der finanzbehördlichen Ermittlungspflicht auf die Sphäre des Haftungsschuldners entspricht dem Grundsatz der Verhältnismäßigkeit.[563]

---

557 Zur prozentualen Angabe der Haftungshöhe vgl. unten S. 181 ff.
558 § 48a des Entwurfs, Gutachten, S. 273.
559 § 66a des Alternativentwurfs, Gutachten, S. 476.
560 BT-Drs. 11/4176, S. 17.
561 BT-Drs. 11/4305, S. 2.
562 BT-Drs. 11/5582, S. 26, 32.
563 Vgl. *Kirchhof* in: Kirchhof/Söhn/Mellinghoff, § 10b EStG Rn. A 421.

Wenn auch eine Ermittlungspflicht der Finanzverwaltung abgelehnt wird, bleibt fraglich, ob sich der Haftungsschuldner entlasten kann, indem er nachweist, dass beim Zuwendenden kein oder ein niedriger Steuerausfall eingetreten ist. Der Wortlaut („Diese ist mit ... anzusetzen.“) und die Entstehungsgeschichte sprechen für eine nicht widerlegbare Fiktion eines Steuerausfalls.

Zweifelhaft erscheint aber, ob eine derart enge Auslegung dem Sinn und Zweck der Haftungsregelung gerecht wird und verfassungsrechtlichen Anforderungen entspricht. Die Spendenhaftung wurde zur Kompensation von Steuerausfällen normiert. Der Zuwendende sollte von dem Risiko der Fehlverwendung der Mittel durch den Zuwendungsempfänger entlastet werden. Es sollte derjenige für den Steuerausfall aufkommen, in dessen Sphäre das Fehlverhalten aufgetreten ist. Sollte die Spendenhaftung ohne Exkulpationsmöglichkeit sogar immer dann eingreifen, wenn nachweisbar kein Steuerausfall eingetreten ist, könnte die Regelung einer Strafnorm gleichkommen. Über die Kompensation eines Steuerausfalls hinaus würden dann zusätzliche Einnahmen erzielt. Allerdings könnte die bloße Gefährdung des Steueraufkommens als ausreichend angesehen werden, ohne dass es auf einen tatsächlichen Steuerausfall ankommt, wenn der Zweck der Spendenhaftung darin gesehen wird, den Zuwendungsempfänger von der Ausstellung unrichtiger Bestätigungen und zweckfremder Verwendungen abzuhalten. Mit der Annahme einer derartigen generalpräventiven Zielsetzung ließe sich die Spendenhaftung als Gefährdungstatbestand besonderer Art rechtfertigen.[564] Gegen die Annahme einer in erster Linie generalpräventiven Zielsetzung spricht jedoch die Entstehungsgeschichte der Norm, nach der eine Kompensation von Steuerausfällen beabsichtigt war und damit eine Ausfallhaftung normiert werden sollte.[565] Als Ausfallhaftung lässt sich die Spendenhaftung systematisch in das Gefüge der abgabenrechtlichen Haftungsnormen mit Schadensersatzcharakter[566] einordnen, so dass eine Exkulpationsmöglichkeit zugunsten des Zuwendungsempfängers angenommen werden könnte.

---

[564] Vgl. zu der ähnlichen Problematik des § 14 Abs. 3 UStG a.F. BFH v. 10.12.1981 V R 3/75 BStBl. II 1982, 229; BFH v. 04.05.1995 V R 29/94 BStBl. II 1995, 747; EuGH v. 19.09.2000 C–454/98 DStRE 2000, 1166.

[565] BT-Drs. 11/4176, S. 16 f; BT-Drs. 11/5582, S. 25 f; vgl. auch BFH v. 24.01.2002 XI R 123/96 BStBl. II 2003, 128.

[566] BFH v. 26.07.1988 VII R 83/87 BStBl. II 1988, 859; BFH v. 23.05.1989 X R 17/85 BStBl. II 1989, 879; BFH v. 17.02.1989 III R 35/85 BStBl. II 1990, 263; BFH v. 05.03.1991 VII R 93/88 BStBl. II 1991, 678; BFH v. 11.06.1996 I B 60/95 BFH/NV 1997, 7; *Rüsken* in: Klein, § 69 AO Rn. 1.

Fraglich ist jedoch, ob die theoretische Möglichkeit, sich durch Darlegung des fehlenden Steuerausfalls zu exkulpieren, den Gegebenheiten der Praxis entspricht. Die Empfängerkörperschaft müsste Erkenntnisse über die tatsächlichen Steuerauswirkungen beim Zuwendenden haben. Ohne die Ermittlungsmöglichkeiten der Finanzverwaltung ist sie darauf angewiesen, die Auskünfte direkt beim Zuwendenden einzuholen. Um Informationen zu erhalten, müsste sie dafür in der Regel dem Zuwendenden den Sachverhalt offen legen. Erkennt der Zuwendende, dass die Empfängerkörperschaft wegen eines Fehlverhaltens, eventuell wegen der Fehlverwendung der von ihm zugewendeten Mittel, in Haftung genommen werden soll, wird der Zuwendende regelmäßig seinen Rückforderungsanspruch geltend machen und die geleisteten Mittel zurückverlangen, statt die Empfängerkörperschaft durch Angaben über die eigenen steuerlichen Verhältnisse vor einer drohenden Haftungsinanspruchnahme zu schützen. Eine Exkulpationsmöglichkeit könnte somit wegen praktischer Schwierigkeiten in den meisten Fällen nicht zu einer Entlastung des in Betracht gezogenen Haftungsschuldners führen.

Der nicht widerlegbaren Annahme eines Steuerausfalls stehen folglich auch keine verfassungsrechtlichen Bedenken entgegen.[567] Insbesondere liegt kein Verstoß gegen das Übermaßverbot vor. Der Haftungsschuldner könnte selbst bei Einräumung einer Exkulpationsmöglichkeit in der Regel nicht darlegen, dass tatsächlich kein Steuerausfall eingetreten ist. Vielmehr liefe er Gefahr, durch Nachfragen beim Zuwendenden die Zuwendung zurückzahlen zu müssen. Die nicht widerlegbare Fiktion eines Steuerausfalls ist damit eine angemessene Regelung, die keiner verfassungskonformen Reduktion bedarf.

Die rechtliche Qualifizierung der Spendenhaftung als Ausfallhaftung ist bei Ablehnung einer Exkulpationsmöglichkeit nicht berührt. Dem Grunde nach sollen durch die Haftungsregelung Steuerausfälle kompensiert werden. In der weitaus größten Zahl der Haftungsfälle wird beim Zuwendenden eine Steuerersparnis eintreten, wenn er über eine Zuwendungsbestätigung verfügt.

Folglich zwingen keine verfassungsrechtlichen Gesichtspunkte zur Auslegung der Haftungsregelung contra legem. Von ihrem eindeutigen Wortlaut ist auch aus Gründen der Praktikabilität nicht abzuweichen. Ein tatsächlicher Steuerausfall ist nicht notwendige Voraussetzung der Spendenhaftung.

---

[567] Zu der Frage der Angemessenheit der Haftungsquote vgl. die Ausführungen auf S. 181 ff.

2. Steuerausfall aufgrund des Vertrauensschutzes

Nicht abschließend geklärt ist die Frage, ob die Spendenhaftung nur dann eingreift, wenn dem Zuwendenden Vertrauensschutz gewährt wird, oder auch dann, wenn dem Steuergläubiger Steuereinnahmen etwa wegen Zahlungsunfähigkeit des Zuwendenden entgehen und der Spendenabzug für den Steuerausfall deshalb gar nicht kausal wurde.

a) Meinungsstand

Der Bundesfinanzhof [568] hat in seiner Entscheidung zur haftungsweisen Inanspruchnahme einer Gemeinde herausgestellt, die Haftungstatbestände seien eingeführt worden, „um Steuerausfälle zu kompensieren, die dadurch entstehen, dass gutgläubigen Spendern trotz unrichtiger Spendenbestätigung oder Fehlverwendung der Spende der gewährte Steuerabzug erhalten bleiben soll". Das Finanzgericht Schleswig-Holstein[569] und das Finanzgericht Münster[570] teilen ebenso wie die Finanzverwaltung[571] die Ansicht, dass die Spendenhaftung gerade die durch den unberechtigten Abzug von Spenden entgangene Steuer ausgleichen soll.

Desgleichen sieht die überwiegende Meinung im Schrifttum[572] die Gewährung von Vertrauensschutz als notwendige Voraussetzung für das Eingreifen der Haftungsregelung an. Der Haftungsschuldner könne sich durch Darlegung der Bösgläubigkeit des Haftungsschuldners exkulpieren.[573] Dagegen sind *Gierlich*[574] und *Oppermann/Peter*[575] der Ansicht, die Haftung des Zuwendungsempfängers kön-

---

[568] BFH v. 24.04.2002 XI R 123/96 BStBl. II 2003, 128.

[569] FG Schleswig-Holstein FG v. 19.03.1998 I 184/95 EFG 1998, 1197 (1198).

[570] FG Münster v. 22.01.2001 9 K 1222/97 K, 9 K 1265/97 K DStRE 2001, 867 (871).

[571] OFD Frankfurt v. 27.05.1994 DB 1994, 1900.

[572] *Brandt* in: Herrmann/Heuer/Raupach, § 10b EStG Rn. 181, 184; *Kirchhof* in: Kirchhof/Söhn/Mellinghoff, § 10b EStG Rn. E 73; *Hofmeister* in: Blümich, § 10b EStG Rn. 79, 82; *Jost* in: Dötsch/Eversberg/Jost/Witt, § 9 KStG Rn. 135; *Olgemöller* in: Streck, § 9 KStG Rn. 18; *Güroff* in: Glanegger/Güroff, § 9 Nr. 5 GewStG Rn. 21; *Buchna*, S. 352; *Igl/Jachmann/Eichenhofer*, S. 141; *Märkle*, S. 279; *Korn*, KÖSDI 1990, 8099 (8112); *Thiel/Eversberg*, DB 1990, 395 (399); *Neufang*, INF 1990, 54 (58); *Wallenhorst*, DB 1991, 1410 (1413); *ders.*, DStZ 2003, 531 (532).

[573] *Kirchhof* in: Kirchhof/Söhn/Mellinghoff, § 10b EStG Rn. E 73; *Heinicke* in: Schmidt, § 10b EStG Rn. 56; *Bott* in: Schauhoff (Hrsg.), § 9 Rz. 82; *Hofmeister* in: Blümich, § 10b EStG Rn. 82; *Geserich*, Stiftung & Sponsoring, Rote Seiten 3/2001, 1 (10); *Wallenhorst*, DStZ 2003, 531 (532); so auch OFD Frankfurt v. 27.05.1994 DB 1994, 1900 (1901).

[574] *Gierlich*, FR 1991, 518 (522).

[575] *Oppermann/Peter*, DStZ 1998, 424 (429).

ne selbst bei Bösgläubigkeit des Zuwendenden in Betracht kommen, da der bösgläubige Zuwendende nicht vorrangig in Anspruch zu nehmen sei.

b) Stellungnahme

Die Frage, ob die Gewährung des Vertrauensschutzes kausal für einen Steuerausfall sein muss oder der Steuerausfall auch auf anderen Umständen beruhen kann, knüpft eng an die soeben geschilderte Problematik an, ob ein Steuerausfall notwendiges Tatbestandsmerkmal der Spendenhaftung ist. Die Sachverständigenkommission hatte in § 48a Abs. 1 des Gesetzesentwurfs[576] folgende Regelung aufgenommen:

„..., haftet für die den Steuerberechtigten aufgrund des Spendenabzugs entgangene Steuer."

Während in den nachfolgenden Beratungen auf die Einzelfallermittlungen ausdrücklich eingegangen und eine von der Sachverständigenkommission abweichende Regelung erörtert und später verabschiedet wurde, ist der Passus „aufgrund des Spendenabzugs" nicht näher diskutiert worden. Er wurde ohne weitere Begründung nicht aufgenommen. Da die Änderung des Wortlauts nicht angesprochen wurde, kann davon ausgegangen werden, dass eine inhaltliche Änderung nicht beabsichtigt war. Insofern handelt es sich um eine gesetzgeberische Ungenauigkeit.

Nach dem Zweck und der Entstehungsgeschichte der Vorschrift muss der Aussteller oder Veranlasser die Folgen des Vertrauensschutzes nach Satz 1 der Vorschrift ausgleichen. Als Haftungsschuldner sollen sie für den infolge des Vertrauensschutzes entstehenden Steuerausfall aufkommen. *Wallenhorst*[577] ist insoweit zuzustimmen, dass dem Gesetz die Abhängigkeit des Haftungszugriffs von der Gewährung des Vertrauensschutzes nicht zu entnehmen ist und es nach dem Wortlaut nicht auf den Grund für den Steuerausfall ankommt.

Die inhaltliche Verknüpfung der beiden Regelungen lässt sich jedoch anhand der Systematik und der Entstehungsgeschichte der Regelung erkennen. Die Haftungsregelung steht im Anschluss an die Vertrauensschutzregelung im Einkommensteuergesetz und nicht bei den allgemeinen Haftungsvorschriften in der Abgabenordnung, so dass bereits systematisch eine Verbindung mit dem Vertrau-

---

[576] Gutachten, S. 273.

[577] *Wallenhorst*, DB 1991, 1410 (1413).

ensschutz besteht.[578] Die Ausgestaltung des Vertrauensschutzes in Satz 1 und der dieser Regelung nachfolgende Satz 2 verdeutlichen die inhaltliche Verknüpfung des Vertrauensschutzes mit der Haftungsregelung.

Dieser systematische Zusammenhang der Haftung mit dem Vertrauensschutz spricht für ihre gegenseitige Abhängigkeit, die auch durch die Entstehungsgeschichte[579] der Norm belegt wird. Die Sachverständigenkommission hatte die Haftung als Sicherungsmittel einführen wollen, um die Gefahr eines endgültigen und ungerechtfertigten Steuerausfalls durch die bestandskräftige Veranlagung des Zuwendenden wegen dessen Vertrauensschutzes zu reduzieren. Diesen Zusammenhang hat auch der Bundesfinanzhof[580] betont.

Wallenhorst[581] will die Haftungsnorm im Wege des Ausfüllens einer planwidrigen Gesetzeslücke auf die Fälle beschränken, in denen eine Änderung des Steuerbescheides beim Zuwendenden wegen dessen schutzwürdigen Vertrauens in die Zuwendungsbestätigung ausgeschlossen ist. Um Auslegung handelt es sich, wenn das anvisierte Ergebnis innerhalb des möglichen Wortsinns der Regelung gefunden werden kann.[582] Da der Wortlaut keinen Anhaltspunkt für eine derartige Auslegung bietet, handelt es sich um eine Lückenausfüllung.[583] Die Gesetzeslücke könnte im Wege teleologischer Reduktion in dem Sinne zu füllen sein, wie *Wallenhorst* es vorschlägt.

Ist jedoch gar kein konkreter Steuerausfall notwendig, um die Haftung zu begründen, so ist aus Vereinfachungsgründen von der Finanzverwaltung auch nicht zu ermitteln, ob die Gewährung des Vertrauensschutzes und damit der Spendenabzug tatsächlich kausal für einen Steuerausfall wurde. Wollte man die Finanzverwaltung zu der Prüfung zwingen, ob der Zuwendende gut- oder bösgläubig gewesen ist, so würde diese Prüfungspflicht dem Zweck widersprechen, eine Haftungsregelung zu schaffen, die schwierige Ermittlungen im Einzelfall vermeidet.

Diese Auslegung hält den verfassungsrechtlichen Anforderungen stand. Vereinfachungsnormen sind zulässig, um eine gleichmäßige Besteuerung sicherzustel-

---

578 FG Schleswig-Holstein v. 19.03.1998 I 184/95 EFG 1998, 1197 (1198).
579 Vgl. BT-Drs. 11/4176, S. 16, 17; BT-Drs. 11/5582, S. 25.
580 BFH v. 24.04.2002 XI 123/96 BFH/NV 2002, 1220; ebenso schon die Vorinstanz FG München v. 16.07.1996 16 K 3638/94 EFG 1997, 322.
581 *Wallenhorst*, DB 1991, 1410 (1413).
582 *Larenz*, S. 391 ff; *Tipke/Lang*, § 5 Rn. 75.
583 Vgl. *Tipke/Lang*, § 5 Rn. 75.

len. Sollte die Finanzverwaltung in jedem Einzelfall gezwungen sein, den tatsächlichen Steuerausfall sowie die Kausalität des Vertrauensschutzes zu prüfen, könnte sie – insbesondere bei Spendensammelvereinen – ihrer derart verstandenen Ermittlungspflicht nicht nachkommen. Unter Abwägung der für die Einzelfallgerechtigkeit sprechenden Aspekte sowie der notwendigen Praktikabilität ist keine Pflicht der Finanzbehörden anzunehmen, von Amts wegen zu ermitteln, ob sich der Zuwendende zu Recht auf die Vertrauensschutzregelung berufen durfte.

Sollte der Haftungsschuldner jedoch darlegen und beweisen können, dass ein etwaiger Steuerausfall nicht auf der Gewährung des Spendenabzugs bzw. nicht auf dem dem Zuwendenden gewährten Vertrauensschutz beruht, so kann er sich exkulpieren und dadurch eine Haftung vermeiden. Nicht gefolgt werden kann dagegen den Ausführungen von *Gierlich* und *Oppermann/Peter*, die den Zuwendenden und den Zuwendungsempfänger als gleichrangige Schuldner ansehen.[584] Da das Eingreifen der Haftungsnorm dem Grunde nach von der Gewährung des Vertrauensschutzes abhängig ist und insoweit – im Gegensatz zur Annahme eines Steuerausfalls – keine Fiktion eingreift, besteht für den Haftungsschuldner die Möglichkeit der Exkulpation. Ob diese theoretische Möglichkeit in der Praxis zu einer tatsächlichen Entlastung des Haftungsschuldners führen kann, erscheint jedoch zweifelhaft. Denn der Haftungsschuldner hat substantiiert Angaben zu bestimmten Spendenvorgängen vorzutragen, damit keine umfassende Ermittlungspflicht der Finanzverwaltung begründet wird.[585]

Dieses Auslegungsergebnis steht im Einklang mit den allgemeinen Darlegungs- und Beweislastregeln. Das Nichteingreifen der Vertrauensschutzregelung und damit ein haftungsausschließendes Merkmal muss im Haftungsverfahren der potentiell Haftende jedenfalls so substantiiert nachweisen, dass keine allgemeine Ermittlungspflicht der Finanzbehörden begründet wird. Anders verhält es sich dagegen im Veranlagungsverfahren des Zuwendenden, der den Spendenabzug geltend macht und sich auf den Vertrauensschutz beruft: Die den Vertrauensschutz ausschließenden Gründe hat in diesem Fall das Finanzamt zu beweisen.

Zusammenfassend kann festgestellt werden, dass die Finanzbehörde einen Haftungsschuldner nicht in Anspruch nehmen darf, wenn die Bösgläubigkeit des Zuwendenden von der Finanzbehörde erkannt wurde und sie die Steuer gegen

---

[584] *Gierlich*, FR 1991, 518 (522); *Oppermann/Peter*, DStZ 1998, 424 (429).
[585] Vgl. FG München v. 16.07.1996 16 K 3638/94 EFG 1997, 322.

den Zuwendenden ohne Gewährung des Spendenabzugs festgesetzt hat oder hätte festsetzen können. Eine Haftung scheidet somit aus, wenn die festgesetzte Steuer wegen Zahlungsunfähigkeit des Zuwendenden nicht beigetrieben werden kann. Selbst wenn die übrigen Tatbestandsmerkmale der Spendenhaftung erfüllt sind, darf kein Haftungsschuldner zur Kompensation dieses Steuerausfalls herangezogen werden. Der Steuerausfall beruht nicht auf der Gewährung des Vertrauensschutzes. Zudem würde in diesem Fall eine pauschale Bemessung des Haftungsbetrags dem Umstand widersprechen, dass die Steuer gegen den Zuwendenden der Höhe nach exakt bestimmt werden kann und festgesetzt wurde.[586]

War die Bösgläubigkeit des Zuwendenden für die Finanzbehörde nicht erkennbar, darf sie im Haftungswege gegen den Haftungsschuldner vorgehen. Diesem steht jedoch die Möglichkeit offen, sich durch Darlegung der Bösgläubigkeit des Zuwendenden zu entlasten. Dafür muss er konkrete Sachverhaltsangaben machen. Lediglich allgemeine Vermutungen über die Bösgläubigkeit des Zuwendenden genügen nicht, um eine Nachforschungspflicht der Behörde zu begründen.[587] Nur eine derart enge Auslegung der Norm kann die Finanzbehörde vor einer nicht zumutbaren Ermittlungsarbeit bewahren.

3. Bemessungsgrundlage

Die Haftungsschuld soll nach § 10b Abs. 4 S. 3 EStG und § 9 Abs. 3 S. 3 KStG mit „40 vom Hundert des zugewendeten Betrags" anzusetzen sein. Nach § 9 Nr. 5 S. 10 GewStG ist die Haftungsschuld mit „10 vom Hundert des Betrags der Spenden und Mitgliedsbeiträge" anzusetzen.

Der Wortlaut der Haftungsvorschrift im EStG und im KStG deutet auf eine Kopplung der Haftungsschuld an den tatsächlich zugewendeten Betrag hin, während der Wortlaut des GewStG auf den Betrag abstellt, der in der Zuwendungsbestätigung genannt ist. Wird der zugewendete Betrag als Bemessungsgrundlage herangezogen, ist bei Zuwendungen, deren tatsächlicher Wert unter dem bestätigten Wert liegt, der Steuerausfall aufgrund des Spendenabzugs höher als die mögliche Haftungsschuld. Weiterhin wären in jedem Einzelfall Ermittlungen über den tatsächlich zugewendeten Betrag erforderlich. Insofern erscheint es

---

[586] Vgl. *Thiel/Eversberg*, DB 1990, 395 (399) Fn. 137.
[587] Vgl. FG München v. 16.07.1996 16 K 3638/94 EFG 1997, 322 (323).

zweifelhaft, ob der zugewendete Betrag als Bemessungsgrundlage für die Berechnung der Haftungsschuld heranzuziehen ist.

Während im Mehrheitsvotum[588] der Sachverständigenkommission, im Sondervotum[589] und in der Stellungnahme des Bundesrates[590] vom „Spendenbetrag" gesprochen wird, greift der Finanzausschuss[591] in seiner Beschlussempfehlung den Begriff „zugewendeter Betrag" auf. Mit Änderung der Terminologie, durch die der Begriff „Spende" weitgehend durch den Oberbegriff „Zuwendung" ersetzt wurde, wurde der der Haftung zugrundezulegende „Spendenbetrag" in den „zugewendeten Betrag" geändert. Dabei hat der Gesetzgeber offensichtlich übersehen, dass nicht nur die Terminologie, sondern zugleich die Bedeutung gegenüber dem Begriff „Spendenbetrag" geändert wurde. Den Gesetzesmaterialien ist jedenfalls nicht zu entnehmen, dass durch die terminologische Änderung eine materielle Änderung erreicht werden sollte. Demzufolge ist in inhaltlicher Übereinstimmung mit dem Vorschlag der Sachverständigenkommission auch nach der Änderung des Sprachgebrauchs weiterhin davon auszugehen, dass der in der Bestätigung angegebene Betrag als Grundlage für die Bemessung der Haftungsschuld heranzuziehen ist.[592] Anderenfalls wären Ermittlungen über den tatsächlichen Wert der zugewendeten (Sach-)Mittel anzustellen, die jedoch dem Normzweck der Verfahrensvereinfachung zuwider liefen.

Außerdem soll die Haftungsregelung dem Grundsatz nach einen möglichen Steuerausfall kompensieren.[593] Dieser Steuerausfall beruht letztlich auf der in der Zuwendungsbestätigung angegebenen Höhe der Zuwendung. Der bestätigte Betrag ist deshalb auch dann zur Bemessung der Haftungsschuld heranzuziehen, wenn tatsächlich nur ein geringerer Betrag zugewendet wurde.

Lässt sich der zugewendete, bestätigte Betrag allerdings nicht konkret einer Fehlverwendung zuordnen, so ist hilfsweise auf den fehlverwendeten Betrag

---

[588] Gutachten, S. 273, 321.
[589] Gutachten, S. 384, 476.
[590] BT-Drs. 11/4176, S. 17.
[591] BT-Drs. 12/5582, S. 10, 26.
[592] So *Kirchhof* in: Kirchhof (Hrsg.), § 10b EStG Rn. 113; auch das FinMin NRW bezieht die Haftungsquote auf den „Spendenbetrag", S. 27; *Eckmann*, INF 2000, 97 (101); unklar *Sauer*, NJW 1990, 1028 (1029).
[593] BT-Drs. 11/4176, S. 17.

abzustellen.[594] Zur Klarstellung sollte statt der Formulierung „des zugewendeten Betrags“ im EStG und KStG folgende Formulierung gewählt werden:

„Diese ist mit ... vom Hundert des in der Zuwendungsbestätigung angegebenen Betrags anzusetzen.“

Diese Formulierung sollte zur Vereinheitlichung auch in § 9 Nr. 5 S. 10 GewStG gewählt werden.

4. Haftungsquote

Die Haftungsregelungen sehen eine Pauschalierung der Haftungsschuld in Höhe von 40% bei der Einkommen- und Körperschaftsteuer sowie 10% bei der Gewerbesteuer vor. Diese Prozentsätze sollten den durchschnittlichen Steuersatz wiedergeben, mit dem der Zuwendende durch den Spendenabzug von der Steuer entlastet wird.[595]

Es stellt sich die Frage, ob der Haftungsschuldner stets in Höhe der genannten Prozentsätze zur Haftung heranzuziehen ist oder ob die Haftungsquote als Haftungshöchstgrenze anzusehen ist. Sollte der Steuerausfall geringer sein, so könnte die Haftungsschuld lediglich entsprechend vermindert entstanden sein. Darüber hinaus ist fraglich, ob durch die Pauschalierung der durchschnittlichen Steuerentlastung in Anbetracht der Entwicklung der Steuersätze ein Verstoß gegen das Übermaßverbot vorliegt.

a) Meinungsstand

Im Schrifttum[596] findet sich die Auffassung, der Haftungsschuldner dürfe zur Exkulpation bzw. zur Minderung der Haftungsschuld nachweisen, dass der Steuerausfall wegen des unberechtigten Spendenabzugs gar nicht oder jedenfalls niedriger eingetreten ist. Die Prozentangaben in den Haftungsregelungen stellen nach dieser Ansicht lediglich Haftungsbegrenzungen dar. Sei der Steuerausfall tatsächlich geringer, so sei die Haftung entsprechend anzupassen.[597] Nur bei ei-

---

594 *Kirchhof* in: Kirchhof/Söhn/Mellinghoff, § 10b EStG Rn. E 71; *Kirchhof* in: Kirchhof (Hrsg.), § 10b EStG Rn. 113; *Geserich*, Stiftung & Sponsoring, Rote Seiten 3/2001, 1 (10).

595 Vgl. BT-Drs. 11/4176, S. 17.

596 *Olgemöller* in: Streck, § 9 KStG Rn. 18; *Heinicke* in: Schmidt, § 10b EStG Rn. 56; *Buchna*, S. 308, will wohl den Nachweis, dass gar kein Steuerausfall eingetreten ist, zulassen, nicht aber den Nachweis eines geringeren Steuerausfalls, S. 353 f.

597 *Olgemöller* in: Streck, § 9 KStG Rn. 18; *Güroff* in: Glanegger/Güroff, § 9 Nr. 5 GewStG Rn. 20.

nem höheren Steuerausfall sei die entgangene Steuer pauschal mit 40% bzw. mit 10% anzusetzen.

Nach der Gegenansicht[598] handelt es sich bei der Regelung der Haftungshöhe um eine nicht widerlegbare Fiktion. Ohne Rücksicht auf die tatsächliche Steuerminderung beim Zuwendenden sei die entgangene Steuer stets in der gesetzlich vorgesehenen Höhe anzusetzen.[599]

b) Stellungnahme

Der Wortlaut der Haftungsregelungen sieht eine pauschale Haftungsquote vor. Der Gesetzgeber ist damit dem Vorschlag des Sondervotums gefolgt und hat von der Möglichkeit der strikten und damit nicht widerlegbaren Typisierung[600] Gebrauch gemacht. Soweit dadurch die Haftungsschuld höher festzusetzen ist als die eigentliche Steuerschuld, erscheint dies wegen der Qualifizierung der Haftungsregelungen als Sicherungsmittel der anderweitig nicht zu realisierenden Steuerschulden bedenklich.[601]

Haftung bedeutet Einstehenmüssen für eine fremde Steuerschuld.[602] Es besteht also eine Verknüpfung zwischen der Steuerschuld und der Haftung (sog. Akzessorietät). Der haftungsrechtliche Grundsatz der Akzessorietät ist gewahrt, weil die Haftung voraussetzt, dass der Zuwendende einem – wenn auch gehemmten – Rückforderungsanspruch des Fiskus ausgesetzt ist.[603] Die Haftungsschuld kann aufgrund der Akzessorietät jedoch nicht höher sein als die zugrunde liegende Steuerschuld.[604] Die Höhe der Haftung muss sich also grundsätzlich nach dem Umfang der Benachteiligung des Steuergläubigers richten.

Zur Entlastung der Steuerverwaltung und aus Gründen der Verwaltungsvereinfachung darf der Steuergesetzgeber jedoch mit Pauschalierungen, also mit Typi-

---

598 *Kirchhof* in: Kirchhof/Söhn/Mellinghoff, § 10b EStG Rn. A 420, A 421, E 72; *Hofmeister* in: Blümich, § 10b EStG Rn. 83; *Dorner*, StB 1997, 470 (476); *Oppermann/Peter*, DStZ 1998, 424 (429); *Geserich*, Stiftung & Sponsoring, Rote Seiten 3/2001, 1 (10); OFD Frankfurt DB 1994, 1900 (1901).

599 *Schleder*, Rn. 1564.

600 *Kirchhof* in: Kirchhof/Söhn/Mellinghoff, § 10b EStG Rn. A 420, § 2 EStG Rn. A 563.

601 *Jansen*, DStR 1990, 61 (66).

602 Vgl. die Nachweise in Fn. 282.

603 Vgl. *Kirchhof* in: Kirchhof/Söhn/Mellinghoff, § 10b EStG Rn. E 75, E 100 „Akzessorietät“.

604 Vgl. *Kruse* in: Tipke/Kruse, § 191 AO Tz. 21; *Birk*, Rn. 284 ff.

sierungen rechnerischer Grundlagen, arbeiten.[605] Diese Vereinfachungsnormen sollen eine sog. Durchschnittsnormalität widerspiegeln.[606] Eine „vergröbernde, die Abwicklung von Massenverfahren erleichternde Typisierung" lässt das Bundesverfassungsgericht unter Berücksichtigung der nach Art. 3 Abs. 1 GG bestehenden Anforderungen an die Gleichmäßigkeit der Besteuerung in ständiger Rechtsprechung zu.[607] Der Gesetzgeber dürfe „einen steuererheblichen Vorgang um der materiellen Gleichheit willen im typischen Lebensvorgang erfassen und individuell gestaltbare Besonderheiten unberücksichtigt lassen".[608] Vereinfachungsnormen können damit der Gleichmäßigkeit der Besteuerung dienen, auch und gerade wenn sie die Besonderheiten des Einzelfalls außer Acht lassen. Werden Vorschriften wegen ihrer Kompliziertheit praktisch nicht richtig angewendet, beeinträchtigen sie die Gleichmäßigkeit der Besteuerung.[609] Insofern werden durch die Vereinfachungsnormen Fehler in der Rechtsanwendung vermieden.

Voraussetzung für die Zulässigkeit von Typisierungen und Pauschalierungen ist, dass sie zur Vereinfachung geeignet, erforderlich und angemessen sind.[610] Die Pauschalierung muss einen Wert zugrunde legen, der nicht vollständig von der Realität abweicht. Demnach muss die Angabe der Prozentsätze nach verfassungsrechtlichen Vorgaben eine realitätsnahe Quantifizierung[611] anhand der geschätzten Steuermindereinnahmen darstellen. Da die Typisierung einer realitätsgerechten Erfassung der Wirklichkeit dient, ist der Gesetzgeber verpflichtet, die gesetzlichen Typisierungen den tatsächlichen Entwicklungen entsprechend anzupassen.[612]

---

605 *Birk* in: Hübschmann/Hepp/Spitaler, § 4 AO Rn. 491; *Herzog* in: Maunz/Dürig, Anh. Art. 3 GG Rn. 28; *Birk*, Rn. 179; *Tipke/Lang*, § 4 Rn. 132.

606 *Tipke/Lang*, § 4 Rn. 132.

607 Vgl. BVerfG v. 31.05.1988 1 BvR 520/83 BVerfGE 78, 214 (227); BVerfG v. 09.04.1992 2 BvL 2/89 BVerfGE 85, 264 (316); BVerfG v. 25.09.1992 2 BvL 5, 8, 14/91 BVerfGE 87, 153 (172); BVerfG v. 17.11.1992 1 BvL 8/87 NJW 1993, 643.

608 BVerfG v. 10.04.1997 2 BvL 77/92 BVerfGE 96, 1 (7); BVerfG v. 07.12.1999 2 BvR 301/98 BVerfGE 101, 297 (310).

609 Vgl. *Tipke/Lang*, § 4 Rn. 130; *Seeger*, DStR 2000, 10 (12).

610 *Birk* in: Hübschmann/Hepp/Spitaler, § 4 AO Rn. 493; *Birk*, Rn. 179.

611 BVerfG v. 10.04.1997 2 BvL 77/92 BVerfGE 96, 1 (6 f); *Kirchhof* in: Kirchhof/Söhn/Mellinghoff, § 10b EStG Rn. A 422; *Birk* in: Hübschmann/Hepp/Spitaler, § 4 AO Rn. 494; *Birk*, Rn. 179.

612 Vgl. BVerfG v. 08.06.1993 1 BvL 20/85 BVerfGE 89, 15 (24 ff); *Seer*, StuW 1995, 184 (188).

Das Mehrheitsvotum der Sachverständigenkommission[613] hatte eine Haftung von 40% im Einkommensteuerrecht vorgesehen, während das Sondervotum[614] eine Haftung mit dem halben Spendenbetrag, also in Höhe von 50% anregte. Der Bundesrat[615] hielt 35% für „angemessen und ausreichend". Der Finanzausschuss[616] schlug in Übereinstimmung mit dem Mehrheitsvotum eine Haftung in Höhe von 40% vor. Diese Regelung wurde schließlich Gesetz. Der Entwurf eines Steuerreformgesetzes 1999[617] sah eine neue Systematik des Einkommensteuergesetzes vor, durch die § 10b EStG ohne wesentliche Änderungen zu § 46 EStG werden sollte. Die pauschale Haftungsquote von 40 v. H. sollte dabei auf 30 v. H. gesenkt werden. Soweit ersichtlich wurden sämtliche Prozentangaben ohne nähere Begründung vorgeschlagen und in die Gesetzesentwürfe aufgenommen, ohne dass die voraussichtlichen Steuermindereinnahmen und die Durchschnittssteuersätze der Zuwendenden diskutiert wurden.

Kirchhof[618] hat für den Veranlagungszeitraum 1986 bei einem einkommensteuerrechtlich wirksamen Spendenvolumen von 2.089 Millionen DM und geschätzten Steuermindereinnahmen von 730 Millionen DM eine Abzugsquote von 34,9% errechnet. Bereits damals lag die Haftungsquote also über der durchschnittlichen Abzugsquote. Ob der von *Kirchhof* angenommene „Sanktionscharakter"[619] der Spendenhaftung dem Gesetzgeber einen Spielraum eröffnet, die Haftungsquote zu erhöhen, mag zweifelhaft sein. Entscheidend ist, dass die meisten Zuwendungen von Steuerpflichtigen mit geringem Einkommen[620] geleistet werden, die Einkommensteuersätze auf 16-45%[621] reduziert wurden und der Körperschaftsteuertarif gemäß §§ 23, 34 Abs. 11a KStG nunmehr 25%[622] beträgt, so dass die Zuwendenden bei der Einkommen- und Körperschaftsteuer

[613] Gutachten, S. 272, 321.
[614] Gutachten, S. 384, 476 f.
[615] BT-Drs. 11/4176, S. 17.
[616] BT-Drs. 11/5582, S. 10, 26.
[617] Stand: 15.04.1997; vgl. *Kirchhof* in: Kirchhof/Söhn/Mellinghoff, § 10b EStG Rn. A 266.
[618] *Kirchhof* in: Kirchhof/Söhn/Mellinghoff, § 10b EStG Rn. A 422.
[619] *Kirchhof* in: Kirchhof/Söhn/Mellinghoff, § 10b EStG Rn. A 422.
[620] Vgl. Gutachten, S. 79.
[621] Steuersenkungsgesetz v. 23.10.2000 BGBl. I 2000, 1433; BStBl. I 2000, 1428; Steuersenkungsergänzungsgesetz v. 19.12.2000 BGBl. I 2000, 1812, BStBl. I 2001, 25; Gesetz zur Änderung steuerrechtlicher Vorschriften und zur Errichtung eines Fonds „Aufbauhilfe" (Flutopfersolidaritätsgesetz) v. 19.09.2002 BGBl. I 2002, 3651; Steuersätze für VZ 2003: 19,9-48,5%, Steuersätze für VZ 2005: 15-42%.
[622] Vgl. Art. 4 des Flutopfersolidaritätsgesetzes v. 19.09.2002 BGBl. I 2002, 3651; Steuersatz für VZ 2003: 26,5%.

in der Regel einem Steuersatz von weniger als 40% unterliegen. Folglich liegen auch die möglichen Steuerausfälle, die zu kompensieren sind, ganz überwiegend in einem Bereich unterhalb der Haftungsquote von 40%. Damit stellen die Haftungsquoten des EStG und KStG de lege lata keine realitätsnahen Quantifizierungen der Steuermindereinnahmen (mehr) dar.[623] Es liegt ein Verstoß gegen das Gebot der Gleichmäßigkeit der Besteuerung vor.

Dieser Verstoß könnte nur dadurch beseitigt werden, dass – wie im Schrifttum vorgeschlagen – die Haftungsquote als Haftungshöchstgrenze verstanden wird. Für eine derartig einschränkende, verfassungskonforme Auslegung der § 10b Abs. 4 S. 3 EStG, § 9 Abs. 3 S. 3 KStG lassen sich jedoch keine hinreichenden Anhaltspunkte in der Gesetzesbegründung finden. Vielmehr wollte der Gesetzgeber die Finanzverwaltung gerade von Einzelfallermittlungen verschonen, so dass er die Haftungsquote als strikte Typisierung formulierte. Der eindeutige Wortlaut und der erkennbare Zweck der Haftungsregelung, der durch die Entstehungsgeschichte bestätigt wird, stehen daher einer einschränkenden und verfassungskonformen Auslegung entgegen.[624] Die Verfassungswidrigkeit der pauschalen Haftungsquote kann durch eine Richtervorlage nach Art. 100 GG geltend gemacht werden. Außerdem ist der Gesetzgeber aufgerufen, die Verfassungswidrigkeit der einkommen- und körperschaftsteuerrechtlichen Spendenhaftung aufzuheben und die Regelung der Haftungshöhe den tatsächlichen, seit 1990 erheblich veränderten Durchschnittssteuersätzen anzupassen. Sobald der Gesetzgeber die Haftungsquote auf eine realitätsnahe Quote herabsenkt, sind die dann nur noch vereinzelt eintretenden Überzahlungen verfassungsrechtlich nicht zu beanstanden. Nach Absenkung der Haftungsquote wird voraussichtlich auch der Vorwurf einer „Strafsteuer“[625] nicht länger erhoben, denn der Natur einer Pauschalierung ist es eigen, Besonderheiten des Einzelfalls außer Acht zu lassen, ohne dass den Haftungstatbeständen dadurch ein „gewisser Strafcharakter“[626] zukäme.

---

623 1990 lag der Körperschaftsteuertarif (Thesaurierungssteuersatz) bei 50%, ab 1994 bei 45%, ab 1999 bei 40%, vgl. *Tipke/Lang*, § 11 Rz. 130; *Birk*, Rn. 1090.

624 Vgl. zu den Grenzen einer verfassungskonformen Auslegung BVerfG v. 11.06.1980 1 PBvU 1/79 BVerfGE 54, 277 (299 f); BVerfG v. 01.10.1987 2 BvR 1434/86 BVerfGE 77, 65 (73 f); BFH v. 21.10.1994 VI R 15/94 BStBl. II 1995, 142.

625 *Augsten*, DStR 2000, 621 (624).

626 *Buchna*, S. 357.

V. Geltendmachung des Haftungsanspruchs

1. Inanspruchnahme des Haftungsschuldners

a) Haftungsbescheid gemäß § 191 AO

Bei der Geltendmachung des Haftungsanspruchs stellt sich die Frage, ob er durch Steuerbescheid nach § 155 AO oder durch Haftungsbescheid nach § 191 AO geltend zu machen ist.

Das Finanzministerium Rheinland-Pfalz[627] hat vorgeschlagen, die Haftungsschuld in einem Steuerbescheid im Sinne des § 155 AO festzusetzen.[628] Nach ganz überwiegender Meinung ist dagegen der Anspruch durch Haftungsbescheid im Sinne des § 191 AO geltend zu machen.[629] Dafür spricht auch der eindeutige Wortlaut des § 9 Nr. 5 S. 11 GewStG, nach dem der Anspruch des Steuergläubigers durch einen Haftungsbescheid festgesetzt wird.

Gierlich[630] ist der Ansicht, die Vorschriften über die Festsetzungsfristen in § 191 Abs. 3 S. 4 und Abs. 5 AO seien nicht anwendbar, weil sie einen Steueranspruch voraussetzten. Wie gezeigt, erlischt der Steueranspruch infolge des Vertrauensschutzes jedoch nicht, so dass *Gierlich* zwar im Ergebnis, nicht aber in der Begründung zuzustimmen ist. In § 191 Abs. 3 S. 4, Abs. 5 AO wird vorausgesetzt, dass die Steuerschuld festgesetzt wird. Die dem Haftungsanspruch zugrunde liegende Steuerschuld des Zuwendenden wird jedoch aufgrund des Vertrauensschutzes nicht festgesetzt. Der Anwendung des § 191 Abs. 3 S. 4, Abs. 5 AO stehen somit durch das Eingreifen der Vertrauensschutzregelung systematische Erwägungen entgegen. Eine Inanspruchnahme durch Haftungsbescheid wird allerdings nicht dadurch ausgeschlossen, dass die Steuerschuld des Zuwendenden nicht festgesetzt wird. Die Haftung setzt vielmehr lediglich die Existenz einer Steuerschuld, nicht aber ihre Festsetzung durch Steuerbescheid voraus.[631]

---

[627] FinMin Rheinland-Pfalz v. 23.02.1992 DB 1992, 1118.

[628] Dabei scheint das FinMin Rheinland-Pfalz jedoch in erster Linie betonen zu wollen, dass die Haftungsschuld nicht im Rahmen des Veranlagungsverfahrens zur Einkommen- oder Körperschaftsteuer festzusetzen ist.

[629] Vgl. nur *Kirchhof* in: Kirchhof (Hrsg.), § 10b EStG Rn. 115.

[630] *Gierlich*, FR 1991, 518 (521).

[631] BFH v. 02.02.1994 II R 7/91 BStBl. II 1995, 300; BFH v. 05.11.1992 I R 41/93 BStBl. II 1993, 407 m. w. N.; *Rüsken* in: Klein, § 191 AO Rn. 13; *Nacke*, Rn. 465.

b) Rechtsgrundlage des Haftungsanspruchs

Die Rechtsgrundlage für den Haftungsanspruch ist abhängig von der Herkunft der zugewendeten Mittel. Stammen die Zuwendungen von einem einkommensteuerpflichtigen Zuwendenden, greift § 10b Abs. 4 S. 2 EStG ein. Bei einem körperschaftsteuerpflichtigen Zuwendenden ist die Haftung nach § 9 Abs. 3 S. 2 KStG begründet. Kann das Finanzamt die Fehlverwendungen bzw. die unrichtigen Zuwendungsbetätigungen nicht konkreten Zuwendungen und bestimmten Zuwendenden zuordnen, etwa weil die Empfängerkörperschaft ihren Aufzeichnungspflichten nicht ausreichend nachgekommen ist, kann es den Haftungsbescheid sowohl auf § 10b Abs. 4 S. 2 EStG als auch auf § 9 Abs. 3 S. 2 KStG stützen.[632] Die zusätzliche Gewerbesteuerhaftung nach § 9 Nr. 5 S. 9 GewStG darf dagegen nur geltend gemacht werden, wenn das Finanzamt die Herkunft der zugewendeten Mittel aus einem Gewerbebetrieb nachweisen kann.[633]

c) Zahlungsaufforderung gemäß § 219 AO

Nach § 219 S. 1 AO darf die Verwirklichung des Haftungsanspruchs im Erhebungsverfahren durch die Zahlungsaufforderung grundsätzlich erst erfolgen, wenn die Vollstreckung in das Vermögen des Steuerschuldners erfolglos verlief oder aussichtslos erscheint. Durch die Vertrauensschutzregelung darf der Steuerschuldner nicht mehr zur Zahlung herangezogen werden, so dass § 219 S. 1 AO verdrängt wird.[634] Die Regelung über den Vertrauensschutz stellt damit eine Ausnahme dar, die im Sinne des § 219 S. 1 AO etwas „anderes bestimmt", so dass keine systematischen Schwierigkeiten bestehen, die spendenrechtlichen Haftungstatbestände in die Vorschriften der Abgabenordnung einzuordnen.

2. Ermessensentscheidung

Anders als bei den Steuertatbeständen, bei deren Erfüllung das Finanzamt durch § 85 AO gebunden ist, die Steuer festzusetzen und zu erheben, löst die Verwirklichung eines Haftungstatbestandes nicht automatisch eine Pflicht zur Geltendmachung des Haftungsanspruchs. Dem Finanzamt steht vielmehr gemäß § 191

---

[632] Vgl. *Buchna*, S. 351; *Kümpel*, S. 96.
[633] Vgl. FG München v. 22.03.2001 7 V 4476/00 EFG 2001, 838.
[634] So *Kirchhof* in: Kirchhof/Söhn/Mellinghoff, § 10b EStG Rn. E 75, E 77; *Gierlich*, FR 1991, 518 (521 f).

AO („kann") eine Ermessensentscheidung nach § 5 AO zu.[635] Diese Ermessensentscheidung umfasst grundsätzlich die Entscheidung, ob ein Verwaltungsakt, im Haftungsverfahren also ein Haftungsbescheid, erlassen wird (Entschließungsermessen). Darüber hinaus ist zu entscheiden, welche von verschiedenen Möglichkeiten zu treffen ist (sog. Auswahlermessen).[636]

a) Entschließungsermessen

aa) Meinungsstand

Das Hessische Finanzgericht[637] sieht das Entschließungsermessen im Fall der Spendenhaftung stets auf Null reduziert. Da der Steuerpflichtige selbst nicht zur Zahlung herangezogen werden könne, komme nur die Inanspruchnahme eines Haftenden in Betracht, die wegen des in § 85 AO verankerten Legalitätsprinzips geboten sei. Bezug nehmend auf dieses Urteil hat das Finanzgericht Baden-Württemberg[638] entschieden, das Entschließungsermessen sei derart vorgeprägt, dass die Nichtinanspruchnahme des Haftungsschuldners in aller Regel ermessensfehlerhaft sei. Die Revision gegen das Urteil des Hessischen Finanzgerichts hat der Bundesfinanzhof wegen Verspätung zurückgewiesen.[639] Höchstrichterliche Rechtsprechung zur Frage des Entschließungsermessens liegt damit für den Bereich der Spendenhaftung noch nicht vor. Grundsätzlich bejaht der Bundesfinanzhof jedoch ein Entschließungsermessen im Haftungsverfahren.[640]

Die Meinungen im Schrifttum sind nicht einheitlich. Einige Autoren[641] sind insbesondere für den Bereich der Spendenhaftung der Auffassung, die Entscheidung, ob ein Haftungsbescheid erlassen werde, stehe nicht zur Disposition der Finanzverwaltung. Eine Ermessensentscheidung im Haftungsverfahren umfasse

---

635 *Kirchhof* in: Kirchhof/Söhn/Mellinghoff, § 10b EStG Rn. E 76; *Dorner*, StB 1997, 470 (471); *Wallenhorst*, DB 1991, 1410 (1411); *Thiel/Eversberg*, DB 1990, 395 (399); *Teufel*, FR 1993, 772 (773); *Gierlich*, FR 1991, 518 (522); OFD Frankfurt v. 27.05.1994 DB 1994, 1900; FG München v. 16.07.1996 16 K 3638/94 EFG 1997, 322.

636 Vgl. nur *Gersch* in: Klein, § 5 AO Rn. 7; *Nacke*, Rn. 473; *Blesinger*, StuW 1995, 226 (227).

637 Hess. FG v. 14.01.1998 4 K 2594/94 EFG 1998, 757 (758 f).

638 FG Baden-Württemberg v. 14.07.1998 3 K 58/94 DStRE 1999, 295 (297), rkr.

639 BFH v. 16.12.1999 XI R 96/98 BFH/NV 2000, 740.

640 St. Rspr., vgl. BFH v. 08.11.1988 VII R 78/85 BStBl. II 1989, 118 m. w. N.; zur Ermessensreduzierung bei Vermögenslosigkeit des Steuerschuldners BFH v. 28.02.1973 II R 57/71 BStBl. II 1973, 573; BFH v. 07.07.1983 V R 197/81 BStBl. II 1984, 70.

641 *Heinicke* in: Schmidt, § 10b EStG Rn. 57; *Tipke/Lang*, § 7 Rn. 66; *Nacke*, Rn. 365; *Schauhoff*, in: Schauhoff (Hrsg.), § 6 Rz. 49; *Gierlich*, FR 1991, 518 (522).

nicht das Entschließungsermessen, sondern sei lediglich im Rahmen des Auswahlermessens zu treffen, wenn mehrere Haftungsschuldner in Betracht kämen.[642] Andere Autoren[643] halten ein Entschließungsermessen grundsätzlich für möglich und bejahen damit das Opportunitätsprinzip im Gegensatz zum Legalitätsprinzip, das in § 85 AO für Steueransprüche normiert ist.

bb) Stellungnahme

Eine ermessengerechte Entscheidung muss grundsätzlich dazu führen, dass das Finanzamt versucht, die ihm zustehenden Ansprüche zu realisieren.[644] Kann der Steueranspruch nicht beim Steuerschuldner realisiert werden, so ist die Inanspruchnahme des Haftungsschuldners die Regel.[645]

Die Spendenhaftung als Sonderfall der steuerrechtlichen Haftung ist durch die Besonderheit gekennzeichnet, dass der Zuwendende als Steuerschuldner wegen des Vertrauensschutzes nicht in Anspruch genommen werden darf. Im Gegensatz zu anderen Fällen der Haftung kann der Steueranspruch infolge des Vertrauensschutzes generell - und nicht nur ausnahmsweise - nicht beim Steuerschuldner realisiert werden. Die Spendenhaftung tritt trotz des weiterhin bestehenden Steueranspruchs de facto nicht als Sicherungsmittel neben die Steuerschuld, sondern im Ergebnis an deren Stelle. Deshalb könnte daran gedacht werden, ein Entschließungsermessen der Finanzbehörde dem Grunde nach zu verneinen oder stets eine Ermessensreduzierung auf Null anzunehmen.

Nach dem Wortlaut des § 191 Abs. 1 S. 1 AO („kann") ist die Ausübung des Entschließungsermessens bei Haftungsvorschriften möglich. Lassen besondere Umstände des Einzelfalls die Inanspruchnahme des Haftungsschuldners als nicht ermessensgerecht erscheinen, können sie dazu führen, dass sich selbst durch das Sicherungsmittel der Haftung Steuerausfälle nicht kompensieren lassen. So können über § 191 AO subjektive Aspekte berücksichtigt werden, auch wenn das

---

642 *Heinicke* in: Schmidt, § 10b EStG Rn. 57.

643 *Kruse* in: Tipke/Kruse, § 191 AO Tz. 36 ff; *Kruse/Loose* in: Tipke/Kruse, vor § 69 AO Tz. 21; *Rüsken* in: Klein, § 191 AO Rn. 31; *Sauer* in: Beermann, § 191 AO Rn. 7, 9; *Lohmeyer* in: Pump/Lohmeyer, § 191 AO Rn. 45; *Güroff* in: Glanegger/Güroff, § 9 Nr. 5 GewStG Rn. 24; *Mösbauer*, S. 290, 294; *Birk*, Rn. 289; *Völlmeke*, DStR 1991, 1001; *Blesinger*, StuW 1995, 226 (230f), der in § 191 AO das Entschließungsermessen und in § 44 AO, § 421 BGB das Auswahlermessen geregelt sieht; *Beermann*, FS Klein, S. 953 ff; *Brodersen*, FS Thieme, S. 905.

644 *Dorner*, StB 1997, 470 (471).

645 Vgl. nur *Rüsken* in: Klein, § 191 AO Rn. 35; *Sauer* in: Beermann, § 191 AO Rn. 10.

EStG und KStG mit der Veranlasserhaftung eine verschuldensunabhängige Haftung begründen. Dies entspricht zwar nicht dem Wortlaut der Haftungstatbestände in den Einzelsteuergesetzen. Es ergibt sich jedoch zwangsläufig bei Anwendung des § 191 AO und ist deshalb systematisch zwingend.[646] Denn zwischen den haftungsbegründenden Tatbeständen, die in den genannten Fällen verschuldensunabhängig ausgestaltet sind, und dem Ermessen auf der Rechtsfolgenseite ist nach der Konzeption des § 5 AO stets zu unterscheiden.[647]

Die besonderen objektiven und subjektiven Tatumstände sind sogar dann zu berücksichtigen, wenn neben dem konkret in Betracht gezogenen Haftungsschuldner keine weiteren Haftungsschuldner zur Auswahl stehen. Ermessenserwägungen, die im Rahmen des Auswahlermessens bei mehreren Haftungsschuldner dazu führen, einen Haftungsschuldner nicht in Anspruch zu nehmen, können somit im Einzelfall im Rahmen des Entschließungsermessens dazu führen, von der Inanspruchnahme des einzig möglichen Haftungsschuldners abzusehen.[648]

Der Hinweis des Hessischen Finanzgerichts[649] auf die Billigkeitsmaßnahmen als Ausnahme vom Legalitätsprinzip überzeugt aus systematischen Erwägungen nicht. Unabhängig von den Billigkeitsmaßnahmen der §§ 163, 227 AO ist ein Verzicht auf Ansprüche der Finanzverwaltung gerade auch im Wege der Ermessensentscheidung nach § 191 AO möglich. Die Vorschriften über die Billigkeitsmaßnahmen laufen entgegen der Ansicht des Hessischen Finanzgerichts auch nicht leer, wenn die Finanzbehörden durch „Untätigkeit auf die Steuern verzichten“. Sie behalten insbesondere für Steueransprüche ihre Bedeutung. So gilt § 163 AO ohnehin nur für Steueransprüche. Im Haftungsverfahren können die Erwägungen, die bei Steueransprüchen zu einer abweichenden Festsetzung nach § 163 AO oder zu einem Erlass nach § 227 AO führen, innerhalb der Ermessensausübung berücksichtigt werden.[650] Gerade wegen des umfassend eröffneten Ermessens entfällt die bei Steueransprüchen notwendige Zweistufigkeit von der Feststellung des Steueranspruchs und dem unter Umständen vorzunehmenden Erlass.[651] Im Haftungsverfahren können derartige Billigkeitserwägungen bereits im Rahmen der Ermessensentscheidung des § 191 AO berücksichtigt

---

646 *Wallenhorst*, DB 1991, 1410 (1413).
647 *Kruse* in: Tipke/Kruse, § 5 AO Tz. 30; *Gersch* in: Klein, § 5 AO Rn. 7.
648 Ähnl. *Völlmeke*, DStR 1991, 1001 (1002); *Blesinger*, StuW 1995, 226 (231).
649 Hess. FG v. 14.01.1998 4 K 2594/94 EFG 1998, 757 (758 f).
650 Vgl. *Blesinger*, StuW 1995, 226 (240).
651 Vgl. BFH v. 19.12.2000 VII R 63/99 BStBl. II 2001, 217.

werden, sie müssen es aber nicht.[652] Außerdem behält § 227 AO für Haftungsansprüche seine Bedeutung, wenn Erlassgründe nachträglich eintreten und noch nicht bei der Ermessensentscheidung berücksichtigt werden konnten.[653]

Das Hessische Finanzgericht ist weiter der Ansicht, der Gesetzgeber habe in bestimmten Fällen durch die Billigkeitsmaßnahmen wie in §§ 156, 261 AO der Verwaltungsökonomie Vorrang vor dem Legalitätsprinzip eingeräumt. In allen anderen Fällen bedürfe der Steuerverzicht einer gesetzlichen Ermächtigung wie §§ 163, 227 AO.[654] Dabei übersieht das Gericht die Funktion des § 191 AO, der die Finanzverwaltung zu einem Verzicht auf den Erlass eines Haftungsbescheides ermächtigt. Wenn § 156 Abs. 2 AO ausdrücklich die Möglichkeit vorsieht, dass von der Festsetzung der Steuerschuld abgesehen werden kann, wenn die Einziehung keinen Erfolg haben wird oder mit unverhältnismäßigen Kosten verbunden wäre, so ist diese Regelung wegen des in § 85 AO normierten Legalitätsprinzips erforderlich. Können derartige Umstände bei der Festsetzung von Steuern berücksichtigt werden, so müssen diese Umstände bereits bei dem Erlass von Haftungsbescheiden Berücksichtigung finden und können eine weitere Entscheidung über einen Erlass aus Billigkeitsgründen nach § 227 AO entbehrlich machen.

Die in § 219 AO normierte vorrangige Inanspruchnahme des Steuerschuldners führt zu keinem anderen Ergebnis. Die Regelung ist im Fall der Spendenhaftung nicht anwendbar, wenn der Steuerpflichtige wegen des ihm zu gewährenden Vertrauensschutzes nicht herangezogen werden darf. Wie dargelegt, stellt die Spendenhaftung einen Sonderfall der steuerlichen Haftung dar, weil sie nicht als Sicherungsmittel neben einen – durchsetzbaren – Steueranspruch tritt. Daraus darf jedoch nicht die Konsequenz gezogen werden, dass das im Rahmen des § 191 AO auszuübende Ermessen stets auf Null reduziert wird. Die Prüfung des § 219 AO hat als Vorschrift des Erhebungsverfahrens erst nach der Anwendung des § 191 AO zu erfolgen. Eine Ermessensentscheidung kann demnach nicht damit begründet werden, dass § 219 AO aus systematischen Gründen bei der Spendenhaftung nicht anwendbar ist.

---

[652] BFH v. 02.12.1986 VII R 28/83 BFH/NV 1987, 349 (352); *Völlmeke*, DStR 1991, 1001 (1004).

[653] Vgl. *Rüsken* in: Klein, § 227 AO Rn. 6, der der Meinung ist, Erlassgründe, die bereits vor Erlass des Haftungsbescheides vorliegen, müssten bereits im Rahmen des Ermessens nach § 191 AO und nicht erst bei einer Entscheidung nach § 227 AO berücksichtigt werden.

[654] Hess. FG v. 14.01.1998 4 K 2594/94 EFG 1998, 757 (759).

Dieses Auslegungsergebnis erscheint aus Gründen der Verwaltungsvereinfachung geboten und ist zugleich mit der Entstehungsgeschichte der Norm vereinbar. Das Opportunitätsprinzip gegenüber dem Haftenden war stark umstritten. Dennoch ist auf Vorschlag des Bundesrates die ursprüngliche Formulierung „ist ... in Anspruch zu nehmen" durch die Wortwahl „kann" in § 191 AO ersetzt worden.[655] Eine Pflicht zur Inanspruchnahme des Haftungsschuldners sollte demgemäß gerade nicht begründet werden. Demnach kann das Finanzamt von einer Inanspruchnahme absehen, wenn sie unbillig ist oder ein Haftungsverfahren aussichtslos erscheint.[656] Genauso ist aber auch der Fall denkbar, dass das Entschließungsermessen auf Null reduziert ist, wenn nur eine bestimmte Entscheidung ermessensgerecht ist, während jede andere Entscheidung notwendig zu einem Ermessensfehler führt.[657]

Abschließend ist festzustellen, dass der Finanzbehörde bei ihrer Entscheidung über den Erlass eines Haftungsbescheides Entschließungsermessen eingeräumt ist und eine ordnungsgemäße Ermessensausübung regelmäßig zu einer Inanspruchnahme des Haftungsschuldners führen wird.

b) Auswahlermessen

Die Autoren, die die Körperschaft und die natürliche Person als gleichrangige Haftungsschuldner ansehen, vertreten den Standpunkt, der Finanzverwaltung stehe bei der Frage, welchen Haftungsschuldner sie in Anspruch nimmt, ein Auswahlermessen zu.[658] Wie dargelegt, sollen nach dem Wortlaut und den Gesetzesmotiven die Verantwortlichen zur Haftung herangezogen werden. Verantwortlich ist entweder die Körperschaft, der das Handeln der natürlichen Person zugerechnet wird, oder die natürliche Person selbst, die ohne Billigung der Körperschaft ihre Befugnisse überschritten hat. Eine Gesamtschuldnerschaft von Körperschaft und natürlicher Person ist damit ausgeschlossen. Folglich besteht in diesen Fällen kein Auswahlermessen.[659] Eine Gesamtschuldnerschaft ist allein dann denkbar, wenn mehrere natürliche Personen als Aussteller oder Veranlasser zusammengewirkt haben, ohne dass ihr Handeln einer Empfängerkörper-

---

[655] BT-Drs. 7/4292, S. 35.

[656] Vgl. *Kruse* in: Tipke/Kruse, § 191 AO Tz. 41.

[657] BFH v. 18.12.2001 VIII R 27/96 BFH/NV 2002, 747; *Koch* in: Gräber, § 102 FGO Rz. 2; *Gersch* in: Klein, § 5 AO Rn. 12.

[658] Vgl. dazu die Nachweise bei der Frage nach dem Aussteller und dem Veranlasser auf S. 108 ff, 154 ff.

[659] Im Ergebnis ebenso *Teufel*, FR 1993, 774.

schaft zuzurechnen ist. Nur in diesem Fall hat die Finanzbehörde ihr Auswahlermessen nach allgemeinen Gesichtspunkten auszuüben.

3. Zuständigkeit

Die örtliche Zuständigkeit zum Erlass des Haftungsbescheides richtet sich nach § 24 AO (Ersatzzuständigkeit).[660] Das Finanzamt, das für die Besteuerung des Zuwendungsempfängers zuständig ist, hat die Inanspruchnahme eines Haftungsschuldners zu prüfen und gegebenenfalls einen Haftungsbescheid zu erlassen.[661]

Besonderheiten bestehen bei der Gewerbesteuer. Die Haftungssumme fließt kraft ausdrücklicher gesetzlicher Regelung in § 9 Nr. 5 S. 10 GewStG der für den Zuwendungsempfänger zuständigen Gemeinde zu, die durch sinngemäße Anwendung des § 20 AO bestimmt wird, obwohl der Steuerausfall bei der Gemeinde des Zuwendenden eintritt.[662] Das Finanzamt erlässt nach § 9 Nr. 5 S. 11 GewStG den Haftungsbescheid. Die Befugnis der Gemeinde zur Erhebung „dieser Steuer", also der Haftungsschuld, bleibt unberührt, so dass die Gemeinde das Leistungsgebot erlässt. Die dafür erforderlichen Angaben teilt ihr das Finanzamt nach § 9 Nr. 5 S. 12 GewStG, § 184 Abs. 3 AO mit. Das zuständige Finanzamt ist wegen der größeren Sachnähe und der beabsichtigten Verfahrensvereinfachung das Betriebsstätten-Finanzamt des Gewerbetreibenden.[663]

---

[660] Vgl. FG Hamburg v. 26.02.1982 VI 177/81 EFG 1982, 591; *Brockmeyer* in: Klein, § 24 AO Rn. 2.

[661] *Güroff* in: Glanegger/Güroff, § 9 Nr. 5 GewStG Rn. 23; *Buchna*, S. 357; OFD Frankfurt v. 27.05.1994 DB 1994, 1900.

[662] Vgl. *Stäuber* in: Lenski/Steinberg, § 9 Nr. 5 GewStG Anm. 21; *Güroff* in: Glanegger/Güroff, § 9 Nr. 5 GewStG Rn. 22 „völlig unsystematisch".

[663] Zu Zweifeln an der Verfahrensvereinfachung *Gosch* in: Blümich, § 9 GewStG Rn. 275; *Güroff* in: Glanegger/Güroff, § 9 Nr. 5 GewStG Rn. 23.

D. Zusammenfassung der wesentlichen Ergebnisse

Die wesentlichen Ergebnisse der Arbeit lassen sich wie folgt zusammenfassen:

- Der Bundesfinanzhof hat die Rechtsschutzmöglichkeiten der Empfängerkörperschaften ausgedehnt. Er bejaht nunmehr die Möglichkeit, im Wege des vorläufigen Rechtsschutzes durch eine einstweilige Anordnung die Finanzbehörde zum Erlass einer vorläufigen Bescheinigung zu verpflichten. Des Weiteren hat er die Zulässigkeit einer Feststellungsklage anerkennt, mit der die Zuwendungsempfänger ihren gemeinnützigkeitsrechtlichen Status feststellen lassen können. Er sollte der vorläufigen Bescheinigung ausdrücklich die rechtliche Qualität eines Verwaltungsakts zuerkennen und die Bindungswirkung der Hinweise über den gemeinnützigen Status anerkennen, soweit die satzungsmäßigen Voraussetzungen betroffen sind. Die Überprüfung der tatsächlichen Geschäftsführung bleibt wie bisher dem Veranlagungsverfahren der Körperschaft vorbehalten.
- Eine missverständliche Zuwendungsbestätigung berechtigt nicht zum Spendenabzug. Ist die Zuwendungsbestätigung offensichtlich widersprüchlich, hat das Finanzamt den Spendenabzug zu versagen.
- Der dem Zuwendenden zu gewährende Vertrauensschutz erstreckt sich unter anderem auf die von der Empfängerkörperschaft vorzunehmenden rechtlichen Qualifizierungen. Die Gefahr unzutreffender rechtlicher Qualifizierungen fällt grundsätzlich in den Risikobereich des Zuwendungsempfängers.
- Der Zuwendende darf darauf vertrauen, dass die Zuwendung entsprechend dem in der Zuwendungsbestätigung geäußerten Willen des Zuwendungsempfängers verwendet wird. Für die Gewährung des Vertrauensschutzes ist es unerheblich, ob die zweckwidrige Verwendung bereits bei der Ausstellung der Bestätigung geplant war oder auf einem späteren Entschluss des Zuwendungsempfängers beruht.
- Der Vertrauensschutz umfasst den guten Glauben des Zuwendenden in die Steuerbefreiung des Zuwendungsempfängers, obwohl dieser lediglich Angaben über seinen gemeinnützigen Status in der Vergangenheit in der Zuwendungsbestätigung zu machen hat. Da die geltende Vertrauensschutzregelung diesen Fall nicht ausdrücklich erfasst, wird zur Klarstellung folgende Gesetzesänderung vorgeschlagen:

„Dasselbe gilt, wenn der Steuerpflichtige darauf vertraut, dass der Zuwendungsempfänger zu den nach § 5 Abs. 1 Nr. 9 des Körperschaftsteuergesetzes begünstigten Empfängern zählt."

- Das Vertrauen des Zuwendenden in die Berechtigung der Empfängerkörperschaft zum Empfang steuerbegünstigter Zuwendungen wird auch nach Ablauf von 3 bzw. 5 Jahren nach Ausstellung der vorläufigen Bescheinigung bzw. des Freistellungsbescheides geschützt. Allein das Überschreiten der zeitlichen Anforderungen, die vom Bundesfinanzministerium aufgestellt wurden, lässt den Vertrauensschutz nicht entfallen. Klarstellend sollte der Wortlaut der amtlichen Vordrucke für Zuwendungsbestätigungen wie folgt ergänzt werden:

  „Ein Steuerbescheid, der die Körperschaftsteuerpflicht dem Grunde nach bejaht, ist uns nicht zugegangen."

- Vertrauensschutz wird auch gewährt, wenn der Zuwendende einen vereinfachten Zuwendungsnachweis vorlegt oder die Finanzverwaltung kraft allgemeiner Verwaltungsanweisung auf die Vorlage eines schriftlichen Nachweises verzichtet. Darüber hinaus ist die Gewährung von Vertrauensschutz möglich, wenn der Zuwendungsempfänger trotz der Möglichkeit des vereinfachten Zuwendungsnachweises eine förmliche Zuwendungsbestätigung ausstellt. Die Vereinfachungsregelung des § 50 Abs. 2 EStDV steht zur Disposition des Zuwendungsempfängers.

- Der Zuwendende ist als bösgläubig anzusehen, wenn ihm die Zuwendung zurückgewährt wurde. Aufgrund der in § 150 Abs. 2 S. 1 AO normierten Wahrheitspflicht darf er den Spendenabzug nicht geltend machen. Ein bloßer Rückforderungsanspruch begründet dagegen noch keine Bösgläubigkeit. Wird die Zuwendung erst nach Abgabe der Steuererklärung zurückgewährt, so hat der Zuwendende seine Steuererklärung gemäß § 153 Abs. 1 S. 1 Nr. 1, Abs. 2 AO zu berichtigen.

- Der objektive Tatbestand der Ausstellerhaftung ist insbesondere dann erfüllt, wenn der von der Körperschaft satzungsmäßig verfolgte und in der Bestätigung genannte Zweck nicht als (erhöht) steuerbegünstigt zu qualifizieren ist. Jedoch ist regelmäßig kein Verschulden anzunehmen, wenn zuvor eine vorläufige Bescheinigung bzw. ein Freistellungsbescheid vorlag und der Satzungszweck von der Finanzbehörde zunächst unzutreffend als (erhöht) steuerbegünstigt angesehen wurde.

- Aussteller im Sinne der Ausstellerhaftung ist die Empfängerkörperschaft und nicht die handelnde natürliche Person, solange das Verhalten der natürlichen Person der Körperschaft zugerechnet werden kann. Die Haftung der Körperschaft ist jedoch ausgeschlossen, wenn kein Organ für sie gehandelt hat oder wenn das Organ für Außenstehende erkennbar außerhalb des ihm zugewiesenen Aufgabenbereichs gehandelt hat und der Zuwendende dies erkannt oder fahrlässig nicht erkannt hat. Im ersten Fall ist die originäre Haftung der natürlichen Person begründet. Im zweiten Fall ist der Spendenabzug wegen Bösgläubigkeit zu versagen. Ist dem Zuwendenden keine Bösgläubigkeit vorzuwerfen, haftet die natürliche Person als Aussteller.
- Stellt sich die zweckwidrige Verwendung als Fortführung einer unzutreffenden rechtlichen Qualifizierung und damit einer – von Beginn an – unrichtigen Bestätigung dar, so kommt ausschließlich eine Inanspruchnahme im Wege der verschuldensabhängigen Ausstellerhaftung in Betracht. Die Veranlasserhaftung greift nur in den Fällen, in denen von einer – im Zeitpunkt der Ausstellung – richtigen Bestätigung durch die spätere Mittelverwendung abgewichen wird. Ein kumulatives Eingreifen von Aussteller- und Veranlasserhaftung ist ausgeschlossen.
- Es liegt keine Fehlverwendung vor, wenn eine nicht gemeinnützige Körperschaft Mittel zu steuerbegünstigten Zwecken verwendet. Die fehlende Gemeinnützigkeit rechtfertigt keine Inanspruchnahme als Veranlasser. Entscheidend ist die konkrete Verwendung der zweckgebundenen Mittel.
- Die Bildung einer unzulässigen Rücklage aus zeitnah zu verwendenden Mitteln stellt keine Fehlverwendung dar. Eine zweckwidrige Mittelverwendung liegt erst dann vor, wenn die Mittel unter Berücksichtigung des § 63 Abs. 4 AO endgültig nicht (mehr) zweckgemäß verwendet werden (können).
- Eine zeitnahe Mittelverwendung trotz anders lautender Zweckbestimmung durch den Zuwendenden begründet bei Zuwendungen in den Vermögensstock einer Stiftung anlässlich deren Neugründung eine Fehlverwendung. Die grundsätzlich nur das privatrechtliche Verhältnis zwischen dem Zuwendenden und dem Zuwendungsempfänger betreffende Zweckbestimmung ist wegen des erhöhten Spendenabzugsrahmens von öffentlich-rechtlichem Belang.
- Die Veranlasserhaftung greift nicht ein, wenn ein steuerbegünstigter, satzungsmäßiger, jedoch nicht bestätigter Zweck von einer gemeinnützigen Körperschaft gefördert wird und sowohl der bestätigte als auch der tatsächlich geförderte Zweck von demselben Spendenabzugsrahmen erfasst werden.

Dasselbe gilt, wenn steuerbegünstigte Zwecke gefördert werden, die weder satzungsmäßig verfolgt noch bestätigt werden.

- Das Finanzamt hat grundsätzlich den Nachweis der Fehlverwendung für jede konkrete Einzelzuwendung und jede unrichtige Bestätigung zu erbringen. Eine Zuordnung der einzelnen Zuwendungen ist anhand der nach § 50 Abs. 4 S. 1 EStDV von der Empfängerkörperschaft vorzunehmenden Aufzeichnungen möglich. Bei einer Verletzung der Aufzeichnungspflichten darf es in Höhe der Beträge, die nicht zugeordnet werden können, von einer haftungsbegründenden Fehlverwendung ausgehen.
- Als Veranlasser im Sinne der Veranlasserhaftung kann grundsätzlich nur die Empfängerkörperschaft in Anspruch genommen werden. Es bestehen insoweit keine systematischen Unterschiede zur Person des Haftungsschuldners bei der Ausstellerhaftung.
- Aufgrund des eindeutigen Wortlauts handelt es sich bei der Veranlasserhaftung im EStG und KStG um eine verschuldensunabhängige Gefährdungshaftung, während die Veranlasserhaftung im GewStG wie die Ausstellerhaftung ein schuldhaftes Verhalten voraussetzt.
- Ein tatsächlicher Steuerausfall ist nicht erforderlich. Der Zuwendende kann sich nicht exkulpieren, indem er nachweist, dass beim Zuwendenden kein Steuerausfall eingetreten ist. Es ist ferner nicht erforderlich, dass ein etwaiger Steuerausfall auf der Gewährung von Vertrauensschutz beruht. Jedoch kann sich der Haftungsschuldner durch Darlegung der Bösgläubigkeit des Zuwendenden exkulpieren.
- Als Bemessungsgrundlage ist grundsätzlich nicht der tatsächlich zugewendete, sondern der in der Zuwendungsbestätigung angegebene Betrag heranzuziehen.
- Die Haftungsquote im EStG und KStG muss de lege ferenda reduziert werden, um den verfassungsrechtlichen Anforderungen nach einer realitätsnahen Quantifizierung der Steuerausfälle gerecht zu werden.
- Der Haftungsanspruch ist durch einen Haftungsbescheid nach § 191 AO geltend zu machen. § 191 Abs. 3 S. 4, 5 AO ist aus systematischen Erwägungen nicht anwendbar. § 219 S. 1 AO ist wegen der Vertrauensschutzregelung nicht anwendbar.
- § 191 AO eröffnet der Finanzverwaltung einen Ermessensspielraum sowohl hinsichtlich des Entschließungs- als auch hinsichtlich des Auswahlermessens.

Eine ordnungsgemäße Ermessensausübung kann in Einzelfällen dazu führen, dass von einer Inanspruchnahme eines Haftungsschuldners vollständig abzusehen ist. In diesen Fällen ist ein möglicher Steuerausfall vom Steuergläubiger zu tragen.

Klaus Eicker

Grenzüberschreitende gemeinnützige Tätigkeit

Das deutsche Gemeinnützigkeits- und Spendenrecht im Spannungsfeld zwischen nationalen Steuervergünstigungen, Doppelbesteuerungsabkommen und EG-Recht

Frankfurt am Main, Berlin, Bern, Bruxelles, New York, Oxford, Wien, 2004.
XLII, 276 S., 1 Tab.
Europäische Hochschulschriften: Reihe 2, Rechtswissenschaft. Bd. 4063
ISBN 3-631-52918-X · br. € 51.50*

Die Begrenztheit des deutschen Gemeinnützigkeitsrechts auf Körperschaften mit Sitz und Geschäftsleitung in Deutschland findet ihren legitimen Ursprung in der traditionellen Ausrichtung gemeinnütziger Tätigkeit auf lokale, regionale und nationale Bereiche sowie in der staatspolitischen Rechtfertigung der Steuervergünstigungen für gemeinnützige Körperschaften. Gemeinnützige Aktivitäten machen wegen des mittlerweile in Teilbereichen international geprägten Gemeinwohlverständnisses und wegen der Schaffung des europäischen Binnenmarkts aber nicht an den Grenzen Halt. Die steuerlichen Vergünstigungen stehen jedoch nur Organisationen mit Sitz und Geschäftsleitung in Deutschland zu. Nationale steuerliche Bestimmungen stehen aber unter dem Vorbehalt der zwingenden Regelungen der EG-Grundfreiheiten. Die mittlerweile einschlägige Rechtsprechung des Europäischen Gerichtshofs im Anwendungsbereich der Marktgrundfreiheiten lässt nämlich die Erkenntnis reifen, dass das EG-Recht in allen Rechtsbereichen zu beachten ist. Es stellt sich somit die Frage, ob aus heutiger Sicht die territoriale Ausrichtung des deutschen Gemeinnützigkeitsrechts noch aufrecht erhalten werden kann. Vor diesem Hintergrund soll geklärt werden, ob und unter welchen Voraussetzungen es verfassungsrechtlich und europarechtlich gerechtfertigt ist, den ausländischen gemeinnützigen Einrichtungen mit wirtschaftlichen oder ideellen Tätigkeiten in Deutschland bzw. im Einklang mit deutschen Interessen einen Anspruch auf Steuervergünstigungen einzuräumen.

Kolibri 360 GmbH
Ferdinand-Jühlke-Straße 7
99095 Erfurt, Deutschland
produktsicherheit@kolibri360.de

Druck:
CPI Druckdienstleistungen GmbH
im Auftrag der
Kolibri 360 GmbH
Ferdinand-Jühlke-Str. 7
99095 Erfurt